조선어 계칭의 역사적 고찰

조선어 계칭의 역사적 고찰

김 광 수

도서출판 **역락**

머리말

『조선어 계칭의 역사적 고찰』은 2001년 6월 연변대학에서 제출한 박사학위 논문이다. 이 글은 선행 학자들의 연구 성과에 기초하여 우리말의 문헌 자료를 재수집, 정리하여 조선어 계칭의 생성·발전과정을 통시적으로 고찰하였다.

조선말의 민족적 특성의 하나인 계칭 문제를 올바르게 밝히는 것은 우리말을 더욱 정확하고 아름답게 발전시켜 나가는데 있어서 아주 중요한 문제의 하나이다. 계칭에 대한 연구는 지난 시기에 적지 않게 진행되었으나, 과거 연구의 대부분은 어느 한 시기에 대한 공시적인 등급연구였으며, 계칭의 형성·발전에 대한 통시적인 연구는 매우 적었다고 할 수 있다. 계칭의 등급획분에 있어서도 현대 조선어에 편중하였고, 그 역사적 연관성은 상당히 홀시되었다.

필자는 이 글에서 공시적인 문헌 자료에 대한 분석에 기초하여 대비·귀납의 방법으로 매 종결토의 역사적 연원과 계칭 등급의 변화를 정리하고, 이 기초 위에서 조선어 계칭의 발전 역사를 전면적이고도 계통적으로 분석, 종합하였다. 그리고 문자창제 이전 시기로부터 20세기 초까지의 각 시대별 계칭의 등급을 확정하고, 20세기 초 계칭의 등급을 세 개로 나눔으로써 현대 조선어의 계칭 연구에 역사적인 근거를 제공하여 주었다. 이 글에서는 또 계칭을 위한 종결토의 생성-변화-발전과 조선 말 계칭과의 관계를 상세히 밝혔고, 각 시기의 종결토 목록을 작성하였다.

　문헌 자료가 결핍한 원인으로 그 연구가 충분히 진행되지 못하여 부족한 점이 적지 않으리라 생각하면서, 이 글이 조선어 계칭 연구에 자그마한 도움이라도 되었으면 족하겠다. 이에 많은 학자들과 동료들의 넓은 가르침과 조언이 있으시기를 충심으로 바라는 바이다.

　이 글이 완성되기까지는 여러 분들의 아낌없는 가르침과 뜨거운 사랑, 넓은 지지와 성원이 있었음을 지적한다. 먼저 학술 면에서 엄한 스승이시고, 언제 어디서나 저의 학술상 성장을 지켜봐 주시며, 이 글의 출판에도 많은 노고를 아끼지 않으신 저의 박사연구생 지도교수 이득춘 은사님께 깊은 감사를 드린다.

　평양 김일성종합대학에서 공부할 때의 저의 은사이시며, 박사논문의 전반 체계를 자세히 봐주시고, 보귀한 의견을 친필로 적어서까지 주신 김영황 교수님께 심심한 사의를 표시한다. 그리고 박사학위논문을 쓰는 과정에서 한국에 계시는 많은 교수님들의 옥고를 읽으면서 직접 혹은 간접적으로 학술적 도움을 많이 받았음을 지적한다. 이 때까지 가까이 계시면서 학술상의 많은 가르침을 주셨고, 또 학위논문을 자상히 봐주시고, 평의서까지 쾌히 써 주신 최명식, 김기종, 류은종, 전학석, 전병선 교수님들께도 감사를 드린다.

　불편함이 없이 공부할 수 있도록 여러 차례 연구실을 마련해 주셨고, 학습과 생활 면을 자세히 보살펴 주신 저의 학부생 시기의 담임선생님 김호웅 교수님께도 감사를 드린다.

    남편 노릇, 아버지 노릇 바로 못한 저를 한 마디 원망이나 불평 없이 남편이라고, 아버지라고 지금까지 따르고 믿어 준 아내 박선화, 딸 현자에게 진정 감사를 드린다.

    자식 노릇 제대로 하지 못한 아들로서 저 세상으로 가신 아버님과 오늘도 원망 없이 자리를 지켜 주시는 어머님께, 그리고 자기 자식처럼 여러모로 제게 관심을 가져주신 고모님께도 감사를 드린다.

    손자들이 건실하게 자라도록, 공부를 잘하여 성공하도록, 매일같이 하느님께 기도를 드려 주신 우리 할머님께 업드려 큰 절을 올린다.

    수익성이 없는 책이고 여러 가지 어려운 여건임에도 불구하고 젊은 학도의 자그마한 학술성과라도 긍정해 주려고 출판을 기꺼이 맡아 주신 역락출판사 이대현 사장님과 편집위원들에게 심심한 감사를 드린다.

2001년 9월 20일
중국 연변대학에서 김광수

차례

차례

논문요지

우리들은 말을 하거나 글을 쓸 때 연령관계, 상하직위관계, 친소관계, 남녀관계 등을 생각하면서 각이한 종결형태를 이용하여 말을 듣거나 글을 읽는 상대방을 서로 달리 대우하여 주는데, 이러한 각이한 대우방식이 바로 우리말의 고유한 민족적 특성의 하나인 계칭(Levels of speech)이다.

계칭에 대한 연구는 많은 언어학자들에 의해 진행되었다. 그러나 대부분의 연구는 주로 계칭이 무엇에 의해 이루어지고, 계칭을 몇 개의 높임의 등급으로 체계화할 것인가 하는 연구였으며, 현대 조선어의 《해체》와 《해요체》를 어느 높임의 등급에 놓겠는가 하는 연구였다. 그리고 중세·근대·현대조선어의 어느 한 시기를 대상으로 공시적으로 연구하였지만, 통시적인 연구는 충분히 진행되지 못하였으며, 연구의 착안점을 현대 조선어의 계칭에 두었기 때문에 중세 조선어나 근대 조선어의 계칭 및 등급 설정에 있어서도 현대 조선어 계칭의 틀에 맞추려는 경향이 상당히 많았다.

본 논문은 선행 학자들의 연구 성과에 기초하고 문헌 고찰의 방법으로 15세기로부터 20세기 초에 이르는 사이의 여러 언해서들, 그리고 언간 자료, 역학서 및 조선문학 작품에서 계칭과 관련되는 자료들을 수집, 정리하고, 제반 문헌 자료에 대한 공시적 및 통시적인 비교, 분석을 진행함으로써 우리말 계칭형태에 대하여 시대별로 고찰하고 문법적 형태에 대한 분석과 함께 사회 인간관계에 대한 분석도 계칭을 정립하는 근거로 삼았다.

계칭에 대한 공시적 및 통시적 고찰의 결과 우선 우리말의 계칭형태는 시대에 따라 변화하였다는 사실이 인정되었다. 그것은 청자존칭의 형태소 《-이-》의 《-이-》로의 변화, 객체존칭의 형태소 《-습-》의 청자존칭으로의 기능변동, 두루높임의 문법적 형태 《-요》의 확산, 문법적 형태 《-ᄒᆞᄂᆞ이다→-ᄒᆞᄂᆡ이다→-ᄒᆞᄂᆡ→-ᄒᆞ네》처럼 청자존칭의 기능을 하던 《-이-》의 기능이 앞형태소에 옮겨지고 다음 《-이다》가 절단되면서 《〈-네〉 형》의 높임의 계칭형태의 출현 등 여러 면에서 보여진다. 그리고 《〈-오/-소〉 형》 높임의 계칭형태도 《-습-》과 《-쇼+-셔》의 어음변화에서 찾을 수 있었다. 이른바 전 시기의 학자들이 《반말계칭》이라고 부르는 특수한 계칭형태 《-니, -리, -지》 등 형태가 15~16세기부터 이미 조선어에 존재하고 있음이 고찰되었고, 현대 조선어에서 볼 수 없는 《-놋다, -세라, -ᄉᆞ매라, -로소녀, -ᄯᆞ나, -ᄃᆡ여, -ᄉᆞ라》, 《-옵셔뇨, -ᄌᆞ올손가, -과댜, -롸》 등 계칭형태들이 역사적으로 나타났었음도 확인하였다. 현대로 오면서 의문식을 나타내는 계칭형태의 간소화가 이루어지는 것도 계칭형태의 변화 특징이다.

우리말 계칭은 문자창제 이전 시기와 이후 시기로 나눌 수 있는데, 문자 창제 이전 시기는 《높임》과 《안높임》의 계칭, 문자 창제 이후는 《안높임-높임-가장높임》의 계칭체계를 이루었다는 결론과 함께 우리말 계칭은 계칭형태의 변화는 있었지만, 전반 계칭체계에는 큰 변화가 없었다는 것을 지적한다.

여기에서는 우선 《안높임》의 계칭을 설정하는 근거로 《안높임》의 계칭형태에 대한 형태소 분석을 하면, 높임을 위한 문법적 형태소가 개재되어 있지 않았으며, 이러한 계칭형태들에 의해 이루어진 대화는 안높임의 대상에게 한 말이었다. 《높임》의 계칭은 《가장높임》의 계칭과는 달리 일반적으로 높여 주는 계칭이다. 말하는 사람과 듣는 사람의 나이가 같거나 또는 듣는 사람이 나이가 어리거나 직위가 낮다고 하더라도 일정하게 대우하여야 할 대상에게 이러한 계칭을 썼는데, 이러한 계칭은 문법적 형태 《-오/-소》와 《-네, -게, -데, -세》 등에 의해 표현된다.

《가장높임》의 계칭은 백성이나 신하가 왕에게, 중생이 부처에게, 상민이 양반에게, 머슴군이 주인에게, 자식이 부모에게, 아내가 남편에게, 아랫사람이 윗사람에게 하는 말에 나타나는데, 말하는 사람과 듣는 사람의 상하 격차가 분명할 때 쓰이는 말씨이다. 《높임》이나 《가장높임》의 계칭형태에 대해 형태소 분석을 하면 높임을 위한 형태소가 개재하였거나 그 흔적이 남아 있다.

말하는 사람이 말을 듣는 사람에 대한 존대의도에 따라 높임에 알맞은 대명사, 동사, 호칭어 또는 격토가 선택되어야 하고, 다시 여기에 알맞은 계칭형태가 선택되어야 한다. 즉 문장의 여러 성분들은 계칭형태와 조응을 이루어야 하는데, 계칭에 대해 역사적으로 고찰하고, 각 시기의 계칭을 정립하면서 이러한 조응관계가 있음을 밝혔다.

계칭이라는 것은 문법적 형태에 의해 표현될 뿐만 아니라 말하는 사람과 말을 듣는 사람과의 관계를 나타내기에 우리말 계칭에는 인간들의 사회적 관계가 나타나고 우리 민족의 문화와 의식이 잘 반영되어 있다. 즉 《가장높임-높임-안높임》의 계칭에는 봉건 사회의 상하수직관계인 왕과 신하·왕과 백성·신하와 백성·양반과 백성·주인과 머슴군 등의 관계, 부모와 자식·아내와 남편·형제간 등 친족·연령관계 등이 나타났다. 말을 하는 사람이 나이가 위라도 신분이 낮으면 말을 듣는 어린 사람에게도 가장높임의 계칭을 써야만 했는데, 이것은 현대 사회와는 달리 봉건 사회에서 계칭에 직접 영향을 주는 요소는 연령관계보다 봉건적 신분관계가 더 우위였다는 것도 알 수 있다. 그리고 옛적부터 우리 민족에게는 상대방을 존중하려는 심성이 간직되어 있었고, 신분·나이·남녀관계·친소관계 등에 따라 각이하게 상대방을 대우하여야 한다는 객관사물에 대한 인식이 주어져 있었다.

필자는 15세기로부터의 우리말 계칭을 분석한 기초 위에서 20세기 계칭도 격식체(Formal style)에 《가장높임-높임-안높임》, 비격식체(informal style)에 《높임-안높임》으로 나뉘었다고 지적하는 바이다. 《가장높임》의 계칭은 문법적 형태 《-습니다, -습니까, -십시오, -ㅂ시다, -요》형에 의해, 《높임》의 계칭은 《-오, -네, -요》형에 의해, 《안높임》은 중세 조선어의 문법적 형태소 《-이-》, 《-습-》, 《-쇼셔》의 흔적이 없는 형태들과 《-요》가 첨가될 수 있는 특수형태들에 의해 이루어진다.

제1장 서 론

제1절 문제의 제기

우리말의 계칭은 여느 민족의 언어에 비하여 발달하였을 뿐만 아니라 계칭에 의한 대우방식의 구별도 비교적 명확하다. 이는 우리말에서 중요한 민족적 특성의 하나이다. 조선어의 계칭[1]은 말을 하는 사람이 말을 듣는 사람에 대하여 상·하급관계, 연령관계, 친분관계, 남녀관계, 공적관계, 사적관계, 말을 하는 당시의 심리상태 등에 따라 예의규범에 맞게 말을 골라 쓰는 것을 말하며 따라서 그것은 종결술어에 붙는 문법적 형태들에 의해 표현된다.

계칭은 많은 언어학자들에 의해 연구되어 왔으며, 학문적으로도 일정하게 체계화되어 괄목할 만한 성과를 거두었다. 그러나 선행연구에서

---

[1] 《문화어형태론》(김일성종합대학 1980)에서 계칭을 말하는 사람이 듣는 사람에 대하여 가지는 예의적 관계를 나타내는 문법적 범주라고 하였다. 계칭에 대해 조선에서 일부 학자들은 상대존칭범주(황부영), 말차림범주(렴종률)라 부르고, 한국에서는 청자대우법(성기철, 서정수), 공손법(이숭녕), 청자존대법(허웅), 청자존비법(고영근), 상대존대법(김석득) 등으로 부른다.

대부분은 계칭의 체계를 이루는 기저가 무엇이며, 그것을 몇 개의 높임의 등급으로 체계화할 것인가, 현대어의 《해체》와 《해요체》를 어느 높임의 등급에 놓겠는가 하는 연구였던 것이다. 그리고 연구된 시기로 볼 때 대부분은 중세조선어[2]나 근대조선어 또는 현대조선어의 어느 한 시기를 대상으로 공시적으로 연구하였지 통시적인 연구는 충분히 진행되지 못하였다.

문헌자료에 의하면 우리말 계칭은 고대에 이미 있었던 것으로 판단되며, 또 중세에서 근대, 현대에로 이전해오는 과정에서도 많은 변화양상을 보여주고 있다.

본 논문에서는 선행 학자들의 연구성과에 기초하여 문헌고찰의 방법으로 중세에서 현대에 이르는 우리말 계칭의 역사적 발전과정을 고찰하였다.

제2절 연구목적과 연구방법

지금까지 계칭에 대한 연구의 대부분은 그 착안점을 현대조선어의 계칭에 두었기 때문에 중세조선어나 근대조선어의 계칭 및 등급설정에 있어서도 현대조선어 계칭의 틀에 맞추려는 경향이 많았다. 필자는 본 논문에서 이런 전통적인 연구방법의 틀에서 벗어나 실제 문헌자료에 기초하여 계칭에 대한 통시적 연구를 진행하였으며, 따라서 계칭을 역사적으로, 이론적으로 더 명확히 밝히는데 그 연구목적을 두었다.

언어의 내적요소인 어음, 어휘, 문법은 늘 변화·발전하며 상호 영향을 준다. 어음의 변화는 문법의 변화에 영향을 주며, 문법의 변화는 또 문법적 범주의 변화를 가져온다. 본 논문은 언어의 내적 변화를 고찰하는 각도에서 어음의 변화는 어떻게 문법적 형태의 변화를 가져오며, 문

---

2) 여기서 말하는 중세는 문자창제 이후의 후기중세조선어를 가르킨다.

법적 형태의 변화는 어떻게 계칭형태의 변화에 영향을 주는가를 연구하려 한다.

사회와 인간관계의 부단한 변화, 발전은 언어의 여러 요소들에 역사와 시대적 흔적을 남겨 놓게 된다. 특히 우리말의 계칭에는 시대의 역사적 변화에 따르는 단순한 인간관계로부터 복잡한 인간관계에로의 전환, 인간관계의 수직질서에서 수평질서에로의 변화 등이 잘 나타나고 있다. 우리말 계칭에 대한 연구를 통하여 우리 사회와 인간관계의 변화를 간접적으로 엿볼 수도 있다.

언어에는 민족의 역사, 문화, 관습, 의식 등이 반영되어 있는데, 조선어의 내면구조인 계칭에도 우리 겨레의 역사와 문화가 그대로 반영되어 있다. 때문에 계칭에 대한 연구는 기타 민족과 다른 우리 민족의 의식구조와 역사, 문화를 고찰함에 있어서 십분 중요하다.

본 연구는 크게 두 가지 방법으로 진행하였다.

첫째, 문헌고찰의 방법으로 15세기로부터 20세기초까지 이르는 사이의 여러 언해서들, 그리고 언간자료, 역학서 및 조선문 소설작품에서 계칭과 관련되는 자료들을 수집, 정리했다.

문헌자료는 필자가 직접 원문에 대한 직접조사를 위주로 하면서도 일부 경우에는 학자들의 논문이나, 또는 전자파일에서 수집하였다. 《노걸대언해》와 《첩해신어》와 같은 대부분의 자료는 직접 카드작업을 하였고, 《무덤편지》는 한글 201, 202호에 실린 허웅 교수의 글에서 얻었으며 《텬로력뎡》, 《예수셩교전서》 등은 《21세기 세종계획 1차년도 말뭉치 구축 전자파일》에서 찾았다. 될수록 각이한 시기의 많은 문헌자료와 접촉하기 위해 힘썼다.

논문에 이용된 문헌자료들의 시기는 판본을 기준하였다. 《월인석보》는 《석보상절》과 《월인천강지곡》을 합본하여 1459년(세조 4년)에 간행한 책이기에 15세기중엽의 조선어 계칭연구의 사료로 잡았다. 그리고 《사씨남정기》와 《구운몽》은 모두 17세기에 활동한 작가 김만중에 의해 쓰여진 소설이나, 《사씨남정기》는 원본 17세기(숙종조)에 의거했고, 《구운몽》은 1862년판(완판)에 의거하였기에, 그 문헌자료의 시기가 달라졌고, 《춘향전》과 《심청전》은 모두 18세기로부터 인민들 속에 널리 읽혀진 소설이지만, 그 문헌자료의 시기를 《심청전》은 원본(18세기)에, 《춘향전》은 전주토판(19세기초)에 기준하였기에 시기가 서로 다르게 되었다.

둘째, 제반 문헌자료에 대해 공시적 및 통시적으로 비교, 분석함으로써 우리말 계칭에 대해 시대별로 고찰을 진행했다. 즉 문자창제 이전시기, 문자창제 이후인 15~16세기, 근대조선어 초기와 중기인 17~18세기, 근대조선어 말기인 19세기, 개화후기인 19세기말~20세기초 등으로 나누어 고찰했다.

문자창제 이전 시기의 문법현상에 대한 관찰적인 자료의 부족은 계칭에 대한 충분한 연구를 할 수 없게 한다. 따라서 일반적인 원리확립을 위한 기초적인 자료로는 15~16세기 자료를 택했다. 중세조선어자료는 조선어의 역사적 연구를 위한 기초자료로서 적절하다고 생각하기 때문이다. 조선어의 역사연구가 많게는 중세조선어의 바탕 위에서 이루어졌다는 현실도 고려하게 되었다. 15~16세기 자료를 바탕으로 계칭의 발전, 변화양상을 밝히고, 이것을 바탕으로 그 후 시기를 연구하였다. 이처럼 각 시기의 공시태를 바탕으로 하여 그것들을 통시태적으로 연결하여 연구하였다.

제2장(문자창제 이전 시기)에서는 향가와 이두에 대한 전시기의 학자들의 연구에 기초하여 우리말 계칭의 존재여부를 확인했다.

제3장(15~16세기)에서는 식에 나타난 여러 가지 문법적 형태를 찾아내고, 이 시기의 계칭에 대하여 귀납하였다. 다음 15~16세기 계칭형태와 문장성분의 조응, 15~16세기 문헌에 나타난 계칭의 변화 등을 기술했다.

제4장(17~18세기)에서는 16세기부터 쓰인 《-닉, -도쇠, -새, -외》등 형태에 대한 의미·형태·문장론적인 분석을 통하여 이러한 형태가 높

임의 계칭을 위한 형태임을 확인하였으며, 식에 나타난 여러 가지 문법적 형태를 찾아내고, 이 시기 문헌에 나타난 계칭을 정립함과 동시에 전 시기 문헌과 비교하여 계칭의 변화를 기술했다.

제5장(근대조선어 말기인 19세기)에서는 각이한 인간관계에 나타난 계칭형태를 종합하여 계칭과 사회의 인간과의 관계를 기술했다. 한편 식에 표현된 다양한 문법적 형태를 통하여 계칭의 역사적 변화를 기술했다.

제6장(19세기말~20세기초)에서는 근대적 언어교제 생활에서 새롭게 나타난 여러 가지 문법적 형태에 대하여 귀납하고, 이 시기 계칭의 특징을 천명하였다.

제7장에서는 계칭에 나타난 여러 가지 문법적 형태의 변화를 도표로 보이고, 그에 대해 분석을 진행했다.

제3절 기존연구에 대한 검토

계칭에 대한 연구는 이미 여러 학자들에 의하여 적지 않게 진행되었으나 극히 단편적이고 부수적으로 언급되었으며, 특히 사적 관점에서의 고찰은 많지 않다.

처음으로 계칭을 연구한 학자는 이봉운이다. 그는 《국문정리》(1897)의 《문법론》부분에서 맺음토를 품사적 관점에서 고찰하면서 그것들을 분류, 체계화하였다. 여기에서 이봉운이 나눈 10개의 맺음토 갈래에는 계칭을 등급별로 체계화하였고, 계칭의 등급을 나눔에 있어서 지금까지 써 온 《하다》에 맺음토를 덧붙이는 유형분류방식을 처음으로 보여주었으며, 현대까지 나누어온 계칭의 기본유형 《존대-하오-하게-반말-해라》의 전체 갈래를 대표할 수 있는 요소로 되는 문법적 형태를 맺음토 《ㅂ니다-오-세-아-라》[3] 등으로 보여 주고 있다.

그 후 주시경(1910)은 현대조선어의 상대높임법의 체계를 끗기의 서

분에서 《높임(ㅂ 니다, 십데다), 같음(오, 시오), 낮음(다)》으로 분류하였
다. 최현배(1937)는 월의 임자를 높이는 것과 말을 듣는 사람을 높이는
것으로 말의 높임을 이분함으로써 사실상 주체높임과 상대높임으로 우
리말의 높임법을 다루었으며, 허웅(1954)은 높임법의 체계를 주체높임,
상대높임의 이원적 체계가 아닌 주체존대법, 객체존대법, 상대존대법의
삼원체계로 나누어 살폈다. 여기서 말하는 상대높임법(존대법)은 주체,
객체높임과 대응하여 사용된 개념으로서 이야기 상대를 높이는 어휘적
방법과 문법적 방법이 모두 포괄된다.

　　종결토에 의해 실현되는 문법적 범주로서의 계칭은 한국에서는 공손
법(이숭녕), 상대경어법(이익섭), 청자대우법(서정수), 대우법(성기철), 예
대어법(신창순), 들을이 높임법(김정수) 등 용어 안에서 연구되었다.

　　조선은 처음 계칭을 말하는 사람과 말을 듣는 사람과의 사회적 관계
의 문법적 표현으로 보았는데, 이러한 견해는 1960년대에 이르기까지
굳어진 정설로 정립되어 있었다. 1960년대에 과학원출판사에서 발행한
《조선어문법》에서 《계칭이란 이야기하는 사람과 이야기를 듣는 사람
과의 사회적 관계를 나타내는 문법적 범주》로 규정하였다. 그 후에는
계칭을 말하는 사람과 듣는 사람과의 예의적 관계의 표현으로 보았으며,
1976년 조선어문화어문법규범편찬위원회에서 편찬한 《조선어문화어문
법규범》에서는 《말하는 사람이 듣는 사람에게 어떤 예절을 차리는가
하는 것을 나타내는 문법적 범주이다》라고 하였고, 1985년 편찬된 《조
선어리론문법》에서는 《이야기하는 사람이 이야기 듣는 사람에 대하여
가지는 예의적 관계를 나타내는 문법적 범주이다》라고 규정한 것이다.

　　계칭의 등급에서 최현배(1937)는 《아주 낮훔(해라), 낮훔(하게), 높힘
(하오), 아주 높힘(합쇼)》의 등급체계를 설정하고, 반말을 등외(等外)로

---

3) 《현대조선어의 말차림범주에 대한 연구》(심인현 언어학론문집 10 사회과학원출판
　사 1991, p.216)에서는 19세기 후반기에 활동한 이봉운의 《국문정리》에서 맺음토
　를 품사적 관점에서 고찰하면서 그것들을 분류체계화 하였는데, 그것은 말차림범
　주에 대한 과학적 견해 확립정도의 불철저성을 보여주지만, 그의 분석은 학설적 가
　치가 매우 크다고 하였다.

다루었다. 이러한 높임의 등급은 그 후 큰 변화가 없이 많은 학자들에 의해 이어졌다. 이익섭·조준학은 《하오체》를 비존대로 보았고, 김종택은 《합니다》와 《하오》를 동일 등분으로 보았으며, 서정수·성기철·고영근은 계칭체계를 《아주높임, 예사높임, 예사낮춤, 아주낮춤》의 네 등급과 《두루높임과 두루낮춤》으로 이원적 체계로 보았다.

심인현(1991)은 계칭(말차림)유형은 고대 및 중세조선어에서까지도 존대말차림과 비존대말차림의 구별을 가졌는데, 근대 및 현대에 이르러 존대말차림이 《존대》, 《해요》, 《하오》 비존대말차림이 《하게》, 《해라》로 나뉘게 된 것이라고 하였다.

계칭에 대한 연구는 무엇보다 반말과 해요체의 해석에 많은 연구가 집중되었다. 최현배는 반말을 등외로 규정하면서도 실제로는 해라체와 하게체, 또는 하게체와 하오체의 중간으로 다루었고, 김석득(1966)은 반말을 등외로 처리하여 높임과 낮춤의 중간으로, 허웅은 하게체와 하오체의 중간으로, 성기철(1985)은 예사낮춤과 아주낮춤의 두 등급에 두루 통용되는 두루 낮춤으로 규정하였다. 한길도 《국어종결어미연구》에서 반말을 높임 《-요》에 대응되는 안높임으로 보았다. 조선에서도 반말과 해요체의 해석에서 연구자들마다 일련의 차이를 보이고 있으나 크게 세 가지로 설정하는 형편이다. 첫째는 《존대-하오-하게-해라-반말》 체계로서의 계칭, 둘째는 《존대-해요-하오-하게 -해라 -반말》 체계로서의 계칭, 셋째는 《높임(ㅂ 니다, 해요) -같음(하오, 하게, 반말) -낮춤(해라)》 체계 등이다.

격식체와 비격식체에 대한 문제에서도 논의가 진행되었는데, 황적륜·서정수·이정민 등이 격식성과 비격식성을 부여하였다면, 성기철은 격식성을 부여하기 보다는 종합적으로 고찰하는 것이 바람직하다고 하였다.

계칭의 사적 연구는 종결범주의 연구와 결합되어 진행되어 왔다고 할 수 있다.

광복 직후에는 종결토의 연구가 품사분류와 관련한 연구가 주류를 이루었는데, 정렬모(1946)에서는 마침법에 더블가름이 있으며 상대자와 대화할 때 쓰는 것으로서 상대자의 지위에 따라 《해라, 하게, 하오, 합쇼, 반말》의 차별이 있다고 하였다.

허웅(1954)은 15세기 존대법을 주체·객체·상대존대로 보고 존대법의 사적 변천을 규명하였는데, 15세기에 상대존대법을 표시하던 《-이다》계가 16세기에서 17세기에 걸쳐 《ㆁ》음이 불분명하게 되자 상대존대법보다는 그 사용범위가 다소 막연하고 덜 긴요한 객체존대법을 회생하여 상대존대를 재건하게 되었으며, 이 방법이 현재까지 쓰이는 것이라고 하였다. 황부영(1959)은 15세기 조선어를 중심으로 각종의 존칭의 접미사들 《샤(시)》, 《숩(줍, 습)》 그리고 《잇(이)》의 문법적 기능과 관련된 제반현상을 분석하고 해당한 특성을 밝혔다. 존칭의 접미사 《잇(이)》은 그의 문체론적 사용에서 두 가지 경우를 구별하는 것이 필요한데, 하나는 회화체 문장에서 이야기하는 사람이 이야기 듣는 사람을 높이는데 그의 문법적 기능이 있고, 다른 하나는 가사체 문장에서 문장의 일종의 우아성을 부여하는 데만 있다고 하였다.

60년대에 종결토(어미)를 대립된 체계로서 파악한 연구로는 존대법과 관련된 허웅·안병희·렴종률·김석득 등을 들 수 있다. 허웅(1963)은 김형규(1947)에서 《이》와 《숩》을 혼동하고 하나의 범주로 처리한 것은 잘못이라고 비판하면서 존대법체계를 주체존대법 《시》, 상대존대법 《이, 쇼셔》, 객체존대법 《숩》의 3항적 대립관계로 설정할 것을 주장하였다.

안병희(1961)는 《이》와 종결토(어미)에 의하여 표시되는 상대에 대한 존대법은 모두 인정하면서 2인칭 대명사 《그듸》와 관련하여 15세기 공손법의 등분을 ㅎ쇼셔체·하야쎠체·ㅎ라체로 나누었다. 이숭녕(1964)은 15세기 경어법의 체계를 존경법, 겸양법, 공손법의 대립으로 기술하였고, 공손법은 '말할이 대 말들을이'의 대립에서 말할이가 상대적으로 하위자일 때 그 신분성을 표시하는 서법으로 종결토(어미)에만 나타난다고 하면서 신분성에 따라 《비칭(ㅎ다)》에서 《존칭(ㅎ이다)》의 등분을 설정하였다.

염종률(1964)은 계칭이란 말하는 사람이 대화자에 대하여 가지는 예의적 관계를 나타내는 문법적 형태로서 존칭과 의미론적으로 밀접한 관계가 있으며, 특히 존대계칭 사이에는 그 의미상 아무런 차이가 없고 다만 그 표현 수법이 토(종결토)에 있는가 접미사에 있는가 하는 점에만 차이가 있을 뿐이라고 하였다. 그리고 중세조선어에서 계칭은 문헌에 따라 다소 다르기는 하였으나 기본적으로는 존대계칭과 비존대계칭(혹은 일반계칭)의 두 가지가 구별되고 있었으며, 존대의 어계는 종결토 《쇼셔》와 《이다》를 가첨한 형태와 관련되어 있었고, 존칭과 존대어계가 복합되어 쓰일 수 있었다고 하였다. 이 때 존경의 대상으로 되는 인물과 대화자가 일치하게 되면 존대어계는 주체존칭과도 복합될 수 있으며 객체존칭과 존대어계와의 복합도 물론 가능하였다고 하였다.

후기의 문헌, 특히 《첩해신어》에 이르러서는 객체존칭으로부터 의미 변화를 입어 청자존칭으로 된 접미사 《옵》이 종결토에 결합되어 쓰임으로써 대화자에 대한 존경의 의미를 표시하는 용법이 발달되어 있었으며, 비존대어계는 기타의 모든 종결토와 관련되어 있다고 하였다. 물론 현대조선어의 관점에서 볼 때, 중세조선어에서도 일정한 계칭적 의미와 관련되는 《다, 라, 소, 요, 노, 쟈, 져, 고, 려》등의 종결토들이 쓰이기는 하였으나, 거기에는 아직 계칭적 의미가 명확히 분화되어 있지 않아 계칭상 중성화되어 있었으며, 조선어의 비존대계칭의 계칭적 구별은 물론 일반적으로는 종결토에 의한 모든 계칭적 구별이 후대에 발생한 것이라 하였다.

존대어계를 이루는 토들은 일정한 종결토의 중복과 관련되어 있으며, 이것은 계칭의 구별이 없는 토우에 다시 일정한 종결토가 첨가됨으로써 존경의 의미 뉘앙스를 획득해 나간 과정을 반영하고 있다고 하였다. 《하오》계칭과 관련되는 종결토 《오》는 중세조선어에서 비로소 발달하기 시작하였으며, 그리고 《해요》계칭의 발달은 보다 뒤시기에 와서 종결토 《요》가 광범히 사용되게 된 것과 관련되어 있다고 하였다. 계칭의 분화와 함께 《이》로 끝난 종결토(하데, 하세, 하게) 등이 또한

《하게》계칭으로 분화되어 나갔으며, 《반말》계칭, 《해라》계칭 역시 이러한 종결토의 분화과정에서 이룩되어 나갔을 것이라고 하였다.

김석득(1966)은 기존의 연구들과 마찬가지로 종결법은 존비와 관련이 있다고 보았는데, 특이한 것은 종결접미 자체만으로서 듣는이의 존비관계를 밝힐 수 있는 것과 밝힐 수 없는 것이 있다고 하면서, 종결토(어미)와 존비관계의 실태를 《아주낮춤, 예사낮춤, 예사높임, 아주높임, 반말》이외에 《존비없음》을 설정하고 있다.

70년대의 계칭에 대한 연구는 성기철·고영근·장경희·김영황 등의 학자들의 연구를 들 수 있다.

성기철(1970)은 존비형태소의 식별 등 주로 형태론적인 연구에 주안점을 두었던 기존의 연구에서 한 걸음 나아가 통사론, 문장론 또는 수사론에까지 시야를 넓혀서 우리말 대우법을 파악하려 하였는데, 그것인 즉 《-요》를 하나의 독립되는 형태소로 분석해서 형태·용법상으로 반말과 정연한 대조를 이루는 반말높임의 형태소로 보고, 《-요》의 규명과 더불어 새로운 종결형의 대우등분을 설정하였다. 등외로 처리했던 반말과 두루높임의 《해요》를 각각 낮춤과 높임으로 처리해서 체계화하였다. 그리고 등분설정과 관련하여 등분 상호간의 호응의 양상을 고찰하여 일종의 호응역을 밝혔다.

고영근(1974)은 1900~1930년대까지 30년 동안의 대역회화집, 신문학자료, 서울출신 작가의 작품집 등을 분석하여 현대전기조선어의 종결토(어미)를 구조적 방법에 의해 분석, 체계화하였다. 그리고 현대조선어에 《해라, 하게, 하오, 합쇼, 하소서, 해요, 하지요, ㅂ쇼, ㅂ죠》등 9개의 존비법이 있다고 하였으며, 그 후 존비법의 체계를 5원적 체계(해라, 하게, 하오, 합쇼, 하소서)와 2원적 체계(요통합가능형, 요통합형)로 나누었다.

장경희(1977)에서는 문체법체계는 사적인 변화를 거의 보이지 않는 반면에, 존비법은 중세어에서 현대어에 올수록 그 체계가 분화되며, 17세기에는 각각의 문체에 따라 《ᄒ라체, ᄒ오체, ᄒᆞᆸ소체, ᄒ쇼셔체》의 4단계의 존비법이 있다고 하였다.

김영황(1978)은 15~16세기 중세조선어에서 존경의 의미는 현대조선
어보다 좀더 복잡한 체계를 통하여 표시되고 있었다고 하면서, 이 시기
중세어에서는 존경의 의미가 세 가지 문법적 범주에 의해서 표현되고
있었는데, 그 하나는 현대조선어에도 존재하는 존칭토 《시》에 의해서
표시되는 존칭범주이고, 다른 하나는 겸양토 《ᄉᆞᆸ》에 의해서 표시되는
겸양범주이며, 또 다른 하나는 말차림토 《이》에 의해서 표시되는 말차
림범주라고 하였다. 존칭토든, 겸양토든, 말차림토든 모두 존경의 의미와
관련되어 있는 토들이기에, 이것들을 묶어서 존경토라 할 수 있다고 하
였다.

겸양토와 존칭토의 결합순서는 그 후 뒤바뀌게 되어 겸양토가 존칭토
뒤에 놓이게 되었으며, 이러한 결합순서의 변화는 겸양토의 기능상 변화
와 관련되어 있다고 하였다. 이 토는 본래 존경의 대상에 대한 겸양의
뜻을 나타내면서 존경의 대상이 행동의 객체로 되는 경우에 많이 사용
되었는데, 15~16세기에는 존칭토와의 결합에서 《ᄉᆞᆸ시》와 같이 겸양
토가 그 앞에 놓이고 있었다고 하였다. 겸양토 《ᄉᆞᆸ》이 문법적으로 추
상화되면서 그것은 자리토 쪽으로 자리를 더욱 가까이 옮겨 가게 되었
으며, 행동의 객체에 대한 존경의 의미는 점차 없어지고 이야기 듣는 상
대방에 대한 겸양으로 그 의미가 바뀌게 되었다고 하였다.

《이》와 《잇》은 동사 《있다》의 고형 《이시다》에서 온 것으로
볼 수도 있으며 또는 말끝을 길게 끌어 발음함으로써 상대방에 대한 존
경을 표시하는 당시의 오랜 언어습관과 관련된 현상으로 설명할 수도
있다고 하면서 《이》와 《잇》은 전적으로 이야기를 듣는 사람에 대한
존경을 표시하고 공손을 나타내는 기능을 수행하고 있으며, 그렇기 때문
에 《이》와 《잇》은 맺음형에 쓰이면서도 시킴의 경우와 같이 이야기
듣는 사람의 행동을 요구하게 되는 경우에는 이것을 쓰지 않고 그대신
높은 말차림 《쇼셔》를 쓰게 되는 것이라고 하였다. 《이》와 《잇》은
상대방을 높이는 말차림의 표시로서 현대어에 와서 《ㅂ니다/ㅂ니까》,
《나이다/나이까》의 《ㅣ》에 그 흔적을 남기고 있다고 하였다.

1980년대에 들어와서는 근대조선어에 관한 연구가 점차 활발해지고 고대조선어에로까지 그 연구대상이 확대되었다. 이 시기의 대표적인 학자들은 서정수·이숭녕·김종택·한길·김정수·허웅 등을 들 수 있다.

서정수(1980)는 그동안의 연구를 참조하고, 또 실제 설문조사에서 얻은 자료를 바탕으로 청자대우 등급이 점차 간소화되어 가는 경향이 있음을 밝혔는데, 설문조사자료의 분석을 통하여 현대후기 청자대우법의 등급체계는 뚜렷하게 존대와 비존대의 2등급으로 갈라지고 있으며, 이것은 《합쇼체》와 《해요체》의 높낮이가 사실상 사라지고 《하오체》가 쇠퇴되어 가고 있는 사실과 《하게, 해, 해라》 등이 거의 차이없이 쓰인다는 점에 기인한다고 하였다.

이숭녕(1981)에서는 경어법을 서법의 하나로 보면서 15세기의 경어법을 존경법(주체존대법), 겸양법(주체겸양법), 공손법(상대존대법)으로 분류했으며, 특히 공손법은 현대어의 《-합니다》의 《-ㅂ니다》에 대응되며, 화자와 청자의 존비·상하·친소의 관계에서 청자가 높을 때 사용한다고 하였다. 그리고 공손법의 체계를 《卑, 平, 平上, 中, 中上, 上下, 上, 上上, 極》 등으로 상당히 세분화하였다.

김종택(1981)에서는 기존의 연구들이 국어대우법을 《존대》와 《하대(비칭 또는 비존대)》의 양극적 대립체계를 파악한 것을 비판하고, 국어의 문법적 대우체계를 《존대》와 《평대》로, 또 《존대》를 《수상존대》와 《수하존대》로 구분하였다. 《수상존대》는 《하오체》, 《수하존대》는 《하게체》, 《평대》는 《해라체》로 대표된다고 하면서 《하오체》에 대립하는 《해요체》, 《해라체》에 대립되는 《해체》 등은 있을 수 없다고 하였다. 특기할 만한 것은 《해요체》와 《해체》를 인정하지 않는 것이다.

한길(1982)에서는 반말이 상대존대의 체계 안에서 어떠한 위치를 차지하며, 또 모든 서법에 두루 쓰이는 반말종결어미 《-아, -지》의 의미가 어떻게 다른지 살펴보았다. 반말의 등분이 예사높임도 예사낮춤도 아닌 평교용어로서 높임과 낮춤의 중간에 해당한다고 하였고, 의미에 있어서도 《-아》는 단순한 반말을 의미하는 종결접미사, 《-지》는 추정의 의미와 아울러 친근감의 의미를 가지는 반말종결접미사로 차이가 있다고 하였다. 그 후 그는 현대 우리말의 입말에서 들을이 높임등분의 주류를 이루고 있는 것은 《반말》과 《해요체》이기 때문에 이를 중심으로 들을이 높임법의 체계를 이원적으로 설정해야 한다고 하였다. 한길에 따르면 들을이를 신분, 나이, 직업, 친소관계 등의 정도에 관계없이 말할이가 들을이를 높이고자 하는 뜻이 없을 때는 반말을 쓰고, 높이고자 하는 의향이 있을 때는 반말 종결접미사에 《-요》를 통합시키면 높임을 나타내게 되기 때문에 반말의 들을이 높임의 정도는 낮춤(두루낮춤이나 혹은 예사낮춤, 아주낮춤의 사이)이거나 낮춤과 높임의 중간이거나 안높임이라 하였다.

김정수(1984)는 허웅이 세운 15세기 우리말의 굴곡법에 터를 잡고 17세기의 중요한 문헌자료를 가지고 들을이 높임법·주체높임법·객체높임법의 구조를 기술하면서 15세기 높임법으로부터 변한 점들을 드러내 설명해보려 하였다. 여기에서 그는 들을이 높임법의 층에 《아주덧높임, 아주높임, 들을이 예사덧높임, 들을이 예사높임, 들을이 안높임》으로 설정하고 설명하였다.

허웅(1988)은 16세기 국어의 의향법(마침법)을 15세기로부터의 변화를 중심으로 고찰하였는데, 들을이 높임법이 15세기때에는 아주높임, 높임, 낮춤으로 분화되었던 것이 16세기에는 높임과 낮춤의 중간에 들 수 있는 반말이 발달하였고, 또 안맺음씨끝에 의해 있었던 들을이 높임이 차차 마침법의 맺음씨끝에 의지하게 되었다고 하였다.

1990년대에도 연구가 많이 진행되었는데, 서정목(1990)에서는 평서법과 의문법의 《오오체》형식은 모음 뒤에서 《-오》 혹은 《-요》, 자음뒤에서는 《-소》로 실현되는 한 형태소의 음운론적으로 조건된 이 형태들로 중세의 《-숩-/-숩-/-줍-》의 교체를 보이던 화자겸양의 형태소에 연원하는 것으로 보았다. 명령법의 《오오체》형식은 모음뒤에서는 《-소》, 자음뒤에서는 《-으오》로 실현되는 형태소로, 이 형태소는 중세어의 《-(으)쇼셔》에 유래하는 것으로 보았다. 이상과 같이 평서법, 의문법의 《오오체》등급을 나타내는 형식과 명령법의 《오오체》등급형식 사이의 차이를 규명함으로써, 이들이 서로 다른 형태소에 연원을 두는 것임을 밝혔다.

최남희(1990)는 신라향가를 기본자료로 삼고 고려향가를 보조자료로 삼아 고대조선어의 마침법을 서술법·물음법·시킴법·꾀임법의 네 종류로 나누어 중세어와 대비하면서 고대조선어의 들을이 높임의 등분은 높임과 낮춤의 두 등분으로 나누어진다고 하였고, 마침법은 고대조선어와 중세조선어가 동일한 것으로 보았다. 고대조선어의 느낌을 나타내는 서술법의 씨끝 《-야》가 중세조선어에는 쓰이지 않았으며, 바람과 소원을 나타내는 서술씨끝 《-져》가 중세조선어에는 《-져라》로, 높임의 씨끝 《-시셔》는 중세조선어에는 《-쇼셔》로 쓰였음을 지적하였다. 물음법에 있어서도 고대조선어의 《-뎌》이 중세조선어에서는 쓰이지 않았다고 하였다.

허웅(1995)은 들을이 높임의 등분에서 말할이의 들을이에 대한 태도는 크게는 《낮춤》과 《높임》의 두 갈래로 나뉘고, 높임은 《아주높임》과 《예사높임》, 낮춤을 다시 《예사낮춤》과 《아주낮춤》으로 나누고 《반말》을 내세우고 있으나, 이러한 갈래를 세우기가 어려울 경우가 많으므로 《예사낮춤》, 《아주낮춤》, 《반말》 등을 모두 《낮춤》으로 묶어서 풀이하기로 하는데, 이것은 한힘샘의 방법을 따른 것이라고 하였다. 글에서 《아주높임》은 들을이를 가장 높이는 것이고, 그 근본은 두 가지이니, 하나는 《-으이다》계이고 다른 하나는 《-습-/-삽-》계라고 하였고, 《예사높임》은 들을이를 예사로 높이는 것인데 문법적 형태들을 《-소(수)/-오(우)》계와 《-요계》를 들고 있으며, 《낮춤(안높임)》은 말할이가 들을이를 높이지 않는 것으로서 문법적 형태 《-아라/-어라, -아/-어/-여, -지, -게》 등을 들고 있다. 글에서는 《낮춤》을 《안높임》이라고 하면서도 그에 대한 설명은 없다.

서정수(1996)는 현대조선어의 대우법의 특성과 기능을 밝히고, 대우법에는 대상위주의 체계와 방법위주의 체계가 있다고 하였다. 그러면서 청자대우의 양식을 격식체와 비격식체로 이분하고, 그 등급을 격식체에

《아주높임, 예사높임, 예사낮춤, 아주낮춤》, 비격식체에 《두루높임, 두루낮춤》로 각각 설정하였다.

김승곤(1996)은 우리가 집안이나 사회에서 어른을 대할 때는 높여서 말하고 형이나 선배에게는 예사 높여서 말을 하며 후배나 친구끼리는 예사 낮추어 말하고 아래 사람에게는 아주 낮추어 말을 하는데, 이런 말법을 말대접법이라 한다고 하였다. 말대접법은 형태적 · 통어적 · 어휘적 방법에 의하여 실현되는 세 가지가 있다고 하면서, 형태적 방법에 의해 말대접법을 《아주높임(습니다), 삼가함(습니다), 예사높임(해요), 예사낮춤(하게), 반말(해), 아주낮춤(해라)》으로 나눈다고 하였다. 이러한 말대접법은 여증동(1985)의 말대접체계를 따른 것이라고 하였다.

김태엽(1999)은 오랜 기간 동안에 청자높임법이 높임법과 낮춤법의 양분적인 대립체계로 이루어져 있다고 믿어온 점에 의심을 품고 청자높임이 《높임법》과 《안높임법》의 대립으로 체계화되어 있음을 설명하면서 청자높임의 체계를 《안높임, 예사높임법, 좀더높임법, 아주높임법》으로 기술하였다.

성기철(2000)은 고전소설을 중심자료로 하여 종결형을 살펴 보고, 문의 종결형으로 실현되는 19세기 화계의 체계를 규명하는데 목표를 두었다. 그는 근대조선어의 말기인 19세기의 화계는 낮춤의 화계가 하위 구분되어 예사낮춤과 아주낮춤으로 분화되면서 네 개의 화계 《아주높임, 예사높임, 예사낮춤, 아주 낮춤》로 정립되어 있었으며, 이 외에 또 낮춤에서 반말이 보편화하여 《두루낮춤》의 독자적인 화계를 이루고 있었다고 하면서, 이 반말의 《두루낮춤》은 형태적으로나 용법상으로나 현대조선어와 크게 다르지 않은 특성을 보여 준다고 하였다.

총적으로 오래 전부터 많은 언어학자들이 우리말 계칭에 대한 연구를 진행하여 왔으나 연구의 중점을 계칭의 개념확립과 등급설정 및 《해체》와 《해요체》의 해석과 소속에 두었으며, 실제적인 인간관계나 계칭의 통시적 고찰보다는 언어의 내적인 체계, 즉 종결토의 의미해석에 중심을 두었다.

참고문헌 : 이봉운(1897), 《국문정리》
　　　　　주시경(1910), 《국어문법》 박문서관
　　　　　최현배(1937), 《우리말본》 정음사
　　　　　정렬모(1946), 《신편고등국어문법》 한글문화사
　　　　　허　웅(1954), 《존대법사》 성균관학보 1
　　　　　황부영(1954), 《15세기조선어의존칭범주의연구》 과학원출판사
　　　　　과학원(1960), 《조선어문법》 과학원출판사
　　　　　허　웅(1963), 《국어의존대법연구》 정음사 16
　　　　　안병희(1965), 《15세기국어공손법의 한 연구》 국어국문학 26
　　　　　염종률(1964), 《조선어문법구조사》 고등교육출판사
　　　　　이숭녕(1964), 《경어법연구》 진단학보 (25, 26, 27)
　　　　　김석득(1966), 《현대국어의존대법의일치와그확대구조》
　　　　　　　　　　　　 국어국문학 41
　　　　　성기철(1970), 《국어대우법연구》 론문집(충북대) 4
　　　　　고영근(1974), 《현대국어의 존비법에 대하여》
　　　　　　　　　　　　 어학연구 10, 11, 12 서울대어학연구소
　　　　　조　선(1976), 《문화어문법규범》 조선문화어문법규범위원회
　　　　　장경희(1978), 《17세기국어의 종결어미연구》 서울대석사
　　　　　이근영(1985), 《조선어리론문법》 과학백과사전출판사
　　　　　성기철(1985), 《현대국어의대우법연구》 개문사
　　　　　허　웅(1988), 《16세기우리말의향법(마침법)에대한연구》
　　　　　　　　　　　　 한글 201, 202
　　　　　서정목(1990), 《한국어청자대우법의형태론적해석》 국어학 17
　　　　　최남희(1990), 《고대국어의마침법연구》 한글 208
　　　　　심인현(1991), 《현대조선어의말차림범주에대한연구》
　　　　　　　　　　　　 사회과학출판사언어학론문 10
　　　　　허　웅(1995), 《20세기우리말의형태론》 샘문화사
　　　　　서정수(1996), 《국어문법》 한양대학교출판사
　　　　　김승곤(1996), 《현대나라말본》 도서출판박이정
　　　　　김태엽(1999), 《우리말의높임법연구》 대구대학출판사
　　　　　성기철(2000), 《19세기국어의청자대우법》 한글 249

제2장 문자창제 이전 시기 우리말 계칭의 표현

제1절 고대조선어 계칭의 존재여부

우리말 계칭을 바로 알아야 원만한 교제를 이룰 수 있다는 것은 우리말을 하는 사람이라면 누구나 다 알고 있는 사실이다. 그만큼 계칭은 우리의 언어생활에서 매우 중요하며 우리말속에 깊이 뿌리박혀 있다는 것을 말하여 준다. 조선이란 나라는 동방예의지국이라고 불려 왔다. 신분관계가 뚜렷하고 장유유서가 분명했던 고대·중세시기에 계칭이 은연중에 인민대중의 언어의식 속에 잠재하여 있은 것이 사실일 것이나, 단지 문자가 없었던 사정으로 하여 기록이 가능하지 않았을 따름이고, 또한 한자로써 그것을 표기한다는 것은 아주 어려웠을 것이다.

그리고 계칭은 사회적 관계와 심리적 관계로 나타나는데, 전자의 경우는 말하는 사람보다 듣는 사람에게 더 관심이 주어지고, 후자의 경우는 듣는 사람보다 말하는 사람에 더 관심이 간다. 우리 민족은 옛적부터 말을 할 때 말을 들을이는 나이·직위·남녀·신분·친소 등과 같이 여러 층으로 나뉘어져 있음을 염두에 두며, 또 말하는 사람에게는 언제나 말을 듣는 사람을 존중하려는 심리가 간직되어 있다. 이렇게 다른 사람을 존경하려는 심리가 우리 민족에게 본래부터 간직되어 있고, 또 들을이는 여러 층으로 나뉘어져 있기 때문에 계칭도 옛적부터 그에 상응하게 우리말에 갖추어져 있었을 것이다.

조선시대는 반상제도에 따라 양반·중인·상인·천민의 계급적 차이가 철저히 지켜졌던 시대였고, 그 이전시기인 삼국시기, 고려시기 역시 계급사회였던 만큼 그러한 사회제도를 반영하는 우리말에는 계칭이 있었으리라 짐작된다.

제2절 향가와 구결에서의 계칭의 표현

말하는 사람이 말을 듣는 사람[4]을 높여서 대우하는 문법적 형태에 대한 그 시대적 기록이 고대조선어에 너무나도 적기 때문에 중세조선어와 같이 확실한 증거로 계칭형태를 확인하기는 여간 어렵지 않다. 하지만 언어는 역사적으로 생성되고 발전하는 존재이기 때문에 시대의 앞뒤를 통해 언어의 변화과정을 살펴봄으로써 그 맥락관계를 이해할 수 있다.

고대조선어의 언어자료로 남아서 전하는 일부 기록에 의거하고, 또 앞선 연구자들의 연구업적에 의한다면 고대조선어 계칭의 실현형태는 다음과 같다. 아래 향가와 구결을 예로 들어 보자.

> 1) 太平恨音叱如 (《安民歌》)
> 2) 獻乎理音如 (《獻花歌》)

---

4) 여기에서 말을 하는 사람이라는 것은 대화에 직접 참가하는 화자 외에 작자도 말하며, 말을 듣는 사람이라는 것은 대화에 직접 참가하는 청자 외에 독자도 포함시켜 말한다.

    3) 去遣省如 (《優賊歌》)

    4) 餘音玉只出隱伊音叱如支 (《懺悔業障歌》)

    5) 奪叱良乙何如爲理古 (《處容歌》)

    6) 逐好友伊音叱多 (《常隨佛學歌》)

    7) 不冬喜好尸置好理叱過 (《隨喜攻德歌》)

위의 예문들은 향가에 나타나는 서술과 의문을 나타내는 구절들이다.

양주동(1942)에서는 《-다(如,多), -쌰(叱如, 叱多)》의 앞에 결합된 향찰문자 《音》을 중세조선어에서 실현된 청자존칭의 문법적 형태소 《-이-》와 동일한 기능을 수행하는 것으로 보았다. 그러면서 《國文學菁華》에서 1)을 《太平ᄒᆞ잇다》로, 2)를 《받ᄌᆞ보리이다》로, 4)를 《나목 나니잇다》로, 5)를 《아사눌 엇디ᄒᆞ릿고》로, 7)을 《안둘 깃홀 두오릿고》로 읽었다.

홍기문(1956)에서도 1)을 《太平ᄒᆞ니잇다》로 읽으면서, 《音》을 청자존칭의 형태소 《-이-》와 연관시키고 있다.

유창균(1994)에서도 향찰문자 《音》의 용법이 중세조선어와 다르다고 하면서, 《音》의 소리 《-ㅁ-》은 청자높임을 실현하는 선행어미라 하였다. 그는 고대조선어의 《音》을 해석함에 있어서 지나치게 중세조선어의 형태에 부합하는 태도보다는 그 당시의 소리값을 충실하게 찾아내는 것이 바람직하다고 하면서, 《音》의 상고음과 그것이 발달한 과정을 생각할 필요가 있다고 주장하였다. 그는 《ㅁ → ㅇ》으로 발달함을 주장하면서 향찰문자 《音》의 소리값 《ㅁ》이 중세조선어에서 《ㅇ》로 변하는 것은 한자음에서도 운미의 《ㅁ》이 《ㅇ》으로 변한 경우가 있는 점을 뒷받침하여 설명하고 있다. 따라서 중세조선어의 청자높임법을 수행하는 형태소 《-이-》는 《ㅁ》에서 발달한 형태라는 것이다. 하여 2) 《獻乎理音如》는 《림다》로 읽어야 하고 이 《림다》는 후에 《리이다》로 발달한다고 하였다.

小倉進平(1924)는 5)餘音玉只出隱伊音叱如支(《懺悔業障歌》)를 《나니

이다》라고 읽으면서, 이 구절 《伊音叱如支》는 난해한 어구이나 겸양의 뜻을 나타내는 《이이다》로 믿는다고 하였다.

최남희(1996)에서는 4)《去遣省如》를 《가고시이다》로 읽었고, 5)《餘音玉只出隱伊音叱如支》를 《나목나니이스 다》로 읽었으며, 7)《遂好友伊音叱多》를 《조주이스 다》로 읽었다.

허웅(1961)에서도 1), 2), 5), 7)에서의 《音》을 학자들에 의해 《-이-》로 해독된 것에 대하여서는 의문이 가나, 《音》은 상대존대법을 표기한 형태소임이 틀림없음을 지적하고, 이조초기의 《-이-》의 전신인 것만은 사실이라고 하였다.

서정목(1997)에서는 1)《太平恨音叱如》를 《太平ᄒ늡다》다로, 2)《獻乎理音如》를 《바도림다》로, 5)《餘音玉只出隱伊音叱如支》를 《나목나님싸》로 읽으면서 《音》이 어떤 음으로 실현되는 형태소인지 현재로서는 분명하지 않지만, 그 문법적 기능은 공손법일 가능성이 높다고 하였다. 그러면서 이 《音》은 중세조선어 《-(으)이-》의 앞시대의 모습을 보여 준다고 하였다. 그리고 4)《去遣省如》를 《가고셩다》로 읽고, 《省》에는 선문말 어미 《-(으)이-》나 《-ᅀ-》을 적은 것으로 추정되는 《-ᅀ-》음이 들어 있다고 하였다.

이와 같이 많은 언어학자들은 향가의 서술식과 의문식에 나타나는 《音》이나 《省》을 후기중세조선어의 가장높임의 표현을 위한 문법적 형태소 《-이-》의 옛 형태로 보고 있다.

향가에 나타난 문법적 형태 《音叱多, 音叱如, 音如/ 省如》를 필자는 《-음다/-슴다》의 옛 형태로 본다면, 이것이 높임을 나타내는 문법적 형태임[5]이 틀림없다고 생각된다.

고려후기 및 조선초기의 구결에서도 종결토 《-多(다)》의 앞에는 《-示已(시이)-/-去是(거이)-/-飛是(ᄂ이)-/-入已(드이)-/-奴是(노이)-/-利是(리이)-/

-士是(亽이)-》6) 등이 쓰이는데 여기에서 《已, 是》도 높임의 표현을 위한 문법적 형태소 《-이-》의 옛 형태로 보고 있다.

후기중세조선어 명령식에 나타나는 높임의 계칭은 문법적 형태 《-쇼셔》에 의해 표현되고 향가에서는 《賜立》로 나타나는데 대해서는 많은 학자들이 일치한 견해를 보이고 있다. 예를 든다면,

> 1) 惱叱古音多可支 白遣賜立 (《願往生歌》)
>
>   닏곰다기숣고샤셔 (양주동)
>
>   뉘웃기이다가숣고샤셔 (小倉進平)
>
>   놋곰하올히숣고시셔 (최남희)
>
>   곳곰합죽숣고쇼셔 (김완진)
>
> 2) 慕人有如白遣賜立 (《願往生歌》)
>
>   그릴사룸잇다숣고샤셔 (양주동)
>
>   그릴사람잇다숣고샤셔 (小倉進平)
>
>   慕人잇다숣고시셔 (최남희)
>
>   그리리 잇다 숣고쇼셔 (서정목)
>
>   그리리잇다숣고쇼셔 (김완진)
>
> 3) 十方叱佛體閼遣只賜立 (《懺悔業障歌》)
>
>   十方ㅅ부텨 알곡샤셔 (양주동)
>
>   十方ㅅ부텨알고샤셔 (小倉進平)
>
>   十方ㆆ佛體알곡시셔 (최남희)
>
>   十方ㅅ부텨마기쇼셔 (김완진)

이것은 《鷄林類事》에서 《受勢, 少時》로 나타난다.

---

6) 서태룡 (1997) 《어말어미의 변화》 「국어사연구」 태학사 p.648

語話曰 替里受勢(드르쇼셔), 借物曰 皮離受勢,(비리쇼셔), 迎客入曰 屋
裏坐少時(안자쇼셔), 相別曰 羅戲少時(여희쇼셔).

향가에서는 높임의 계칭과 달리 안높임의 계칭은 이러한 문법적 형태
가 개재하지 않은 문장에서 표현되는데, 최남희(1996)의 견해를 따르면
아래와 같이 표현된다.

서술식 :
○ 薯童房乙夜矣卯乙抱遣去如 (《薯童謠》), 彗星也白反也人是有叱多
   (《彗星歌》), 二于萬隱吾羅 (《禱千手觀音歌》), 法性叱宅阿叱寶良
   (《普皆廻向歌》), 不冬萎玉內乎留叱等耶 (《恒順衆生歌》), 一等沙
   隱賜以古只內乎叱等邪 (《禱千手觀音歌》), 覺月明斤秋察羅波處也
   (《請轉法輪歌》), 〈如, 多, 羅, 良→ -다/-라/-야〉

의문식 :
○ 此也友物北所音叱慧叱只有叱故 (《彗星歌》), 於冬矣用屋尸慈悲也
   根古 (《禱千手觀音歌》), 四方八大願成遣賜去 (《願往生歌》), 此地
   肦捨遣只於冬是於丁 (《安民歌》), 故, 古, 去, 丁 → -고/-가/-뎡〉

명령식 :
○ 此肦喰惡只治良羅 (《安民歌》), 彌勒座主陪立羅良 (《兜率歌》), 燈
   油隱大海逸留去耶 (《廣修供養歌》), 心未際叱肦逐內良齊 (《讚耆婆
   郞歌》), 〈羅,齊, 耶 → 良-라/-져〉

권유식 :
○ 年數僣音隆支行齊 (《慕竹旨郞歌》), 他道不冬斜良只向齊 (《常隨佛
   學歌》), 〈齊 → -제〉

이와 같이 고대조선어에서 말하는 사람이 말을 듣는 사람을 대우할 때
그 계칭은 문법적 형태소 《音》, 《省》, 《賜立(-샤셔/시셔)》에 의해 실

현되었다는 사실은 여러 학자들에 의해 제기되고 있다.

　고대조선어시기 듣는 사람을 높여서 대우하는 문법적 형태로 몇 가지가 존재했는지는 문헌자료의 제한으로 분명하게 알 수 없으나, 《音》·《省》·《賜立》과 같은 것들이 청자높임을 실현하는 문법적 형태로 쓰였다는 사실로 보아 고대조선어에 대우의 등급인 높임과 안높임의 계칭이 있었다는 사실은 부인할 수 없다.

참고문헌 : 1) 향가, 이두자료-
　　　　　　　　일연(1285년 고려중기), 《삼국유사》 - 신라향가 14수
　　　　　　　　혁련정 (1075년 문종 29년), 《균여전》 - 균여향가 11수
　　　　　　　　손목 (1103년), 중국 송나라 사람, 《계림류사》
　　　　　2) 小倉進平 (1929), 《향가 급 리두연구》
　　　　　3) 양주동 (1942), 《조선고가연구》 (1947), 《려요전주》
　　　　　4) 홍기문 (1956), 《향가해석》 조선민주주의인민공화국과학원
　　　　　5) 허 웅 (1961), 《국어존대법연구》 한글128호
　　　　　6) 김완진 (1990), 《향가해독법연구》 서울대학교출판사
　　　　　7) 유창균 (1994), 《향가비해》 형설출판사
　　　　　8) 최남희 (1996), 《고대국어형태론》 도서출판박이정
　　　　　9) 서정목 (1997), 《경어법선어말어미변화》 국어사연구,
　　　　　　　　국어사연구회
　　　　10) 서태룡 (1997), 《어말어미의 변화》 국어사연구, 태학사

제3장 15~16세기 문헌에서 표현된 계칭

세 나라 시기부터 써오던 이두식 서사체계는 원래 우리말에 맞지 않으며 글자 자체가 어려운 한자에 기초하고 있었기에 우리말을 쉽게 적어낼 수 없었다. 1443년 고유한 우리 글자인 훈민정음의 창제는 조선어의 발전에서 획기적인 의의를 가진다. 훈민정음이 창제된 후 여러 경로를 통하여 조선글이 보급되기 시작했는데, 15세기초에 이씨 왕조의 성립을 칭송하는 《용비어천가》의 간행을 시작으로 《석보상절》·《월인석보》·《금강경언해》 등 불경서적들이 뒤이어 간행되었으며, 16세기에는 유교서적인 《번역소학》·《논어언해》·《맹자언해》 등이 간행되었다. 그리고 중국어 학습을 목적으로 역학 관계 서적 《번역노걸대》·《번역박통사》 등도 간행되었으며, 민간에는 정음으로 쓴 언간자료까지 유포되었다.

이조전반기는 실로 우리말의 발전에 하나의 새로운 단계를 열어 놓았다. 본 장에서는 이 시기 정음으로 간행된 자료들을 대상으로 종결토에 대한 분석과 그 조응관계, 그리고 부동한 인간관계로부터 우리말 계칭을 고찰하려 한다.

언해문은 일종의 번역문이기 때문에 그 당시 현실언어를 충실히 반영하지 못한다는 한계점을 가지고 있으나, 달리 자료가 없는 정황하에서

부족하나마 언해자료를 기본자료로 하여 그 당시 언어실상에 접근하고
자 한다.

제1절　계칭의 표현형태

우리들이 어떤 사실을 상대방에게 말하고자 할 때는 늘 말을 듣는 상대
방의 신분이나 나이, 남녀관계, 친소관계 등을 파악하고 말을 해야 한다.

　　○ 어머님, 오늘도 직장에 나가십니까?
　　　영수도 내일 영호와 함께 상해로 떠나오.
　　　자네가 먼저 이 일을 시작하게.
　　　애야, 오늘은 숙제부텀 먼저 해라.
　　　할머님, 제가 오늘 신문을 읽어드릴가요?
　　　손님이 벌써 도착했군.

위의 문장에서 말을 듣는 사람은 《어머니, 형, 동료, 아들, 할머님, 이
웃》 등이다. 여기에서 보면 말을 듣는 사람에 따라 말을 하는 사람은
서로 다른 종결토 《-십니까? -오, -게, -라, -ㄹ 가요? -군》 등을 써서
각이한 대우방식, 즉 높이겠는가 안 높이겠는가, 또 높이되 어느 정도
높여 주겠는가 하는 것을 나타낸다.
이러한 대우방식은 이조 전반기인 15~16세기 문헌에서도 술어에 붙
는 각이한 문법적 형태에 의해 표현되었다.

　　1. 憧英이 菩薩끠 묻ㅈㅸ더 어느 나라해 가시리잇고?
　　　菩薩이 니르샤더 이제 釋種이 足盛ㅎ니 녀름드외오 快樂이 그지
　　　업고 백성도 만ㅎ며… 菩薩母ㅣ 드외시니 그 나라해 가나리라.
　　　　　　　　　　　　　　　　　　　　　　　　　　(月印釋譜 二 13.1)

문장1)은 《憧英》과 《菩薩》의 대화인데, 《憧英》은 신분적으로 《菩薩》보다 낮기 때문에 《菩薩》을 가장 높게 대우하여 말하고, 《菩薩》은 안 높여서 말한다.

문장에는 객체존칭토 《-ᄌᆞᆸ-》와 존경을 나타내는 여격토 《-끠》가 나타나 있는 것을 보아도 《憧英》과 《菩薩》의 대우관계를 알 수 있는데, 계칭에서의 이러한 대우관계는 각이한 문법적 형태 《-리잇고, -리라》등에 의해 표현되고 있다.

> 2. 臣下돌히 닐오디 功德이 녀느 걷거시늘 엇뎨 다먼 돈 ᄒᆞ나토로
>   供養ᄒᆞ시ᄂᆞ니잇고?
>   王이 닐오디 ᄌᆞ걋 모미 비록 知慧 볼ᄀᆞ신들 世間애 므스기 有益
>   ᄒᆞ료? (釋譜詳節 卅四 40·1)

문장2)는 《王》과 《臣下》의 대화인데, 봉건사회에서 《王》과 《臣下》와의 관계는 수식적 상하 인간관계인 만큼 《臣下》는 반드시 《王》을 가장 높게 대우하여 말을 하여야 한다.

이러한 높낮이 관계는 우리말 계칭에 반영되는데, 이러한 계칭적 관계는 각이한 문법적 형태 《-ᄂᆞ니잇고, -료》에 의해 표현된다.

> 3. 阿那律이ᄃᆞ려 닐오디 우리 이제 안ᄌᆞᆨ 出家 말오 지븨 날굽 ᄒᆡ를
>   이셔 五欲을 ᄆᆞᅀᆞᆷᄀᆞ장 편 後에ᅀᅡ 出家ᄒᆞ져.
>   阿那律이 닐오디 닐굽 ᄒᆡ 너무 오라다. (月印釋譜 七 3~4)

문장 3)은 《釋種의 아이들》의 대화로서 평교 간의 대화이므로 서로 높여서 말하지 않는데 문법적 형태 《-져, -다》가 나타나고 있다.

> 4. 善容이 닐오디 ᄒᆞ마 주글 싸ᄅᆞ미어니 當時로 사라이신들 주구메
>   셔 다리잇가? 므슴 ᄆᆞᅀᆞᆷ경으로 貪慾을 펴리잇고?
>   王이 닐오디 어린거사 네 다먼 ᄒᆞᆫ 모맷 목숨 위ᄒᆞ야도 그런 貪慾

앳 즐거본 ᄆᅀᅵ미 업거니 ᄒᆞ믈며 無數劫에 주그락 살락ᄒᆞ야 그지
업슨 受苦ᄒᆞ미엇더뇨? (釋譜詳節 卅四 29·1)

5. 善容이 對答ᄒᆞ디 보도 몯ᄒᆞ며 듣도 몯거니 므스기 쾌락ᄒᆞ리잇고?
王이 친히 가 무로디 네내 옷닙고 내 宮殿에 드러 내 풍류바지
드리고 됴ᄒᆞᆫ 차반 먹고 이쇼디 엇뎨 몯 듣고 몯 보노라 ᄒᆞᆫ다?

(釋譜詳節 卅四 28·2)

문장 4)와 5)는 《善容》과 《王》의 대화로서 《善容》과 《王》은 수
직적 신분관계이기에 《善容》은 가장 높게 대우하여 말을 하고 《王》은
《善容》을 안 높여서 말을 한다.
이러한 계칭적 관계는 부동한 문법적 형태 《-리잇가, -리잇고, -더뇨,
-ᄂᆞᆫ다》7)에 의해 표현되고 있다.

6. 네 닐홈도 올타커니와 각각 사ᄅᆞ미 다 웃듬으로 보미 잇ᄂᆞ니라.

(飜譯老乞大 上 5)

7. 일빅낫돈애 너를 언메나 주워여 ᄒᆞᆯ고? (飜譯老乞大 上 13)

8. 주ᅀᅵᆫ하 네 블 ᄆᆞ드쇼셔. 우리 니실 오경두에 나가리라.
(쇼셔==리라) 그리ᄒᆞ마, 나그내네 쉬라. (飜譯老乞大 上 26)

9. 쥬ᅀᅵᆫ 형님하 쏘 ᄒᆞᆫ마리 이셰이다. 사름 머글거슨 안직 져그나 잇
거니와 이몰돌ᄒᆞᆫ 쏘 엇디ᄒᆞ려뇨?

(飜譯老乞大 上 55) (하==이다==뇨)

10. 쥬ᅀᅵᆫ 형님하8) 허믈 마ᄅᆞ쇼셔. 우리 가노이다. 여긔 널이 괘이다.

---

7) 허웅(1988:56)은 〈-뇨〉는 비인칭물음법씨끝, 〈-ᄂᆞᆫ다〉는 2인칭물음법씨끝이라고
하였다.

8) 《고대조선어문선급중세조선어개요》(하) (이득춘 연변대학출판사 1995 p.103)에서
《중세조선어 호격형태에는 〈-아, -야, -여, -이여〉 그리고 〈-하〉가 있는데, 현대
에 없는 호격토 〈-하〉는 높임의 호격토이다》라고 하였다.

(하=다===이다).

너희 므슴 널인 고디 이시리오? 너희 허믈말오 됴히가라.

(飜譯老乞大 上 59)

위의 문장들은 입말을 잘 반영한 16세기 문헌 《번역노걸대》[9]에 나오는 장사꾼들, 그리고 주인과 손님의 대화이다. 장사꾼들 사이에는 안높임의 말씨를 쓰고, 손님은 주인을 대접하기에 높여서 말을 한다.

여기에서 보면 15세기와 마찬가지로 부동한 대우방식은 문법적 형태 《-이다, -쇼셔》, 《-뇨, -ㄹ고, -리오, -마, -라, -니라》 등에 의해 표현되고 있다. 위의 일부 문장에서 보면 또 같은 대상에 대해서도 서로 다른 말씨가 나타나고 있는데, 이것은 번역자가 계칭이 없는 대화를 번역한 원인도 있거니와 일부 경우에 화자의 심리적 상태가 다름으로 하여 화자의 존대의향이 수시로 달라질 수 있음을 말하여 준다.

11. 비로 감새. 다시 돈닐 사르미 이실 거시오 (무덤편지 2) (새==오)

12. 가져 간 놈 바비나 ᄒ여 머기소 보기옷 미처 오면 나도 갈 거시오.

(무덤편지 72)

13. 올제도 몯 보니 미양 니치디 마래…하 그리오니 ᄀ이업세.

(무덤편지 152) (-서방님끠)

14. 관디 아니 와시니 급급이 보내오. 얼혀니 마오. 부러 사룸 브리 더 ᄉ월초다엿쇄 젼으로 들게 보내오. (편지 5, 송강)

---

9) 김영황(1978)《조선민족어 발전 력사연구》(과학백과사전출판사 p.218)에서 《이 책들의 언어는 계칭이 없는 대화를 번역한 것인 만큼 낮춤의 말차림으로 통일되어 있는 제한성이 있기는 하나 앞선 시기 국문책들에서 볼 수 없었던 알림, 물음, 시킴의 다양한 맺음토들이 다양하게 반영시키고 있는 것이 특징적이다》라고 하였다. 그러나 필자가 조사한 바에 의하면 낮춤의 말차림으로 통일되어 있는 것이 아니라 가장 높임의 계칭도 나타나고 있다. 즉 손님이 주인을 대접하여 말할 때(일부 경우 앞뒤 문장의 계칭이 통일되지 않는 예도 보이지만) 가장높임의 계칭을 썼다.

위의 문장들은 16세기 서간체에 나오는 문장들로서, 문법적 형태 《-오, -소, -ㅁ새》10)등에 의하여 일반적인 높임이 나타나고 있다. 그것은 편지를 받는 대상이나 문법적 형태들의 연원을 분석하여 보아도 알 수 있다. 문장에는 계칭형태 《-새, -오, -소》들이 함께 쓰였다.

> 15. 너희 며치나흔 션비오?
>
> 우리 흑당 위두흥야 마순다숫 션비라.
>
> 흑당의 드리는 쳔이 언메나 흥뇨?
>
> 흔ᄃ래 닷돈식이라.
>
> 네 스승은 엇던 사롬고?
>
> 이 션븨라.
>
> 네 이제 무슴 그를 비호는다?
>
> 모시 샹셔 닑노라. (飜譯朴通事 上卷 49~50)

문장 15)는 《飜譯朴通事》에 출현하는 장사꾼들의 대화로서 서로 안높임 계칭을 쓰고 있다. 여기 안높임에는 다양한 문법적 형태 《-는다, -고, -오, -뇨, -노라, -니라, -라》 등이 나타나고 있다.

이와 같이 15~16세기 문헌에는 다양한 인간관계 《菩薩》과 《憧英》, 《王》과 《臣下》, 《王》과 《善容》, 《釋種의 아이들》, 《주인과 손님》, 《장사꾼들》 등이 나타나고, 서간체에도 각이한 인간관계가 나타나고 있다. 이러한 각이한 인간관계에 의해 나타나는 여러 계칭은 종결술어에 붙는 여러 문법적 형태들에 의해 표현되었다.

---

10) 김정수(1984:130)에서 〈-음새〉는 17세기 새롭게 발달한 서술법의 들을이 예사높임의 어형으로, 〈-소〉도 17세기에 새로 발달한 시킴법의 들을이 예사높임의 어형으로 보고 있으나 16세기에 이미 나타나고 있다.

제2절 식에 나타난 각종 문법적 형태

우리들이 언어교제에서 자기 마음속에 품고 있던 내용을 듣는 사람에게 어떻게 전달하겠느냐 하는 문제는 두 가지 함의를 포함한다.

하나는 문장의 명제내용을 듣는 사람에게 어떤 종류의 문장으로 표현하는가 하는 것이고, 다른 하나는 문장의 명제내용을 표현하되 듣는 사람에 대해 어떤 높임의 관계(계칭)로 표현할 것인가 하는 것이다.

높임의 관계를 잘 파악하지 못하면 교제에서 실패하게 되는데, 여기에서 종결토의 선택문제가 아주 중요한 요인으로 된다. 종결토에 의해서 문장의 종류와 높임의 관계, 즉 식과 계칭이 표현되기에 식과 계칭은 서로 갈라놓을 수 없는 관계에 있다.

아래에 15~16세기 문헌에서 식11)에 의해 나타난 각종 문법적 형태를 고찰하고, 이 시기 계칭을 정립하려 한다.

2.1 서술식에 나타난 문법적 형태

서술식이란 말하는 사람이 듣는 사람에 대해 어떤 요구를 제기하지 않고 어떤 사실·현상·사건 등에 대해 단순히 서술만 하는 문장을 말한다. 15~16세기 서술식에 나타나는 여러 계칭형태들을 고찰해보면 다음과 같다.

○ 《-이다》 :
서술식을 나타내는 문법적 형태로서 15~16세기 조선어에 많이 쓰인 문법적 형태이다.

---

11) 여기에서 말하는 식은 《조선어문법》 (최명식, 김광수 연변대학출판사 2000년 p.84) 의 개념을 따른 것이다. 책에서는 《식이란 말을 하는 사람이 말을 듣는 사람에 대하여 설정하는 이야기의 목적을 나타내는 문법적 범주이다》 라고 지적하면서 조선어의 식을 서술식, 의문식, 명령식, 권유식으로 나눈다고 하였다.

16. 太子이 닐오디 얻논 藥이 므스것고? 大臣이 닐오디 나다가며브
    터 嗔心아니 ᄒᆞᄂᆞᆫ 사ᄅᆞ미눈ᄌᆞᅀᆞ와 骨髓왜이다.
    太子ㅣ 듣고 닐오디 내 모미 쎠즛ᄒᆞ도다. 내 난후로 嗔心혼적 업
    노라. 大臣이 닐오디 太子ㅣ 그런 사ᄅᆞ미시면 이 이리 ᄯᅩ 어렵
    도소이다. (月印釋譜 二十一 215)

17. 그뒷 안해 브틴 빅모시뵈 열필와 누른 모시외 다ᄉᆞᆺ과 거믄 텰릭
    뵈 닷비를 쇼쉰이 예 가져오이다. (飜譯朴通事 上卷 51)

18. 머구미 브르녀 아니 브르녀? 우리 ᄀᆞ장 브르이다.

                                                    (飜譯老乞大 上 42)

문장 16)은 《太子》와 《大臣》의 대화로서 《太子》가 《大臣》한테는
높임의 대상이기에 대우하는 말씨를 쓰게 된다. 이런 경우 서술식에 문법
적 형태 〈-이다〉가 나타나고 있다. 문장 17)에서 말을 하는 사람은 상대
방을 《그디》라고 하면서 높여주고 자신을 《쇼쉰(小人)》이라고 자칭한
다. 이러한 환경에서 《쇼쉰(小人)》은 상대방에게 대우하는 말씨를 써야
만 한다. 이러한 대우방식은 종결술어에 붙는 문법적 형태 《-이다》에
의해 표현된다.

문법적 형태 《-이다》와 종결술어의 어간 사이에는 여러 가지 문법적
형태소들이 개재하여 가장높임과 함께 각이한 문법적 의미를 나타낸다.

1. 《-(ㄴ)니이다》:

19. 摩騰이 ᄉᆞᆲ보디 네 阿育王이 如來ㅅ 舍利ᄅᆞᆯ 天下애 八萬四千 고
    ᄃᆞᆯ 갈ᄆᆞ니 이 震旦國中에 열아홉 고디니 이 그 ᄒᆞ나히니이다.

                                                    (月印釋譜 二 78·2)

20. 尊者ㅣ ᄯᅩ 닐오디 이ᄂᆞᆫ 大目 揵連ㅅ塔이니이다.

                                                    (釋譜詳節 廿四 38·1)

21. 十方衆生이 너비 다 饒益ᄋᆞᆯ 닙습ᄂᆞ니이다. (法華經諺解 三 109)

문장 19), 20)의 《-이-》는 체언이 용언형으로 되는 바꿈토이고, 《-니-》
는 확인과 강조를 나타내는 형태소이며, 문장 21)에 문법적 형태소 《-습-》
이 나타나는데, 이것은 15세기 객체존칭을 나타내던 형태소이다. 이러한 형태
소는 17세기 이후 기능변동을 거쳐 청자존칭의 형태로 되면서 종결토쪽으로
더욱 가까이 접근한다. 문법적 형태소 《-ᄂ니-》는 현실적인 사실임을 확인,
강조한다.

2. 《-리이다》 :

22. 그ᄢᅥ 觀世音菩薩이 釋迦牟尼佛의 ᄉ로오샤디… …一切衆生이 이 威
    神을 니버 다苦를 여희여 버스리이다. (陁羅尼經 卷上 1)

23. 王이 닐오디 어더 보ᄉ발까? 耶舍ㅣ 닐오디 아니 오라아 보시리
    니 ᄒ마 오시리이다. (釋譜詳節 卄四 44·1)

24. 예 大王하, 往生偈를 닛디 마라 외와 ᄃ니쇼셔. 이 偈를 외오시
    면 골폰비도 브르며 헐므움도 암ᄀ리이다. (月印釋譜 八 95)

25. 어버ᅀᅵ 몬 ᄀ존 子息은 …나거든 ᄶᅡ해 무더ᄇ료디 ᄒ리이다.

(月印釋譜 八 97)

문장 22)는 말을 듣는 이는 존경의 대상인 《釋迦牟尼》이며 존경의
여격형태 《-의》와 함께 쓰였고, 23)은 《王》과 《耶舍》의 대화로서
《王》은 가장높임의 대상이며, 24)에서 《王》은 호격토 《-하》함께 쓰
였다. 여기에서 문법적 형태소 《-리-》에 의하여 의지·추측 등의 문법
적 의미를 나타낸다.

3. 《-노이다》 :

26. 읍ᄒ노이다. 주신 형님애 ᄶᅩ 王가 형님이로괴여. (飜譯老乞大 上 17)

27. 죠셔 ᄀ독ᄒᆫ 後에 고렷ᄶᅡ호로 가노이다. (朴通事諺解 上 8)

28. 敢히 死를 묻ᄌ노이다. (論語諺解 3:5)

문장 28)에서 문법적 형태소 《-줍-》은 15세기 객체존칭을 나타내던
형태소 《-습-》의 이형태이다. 전술한 바와 같이 이러한 형태소는 17세기
이후 기능변동을 거쳐 청자존칭의 형태로 되면서 종결토쪽으로 더욱 가까
이 접근한다. 문법적 형태소 《-노이다》는 《-ᄂ-+-오-+이다》의 결합형
태로서 현재의 의도를 나타낸다.

4. 《-(리)로소이다》 :

29. 王이 占ᄒᆞᄂᆞᆫ 사ᄅᆞᆷ들 블러 부르시니 다 ᄉᆞᆯᄫᅡᄃᆡ 聖者이 나샤 輪王
이 ᄃᆞ외시리니 出家ᄒᆞ시면 正覺을 일우시리로소이다.

(月印釋譜 二 26·1)

30. 能티 몯ᄒᆞ리로송이다. (論語諺解 1:21)

31. 允은 젹은 신해라 아득ᄒᆞ고 어즐ᄒᆞ야 추례를 일토송이다.

(小學諺解 6:42)

문장 29)에서 말을 듣는 사람은 《王》이고 말하는 사람은 《점치는
사람》이다. 때문에 《王》은 가장높임의 대상이기에 《ᄉᆞᆲ다》와 같은 존
경어를 써서 대우하여 말한다. 문장 30)과 31)에서의 문법적 형태 《-로
송이다, -도송이다》는 청자존칭형태소 《-이》의 어음 《-ㆁ-》가 앞음
절에 소리닮기를 시킨 결과이며, 높임의 정도에는 영향이 없다. 여기에
서 문법적 형태 《-리로소이다》에서의 《-로(도)소-》는 감동의 뜻을
한층 더 강하게 나타낸다.

5. 《-지이다》 :

32. 그저긔 闍耶ㅣ 發願을 ᄒᆞ야 ᄉᆞᆯᄫᅡᄃᆡ 오늘 布施ᄒᆞᅀᆞᄫᆞᆫ 善根功德으
로 後生애 혼天天를 어더 繖盖 바틸 王이 ᄃᆞ외야 諸佛을 供養ᄒᆞ
ᅀᆞᄫᅡ지이다. (釋譜詳節 卅四 8·2)

33. 觀世音菩薩이 釋迦牟尼佛끠 ᄉᆞᆯᅌᆞ샤ᄃᆡ… …煩惱를 막게 ᄒᆞ야지이다.

(陁羅尼經 卷上 52)

　문장 32)에서 《숩다》는 말을 듣는 사람이 존경의 대상임을 나타낸다. 그리고 문법적 형태소 《-사ᄫᅡ-》는 《-ᅀᆞᆸ-+-아-》의 결합으로서 행동의 객체인 《諸佛》을 존경하기에 《-지이다》의 앞에 놓인다. 문장 33)은 《菩薩》과 《釋迦牟尼》의 대화로서 존경어 《숩다》, 존경의 여격토 《-ᄭᅴ》는 문장에서 말을 듣는 《釋迦牟尼》가 가장높임의 대상임을 나타낸다. 문법적 형태 《-이다》는 수의적으로 《-니+-이다, -리+-이다》에서 떼어내거나 붙일 수 있는 것처럼 《-지+-이다》에서도 《-이다》를 수이적으로 떼어낼 수가 있었다. 이러한 문법적 형태는 가장높임과 함께 소원·의도·욕망의 문법적 의미를 나타낸다.

6. 《-ᅀᅩ오이다》 :

　　34. 대궐도 무스ᄒᆞᅀᅩ오이다. (편지 3)

　문장 34)에서 문법적 형태소 《-ᅀᅩ오-》12)는 객체 존칭의 형태소 《-ᅀᆞᆸ-》의 어음변종이다. 그리고 《ᅀ》음이 소실13)되면서 이러한 형태는 《-오-》로 되고 《-이다》가 줄어들면서 문법적 형태의 간소화를 거쳐 서술을 나타내는 높임의 문법적 형태 《-오》로 된다. 높임의 문법적 형태 《-오》는 16세기 문헌에서 이미 나타나고 있다.

7. 《-ᄉ오리이다》 :

　　35. 아ᄆᆞ려나 펴니곰 겨쇼셔. 그러아 내 편히 잇ᄉ오리이다. (편지 3)

---

12) 황부영은 (1961:17) 15세기 조선어의 접미사 《-ᅀᆞᆸ-》은 모음이나 《ㄴ, ㄹ, ㅁ》으로 끝난 동사 어간 뒤에서 나타나고, 또 《-ᅀᆞᆸ-》의 《ㅂ》음은 모음위에서 순경음 《ᄫ》나 모음 《오(우)》로 바뀐다고 하였다.

13) 최법훈(1980) 《중세한국어문법론》(二友出版社　P39)에서 《ᅀ》의 소실시기는 종래 16세기말기(김형규, 김윤경, 허웅)로 보았으나, 좀더 소급하여 16세기 중기(이숭녕, 류창돈, 이기문)로 보는 견해가 지배적이라고 하였다.

문장 35)는 명령을 나타내는 종결토 《-쇼셔》와 함께 쓰이면서 전후 문장의 높임에서 조응을 이룬다. 문법적 형태소 《-ᄉᆞ오-》[14]는 34)에서의 《-ᅀᆞ오-》와 마찬가지 원리로 객체존칭의 형태소 《-ᄉᆞᆸ-》의 어음 변종이다. 《-ᄉᆞ오리이다》는 《-리이다》와는 달리 객체에 대한 존중과 함께 미래를 나타낸다. 이것이 《-이다》가 떨어지면서 문법적 형태의 간소화를 거쳐 종결형태 《-소》로 된다.

이 외에 문법적 형태 《-이다》에서 《ㅣ》가 앞음절의 모음을 역행동화시키고 소실된 형태 《-ᅌᅵ다》가 나타나는데, 이러한 형태도 문법적 형태 《-로송이다, -도송이다》처럼 《-이다》의 영향을 받은 어음변종으로서 《-이다》와 같이 높임의 계칭을 표현한다고 본다. 이러한 어음론적 현상은 이 시기 많이 나타나는 현상이다.

○ **《-ᅌᅵ다》:**

36. 祖이 무르샤ᄃᆡ 어드러셔 온다? 師이 ᄉᆞᆲ오ᄃᆡ 嵩山ᄂᆞ로셔 왕다.

(선가 1)

이 諸佛의 本源ㅣ시며 神會의 佛性ㅣ로ᄉᆡᆼ다. (선가 1)

문장 36)은 師와 祖의 대화로서 師는 祖를 가장 높게 대우하는 말씨이다.

이와 같이 서술식에는 문법적 형태 《-이다》와 그 앞에 여러 문법적 형태소가 붙은 《-니이다, -ᄂᆞ니이다, -리이다, -노이다, -리로소이다, -지이다, -ᅀᆞ오이다, -ᄉᆞ오리이다, -ᅌᅵ다[15]》와 같은 형태들이 나타난다.

---

14) 황부영은 (1961:17)에서 15세기 조선어의 접미사 《-ᄉᆞᆸ-》은 모음이나 《ㄴ, ㄹ, ㅁ, ㄷ, ㅈ, ㅊ, ㅌ》 이외의 자음으로 끝난 동사 어간에 가첨된다고 하였다. 또 《-ᄉᆞᆸ-》의 《ㅂ》음은 모음위에서 순경음 《ㅸ》나 모음 《오(우)》로 바뀐다고 하였다.

15) 허웅(1988)은 《이》의 《ㅣ》가 줄어 없어지고 《ㆁ》만이 남게 되면 《이》의 경우보다 그 높임의 뜻이 한층 낮아지는데, 이것을 《아주높임》보다 낮은 《높임》의 등분에 넣었다. 이런 현상은 15세기에 볼 수 있었고, 16세기에도 볼 수 있다고 하였다.

여기서 《-ᄂᆞ-, -니-, -리-》는 시간을 나타내는 형태소, 《-노-》는 영탄을 나타내는 문법적 형태소, 《-지-》는 소원과 욕망을 나타내는 문법적 형태소, 《-ᅀᆞ오-, -ᄉᆞ오-》는 객체높임의 형태소 《-ᄉᆞ-》의 어음변종, 《-도(로)소-》는 감동을 나타내는 형태소이다.

문장 16), 17), 22), 23), 29), 32), 33), 36)에서 가장높임의 대상은 《太子, 그뒤, 釋迦牟尼, 王, 諸佛, 祖》 등인데, 문장의 끝에 종결토 《-이다》와 《-이다》의 결합형태들이 반드시 나타나고 있다.

이로 보아 15세기와 16세기에는 문법적 형태 《-이다》에 의해 말하는 사람이 말을 듣는 존자를 특수하게 높여주는 가장높임의 대우방식이 있은 것은 사실이다. 15세기나 16세기 문법적 형태 《-이다》에 의해 이루어지는 들을이 높임에 대해서 많은 학자들이 일치한 견해를 표하고 있다.

16세기 서간체에 가장높임의 계칭을 위한 문법적 형태와 다른 높임을 위한 문법적 형태가 나타나는 것을 볼 수 있다.

1. 《-뇌》 :

이러한 문법적 형태는 《서방님끠》 보내는 편지에 나타나고, 또한 문장에서 가장높임의 문법적 형태 《-이다, -쇼셔》와도 함께 쓰인다.

> 37. 오ᄂᆞᆯ 몯 숣뇌. (月印釋譜 二. 45)
>
> 38. 쳥ᄒᆞ뇌. 안해 와 안ᄌᆞ쇼셔. (飜譯老乞大 下 3)
>
> 39. 쳥ᄒᆞ뇌. 지븨 드러 안ᄌᆞ쇼셔. (飜譯老乞大 下 35)
>
> 40. 내 사랏다가 주글가 ᄒᆞ뇌.……ᄌᆞ식ᄃᆞ리나 드리고 사다가 죽고져 ᄇᆞ라뇌. (무덤편지 152) - 《서방님끠》 드리는 편지
>
> 41. 약갑손 술와건마ᄂᆞᆫ 보내신가 몰라ᄒᆞᆸ뇌. (무덤편지 191)

문장 38), 39)은 문법적 형태 《-쇼셔》와 함께 쓰이고, 문장 40)은 《서방님께》 하는 편지이다.

이것으로 보아 이러한 형태는 높임의 대상에게 한 말임을 알 수 있다. 허웅(1988:21)의 고찰에 의하면 문장 41)은 편지 안에는 《-은신(고)가, -옵뇌이다, -으시이다, -으쇼셔, 뇌이다》와 함께 쓰였다고 하였다.

2. 《-(도, 로)쇠》:

　　42. 보기는 여태 아니 와시면 ᄀ장 슈상ᄒ도쇠. (무덤편지 20)
　　43. 다려 ᄃᆞ니리 업스니 쉬이 와여 홀쇠. (편지 4)
　　　　--문법적 형태 《-뇌, -니, -소》가 한 편지 안에서 함께 쓰임.
　　44. 열아ᄒ랜날 음셩 와 지니 너일 지븨 들리로쇠. (무덤편지 49)
　　45. 사라셔 서ᄂᆞ 다시 보면 그지놀 홀가마ᄂᆞᆫ 기필 몯 홀쇠.
　　　　　　　　　　　　　　　　　　　　　　　　　(편지 9, 김성일)
　　　　--문법적 형태 《-뇌, -소》가 한 편지 안에서 함께 쓰임.

3. 《-외》:

　　46. 나도 이버너 가려 ᄒ다가 무ᄌᆞᆼ 천천티 아녀 몯개. (편지 4)
　　47. 딩싱워니 옷도 아니 받고 편지도 아니ᄒ려나ᄒ니 불샹희.
　　　　　　　　　　　　　　　　　　　　　　　　　(무덤편지 1)
　　48. 오ᄂᆞ론 이 일 할 거시니 민망희. (무덤편지 116)
　　49. 나는 너일사 갈가 시븨. (무덤편지 118)
　　50. 옷 몯 어더 니블 주론 나도 아뢰. (무덤편지 20)
　　51. ᄲᆞᆯ ᄒ 바리는 여복기리 싱일 미처 보내외. (무덤편지 190)
　　52. 나는 됴히 인뇌. 어제 겨롤 업서 근사니 몯 보내외…감토 보내소.
　　　　　　　　　　　　　　　　　　　　　　　　　(무덤편지 97)

문장 52)에서 보면 한 편지에서 각이한 문법적 형태 《-뇌, -으이, -소》등이 쓰이고 있다. 한 대상에게 쓴 것이므로 동일한 계칭에 속하는 서술과 의문식을 나타내는 형태라고 보아진다.

4. 《-니》:

53. 모리 가라 호니 (무덤 편지 1)

54. 두 지븨 죠희 열권식 가니 (무덤편지 64)

55. 오늘 졔롤 호옵도쏜가? 더욱더욱 쳐챵호여 호니 (편지 6)

5. 《-데》:

56. 덤심 바븐 됴태 엇디 차망되예라 호시넌고 오직 늣데
(무덤편지 130)

6. 《-어이》:

57. 겨기 흐리다 호니 깃게 (무덤편지 141)

58. 올졔도 몰 보니 미양 니치디 마래…하 그리오니 ㄱ이업세
(무덤편지 152) (-서방님끠)

59. 완디 와셔는 아니날 ㅁㅇ미 업세 (무덤편지 190)

문장 58)은 《서방님께》한 편지의 구절이고, 허웅(1988:22)에 의하면 문장 59)는 편지 안에서 문법적 형태 《-의, -으신가, -으신고, -뇌, -소, -외》와 함께 쓰였다고 하였다.

7. 〈-오〉

60. 비로 감새. 다시 돈닐 사룸미 이실 거시오. (무덤편지 20)

15세기에는 찾아보기 어렵고 16세기 서간체에 나타나는 이러한 형태가 15세기에 없었다고는 단정할 수 없다. 그것은 우리가 접할 수 있는 15세기 대화체자료가 오직 불경언해인 《석보상절(釋譜詳節)》이나 《월인석보(月印釋譜)》인만큼 여기에서 주로 《王》, 《臣下》, 《佛體, 菩薩》과 《衆生》들 간의 대화가 대부분이고, 또 글말인 만큼 이러한 문법적 형태를 번역하는 이가 쓰지 않았을 가능성도 있었을 것이다.

이렇게 보면 16세기에 서술식에는 《-이다》형의 높임과 다른 특수한 문법적 형태 《-뇌, -쇠, -으이, -니, -데, -어이》와 《-오》가 나타나고 있다.

서태룡(1997)에서 《-으이》가 선어말어미에 통합한 《-니, -뇌, -데, -도쇠, -로쇠》등은 15세기의 《-ᄂ이다, -노이다, -더이다, -도소이다, -로소이다》등에서 《-다》가 탈락한 변화로 기술하기도 하지만 청자 존대를 나타내는 선어말어미 《-으이-》가 어말어미 《-으이-》로 변화한 것으로 기술하는 것이 자연스럽다고 하였고, 김태엽(1999)은 청자높임법을 실현하는 선행어미 《-이-》는 중세에서부터 현대에 이르기까지 그 기능에 변함이 없으며, 다만 문자의 변화로 말미암아 약간의 형태변화만 있다고 하였다. 그러면서 《ᄂ이다→-니이다, -더이다→ -데이다》로 되는 과정에 청자높임어미 《-이-》의 기능과 형태는 앞으로 옮겨졌다고 하였다.

총적으로 문헌의 내용과 학자들의 견해를 참고하여 문법적 형태 《-이다》형과는 다른 특수한 문법적 형태 《-뇌, -도(로)쇠, -으이, -니, -데, -게, -어이》는 가장높임의 계칭을 나타내던 문법적 형태 《-ᄂ이다, -노이다, -더이다, -도소이다, -로소이다》등에서 《-이-》가 수행하던 문법적 기능을 앞 형태소에 남겨 놓고 《-이다》가 떨어져서 형성된 문법적 형태이며, 이러한 형태에 의해 이루어진 높임을 가장높임과 다른 일종 높임으로 본다.

이에 대해서는 제4장 1절에서 다시 상세히 분석을 하겠기에 여기에서는 이 정도로 언급한다.

이러한 문법적 형태에 의해 이루어진 계칭은 이조 전반기인 16세기의 서간체의 서술식에 많이 나타난 것이 특징적인 현상이다.

15~16세기 문헌에는 상술한 문법적 형태 외에도 여러 가지 문법적 형태들이 서술식에 나타난다.

○ 《-다, -라, -나》:

61. 이 말도 거르미 됴코나. 그리어니 여러 거름곰 즈늑즈늑 호더 재
    니라. 이 몰 외예 년근 다 됴티 아니타. (飜譯老乞大 上 12)

62. 기티는 배 업스미 아니라 혼대 表ㅣ 歎息호고 가다.

(小學諺解 6:85)

63. 뎌 사롬이여, 그 오시 맛디 아니호다. (小學諺解 4:43)

문장 61)은 장사꾼들 사이의 대화로서 서로 모르는 관계이지만 대우
하여 말하지 않으며, 문장 62)도 안높임의 대화이다. 문장 63)은 안높임
의 호격토 《-이여》와 서로 조응을 이루면서 안높임을 나타낸다.

어간과 문법적 형태 《-다》사이에는 여러 가지 문법적 형태소가 개
재하여 안높임과 함께 여러 가지 문법적 의미를 나타내고 있다. 여기에
서 현대조선어에서 잘 쓰이지 않는 여러 가지 문법적 형태소들의 결합
을 볼 수 있다.

1. 《-나다》:

64. 호마 너희 츠즈라 가려호다니 네 쏘 오나다. (飜譯老乞大 上 68)

문장 64)는 안높임의 대명사 《너희》가 함께 쓰이면서 《-다》앞에
《-나-》가 개재하여 안높임을 나타낸다.

2. 《-도16)다》:

65. 형님 내셩이 王개로라. 그러면 マ장 됴토다. (飜譯老乞大 上 8)

66. 메우기옷 됴호면 다 긴티 아니호도다. (飜譯朴通事 上 19)

---

16) 허웅(1988:944)은 감동(느낌)의 뜻을 나타내는 《-도-》계에는 《-도-/-두-/-돗-》의
   세 형태가 있는데, 《-두-》는 《-도-》의 드물게 나타나는 임의의 변이형태로 볼 수
   있다고 하였다.

3. 《-리로다》 :

67. 大衆ᄃ려 니ᄅ샤ᄃᆡ 내 佛眼ᄋ로 三界옛 一切諸法을 다보니……
十方애求ᄒ야도 곧 몯 어드리로다. (釋譜詳節 卄三 7·2)

68. 外國에 여희여 나가니 그럴ᄊᆡ 써 供養호미 어루다 니ᄅᄃᆡ 몯 홀
둘 알리로다. (諺解觀音經 67)

69. 네 이ᄃᆡᆼ 그믐믜 北京의 갈가 모로리로다. (飜譯老乞大 上 1)

문장 69)에서 안높임을 나타내는 2인칭 대명사 《너》가17) 함께 쓰였
다. 감동의 뜻을 나타내는 문법적 형태소 《-도-》는 《-리-》 뒤에서는
《-로-》로 된다.

4. 《-려다》 :

70. 善惠 對答ᄒ샤ᄃᆡ 내 조ᄒᆞᆫ ᄒᆡᆼ뎌글 닷가 일업슨 道理ᄅᆞᆯ 求ᄒ노니
죽사릿 因緣은 듣디 몯호려다. (釋譜詳節 一 11·2·2)

5. 《-놋다》 :

71. 俱夷 너기샤ᄃᆡ 이 男子ㅣ 精誠이 至極ᄒᆞᆯᄊᆡ 보비ᄅᆞᆯ 아니 앗기놋다.
(月印釋譜 一 11·2)

안높임의 계칭에는 문법적 형태 《-라》가 나타나고 있다.

○ 《-라》 ;

72. 됴ᄒᆞᆫ 시경을 건네텨 ᄇ리디 말 거시라. (飜譯朴通事 上:1)

73. 우리 거리는 남지니 믈기리 아니ᄒ고 다ᄆᆞᆫ 겨지비 믈기리 ᄒᆞᄂ
다……쏘여궛 줄드레 ᄒᆞᆫ가 지로 믈 긷ᄂᆞ니라. (飜譯老乞大 上 36)

---

17) 김태엽(1999)《우리말의 높임법연구》(p.99)에서 "너"는 말하는 사람의 높임관념이
전혀 반영되지 않은 인칭대명사이고, "네"는 말하는 사람이 약간 높이는 높임관념
이 반영된 인칭대명사이다. 그리고 "당신"은 좀 더 높이는, "어르신"은 아주 높이는
인칭대명사이다 라고 하였다.

74. 이에 든 사르몬 죽디뷔 나디 몯ㅎㄴ니라. (釋譜詳節 卄四, 14.2)

75. 이리 짓 답도 여러 판이 물어디돗더라. (飜譯朴通事 上 9~10)

76. 善惠 對答ㅎ샤티 부텻긔 받ㅈ보리라. (月印釋譜 一 10,2)

문법적 형태 《-다》는 그 앞에 《-이-, -니-, -더-, -리-》등과 같은
문법적 형태소가 오면 《-라》로 되는데, 이것은 명령을 나타내는 문법
적 형태 《-라》와는 다른 형태이다.

1. 《-이라》:

77. 經에 니르샤티 뭇 後人法 드리우미라 ㅎ샤믄 뎌는 魔 쿨희욘 그
를 結ㅎ샨마리라. (愣嚴經諺解 卷一 14)

78. 王이 니르샤티 諸佛 니르샨 신호미 어려운 기픈 經은 淸淨ㅎ야
더러우미 업서……이 일후미 뭇노폰 法供養이라.

(楞嚴經諺解 卷一 3)

위의 예에서 문법적 형태 《-이-》는 체언의 용언형토이다. 현대에는
문법적 형태 《-다》가 쓰이지만, 이 시기에는 《-라》가 쓰인 것이다.

2. 《-(ㄴ)니라》:

79. 舍利弗아, 阿彌陀弗이 成佛ㅎ거신디 이제 열劫이시니라.

(諺解阿彌陀經 13)

80. 舍利弗아, 極樂國土ㅣ 이 그티 功德莊嚴이 이러 잇ㄴ니라.

(諺解阿彌陀經 6)

81. 阿難아, 如來人舍利롤 보면 부텨를 보논디니 이런 젼츠로 三寶이
상녜이셔 衆生이 歸依ㅎᄉᆞ히 드외야 잇ㄴ니라. (釋譜詳節 卄三 62)

82. 네 닐홈도 올타커니와 각각 사르미 다 웃듬으로 보미 잇ㄴ니라.

(飜譯老乞大 上 5)

83. 阿那律이 닐오티 날호라 그듸내 히므로 몯ᄉᆞᄉᆞ볼리니 大迦葉이

五白弟子ᄃ려와 브텻 모믈 보ᅀᆞ보려ᄒᆞᆯ쎠 브를 아니 븓게 ᄒᆞ시ᄂ
니라. (釋譜詳節 卄三 39,1)

84. 셔픔쓰기ᄒᆞ야 ᄌ 그르 스니란 숤바당의 세번 젼반 티ᄂᆞ니라.

(飜譯朴通事 上 49~50)

문장 79), 80), 81)은 안높임의 호격토 《-아》가 쓰이고, 문장 82)는
안높임의 2인칭대명사 《너》가 쓰였다.

3. 《-더라》:

85. 위두ᄒᆞ야 여러 권쇽돌콰 혀근 아히돌과 아랫사롬돌 니르리 다
모미 편안ᄒᆞ시더라. (飜譯朴通事 上 5)

86. 뵛 갑슨 ᄊᆞ던가 디던가 뵛갑슨 니건힛 갑과 ᄒᆞᆫ가지라 ᄒᆞ더라.

(飜譯老乞大 上 9)

87. 어니 代예 어딘 사롬이 업스리오 ᄒᆞ더라. (小學諺解 5:48)

4. 《-리라》:

88. 阿育이 닐오디 나옷 王ᄃᆞ욀 사ᄅᆞ미면 兵甲이 自然히 오리라.

(釋譜詳節 卄四 12,1)

89. 하ᄂᆞᆯ히 당다이 이피롤 사롬ᄃᆞ외에 ᄒᆞ시리라. (月印釋譜一 8,1)

90. 내 나라해 나도 다ᄒᆞ시고 護持호ᄆᆞᆯ 눈ᄌᆞᅀᆞ ᄀᆞ티 ᄒᆞ샤 어엿비 너
기샤ᄆᆞᆯ 마디 아니 ᄒᆞ시리라. (諺解觀音經 卷一 57)

91. 이 탕이 슴겁다. 소곰 쟝 잇거든 져기 가져오라. 내 손조 섯거
머겨지라.……이쇼빙이 바ᄂᆞᆫ 차고 바ᄂᆞᆫ 덥디 더우니 두라. 우리
머고리라. (飜譯老乞大 上 62)

92. 이러ᄐᆞ시 저ᄃᆞ려 글월 받고 ᄡᆞ이면 쉰히라도 믈어디디 아니ᄒᆞ리라.

(飜譯朴通史》上 9~10)

5. 《-로라》:

93. 阿難이 이에 니르러 菩提예 갏 길홀 불기 아라 제 닐오디 부텨
두웘 法門을 ᄒᆞ미이로라. (愣嚴經 卷一 17)

6. 《-노라》:

94. 나는 如來 ᄉᆞᄉᆞᄫᆞᆯ쩨글 ᄎᆞ마 보ᅀᆞᆸ디 몯ᄒᆞ야 가노라.

(釋譜詳節 卄三 36·2)

95. 이제 善知識을 맛난 젼ᄎᆞ로 勸ᄒᆞ야 陁羅尼經을 쓰게 ᄒᆞ니 므너
아ᄒᆞ 내 니르로ᄆᆞᆯ 어드니 그럴시 와 서르 일외노라.

(諺解觀音經 67)

96. 몯 어드니 그럴시 와 서르 일외노라. (諺解觀音經 67)

97. 너ᄃᆞ려 샤례ᄒᆞ노라. 하나 한 뵈를 가져올셔. (飜譯朴通事 上 51)

98. 가며기셔 가문 알패라 ᄒᆞ더라 ᄒᆞ니 이제는 엇더니 가슴 샹홀셰
라 너를 미더ᄇᆞ라노라. (무덤편지 55)

7. 《-지라》:

99. 킈 쟈귫씨 제 벋 올미 毗자耶ㅣ라. 호리롤 ᄃᆞ려 닐오디 내 네 우
희 올라 부텨끠 布施ᄒᆞᅀᆞᄫᅡ지라. (釋譜詳節 卄四 8·1)

8. 《-에라》:

100. 우리 지비 조바 브릴디 업세라. (飜譯老乞大 上 47)

9. 《-오라》:

101. 小人이 진실로 일즉 아디 몯호라. (飜譯朴通事 上 66)

10. 《-애(예)라》:

102. 네 비록 遼東ㅅ이로라 ᄒᆞᆫ돌 내 믿디 몯 ᄒᆞ애라. (飜譯老乞大 上 49)

103. 비러 닐오디 늘근 어미 이세라. (小學諺解 9:20)

11. 《-ᄂᆞ매라》:

104. 내 절다ᄆᆞ리 …ᄒᆞᆫ 숨도 딥 먹디 아니ᄒᆞᄂᆞ매라.

(飜譯朴通事 上 42)

12. 《-와라》:

105. 이젠 後에ᅀᅡ 내 免홈을 알와라. (論語諺解 2:29)

그 외에 서술을 나타내는 안높임의 계칭에는 모음 《-아/-어》, 《-야/-여》로 끝나는 형태들이 나타나고 있다. 서태룡(1997:665)에서는 《-야/-여》는 그 형태만으로 문장 유형을 판단하기 어려워 문맥을 고려한 현대의 직관으로 감탄 또는 의문을 나타낸 것으로 기술한다고 하였다. 이러한 문법적 형태들은 이조 전기 향가 문헌에서는 《-耶, -邪, -也, -亦》으로 나타난다.

1. 《-고나》:

106. 이 버다 네 콩 숨기 아니 몯ᄒᆞᄂᆞ듯 ᄒᆞ고나. (飜譯老乞大 上 20)

107. 舍人이 됴ᄒᆞᆫ 거슬 모ᄅᆞᄂᆞ듯 ᄒᆞ고나. (飜譯朴通事 上 73)

문장 106)은 안높임의 호격토 《-아》와 안높임의 대명사 《너》와 함께 안높임과 함께 감탄을 나타낸다.

2. 《-곤여/-고야》:

108. 네 進ᄒᆞᆫ 바롤 今日에 그 亡홈을 아디 몯ᄒᆞ고녀. (孟子諺解 2:23)

109. 아히로 ᄒᆞ여곰 관원을 ᄀᆞ초고 듣디 몯ᄒᆞ엿곤여. (소학 4:44)

110. 도로 누눌 ᄀᆞ므니 눈므리 숩다디ᄂᆞ고야. (무덤 편지 73)

문장 108), 109), 110)는 안높임과 함께 감탄을 나타낸다.

현대조선어의 안높임의 문법적 형태인 《-리, -니》가 서술식에 나타
나고 있다.

○ 《-리, -니》 :

    111. 내가 괴걸하고 오리. (무덤편지 130)

    112. 예 초나흔날 답졔니 사흔날 가리. (무덤편지 155)

    113. 므리 쓸거신다 몯 쓸거신디 아디 몯ᄒᆞ니. (무덤편지 6)

이러한 문법적 형태 《-리, -니》는 안높임을 나타내는 문법적 형태
로서 가장높임을 나타내는 문법적 형태 《-이다, -잇고/-잇가》가 수의
적으로 붙을 수 있는 형태이다. 현대조선어에 문법적 형태 《-요》가 붙
으면 친밀감과 함께 가장높임이 되고, 그렇지 않으면 안높임이 되는 것
과 같은 원리이다.

약속[18]을 나타내는 문법적 형태로서 16세기 문헌에 나타나고 있다.

○ 《-마》 :

    114. 네 므슴 밥을 머글다 우리 다숫 사ᄅᆞ미 서근 골잇쩍 밍골라 나
        논 차반 사라 가마. (《老乞大諺解》上 20)

    115. 그러면 너희 둘히 몬져 가라 우리들흔 뒤헤 날회여 즘승 모라
        가마. (飜譯老乞大 上 67)

    116. 힝여 유여히 갈 시겨리면 곧 네 집 츠자 가마. (飜譯老乞大 上 45)

문법적 형태 《-마》는 이조 초기에 명사형 《-ㅁ 》처럼 《-오-》다음
에 통합되는 것이 보인다.

---

18) 허웅(1995:525)에서 서술법은 말할이가 자기의 할말을 들을이에게 아무런 요구가
    없이 해(베풂어)버리는데 그치는 것으로서 《느낌》이나 《약속》도 이 범주에 속한
    다고 하였다. 필자도 이 견해를 따른다.

117. 이바 내 너두려 フ른쵸마. (飜譯朴通事 上 9~10)

118. 날회여 잔 자바 나쇼마. (飜譯朴通事 上 48)

119. 몬져 지어 보낸 그롤 하 지어시니 올라가면 샹호마.

(무덤편지 51)

서술식에 문법적 형태 《-이다》형이나 특수한 문법적 형태 《-뇌, -쇠, -으이, -너, -데, -게, -어이》이외 《-다, -나다, -도다, -리로다, -려다, -놋다, -라, -이라, -니라, -ᄂ니라, -더라, -리라, -로라, -노라, -지라, -에라, -오라, -애(예)라, -ᄂ매라, -와라, -고나, -곤여, -고야, -리, -니, -마》 등이 나타나는데, 이러한 문법적 형태에 의해서는 높임의 계칭이 이루어지지 않는다는 결론을 내릴 수 있다.

여기에서 《-리-, -ᄂ-, -더-, 》19)등은 시간적 의미를 나타내는 형태소이고, 《-로-, -노-, -놋-》는 강조·영탄을 나타내는 형태소이며, 《-지-》는 소원을 나타내는 형태소이다. 여기에서 《-려다, -놋다, -ᄂ매라, -애(예)라, -곤여/-고야》등은 이조 전반기 이전에는 없었던 문법적 형태이다.

2.2 의문식에 나타난 문법적 형태

의문식이란 말하는 사람이 말을 듣는 사람에 대해 어떤 요구를 제기하지 않고 단순히 무엇을 물어보는 문장이다. 15~16세기 의문식에 나타나는 문법형태들을 고찰하면 아래와 같다.

---

19) 최동주(《국어의 시대별 변천, 실태연구(1)》중세국어문법 1996)에서 중세국어의 시상을 나타내는 선어말어미에는 〈-ᄂ-, -더-〉등이 있었으며, 추측의 의미를 갖는 〈-리-〉도 시간 개념을 나타내는데 사용되었다고 하였다.

○ 《-잇고/-잇가[20]》:

120. 阿難이 ᄯᅩ 부텨끠 술ᄫᅩ디 부텨 涅槃ᄒᆞ신 後에 므슴 法을부터
    如來ᄅᆞᆯ ᄉᆞᅀᆞᄫᆞ리잇고? (釋譜詳節 卄三 6·2)

121. 君子의 道ᄒᆞ욤도 그 志ㅣ ᄯᅩᄒᆞᆫ 쟝ᄎᆞᆺ ᄡᅥ 食을 求ᄒᆞᄂᆞ니잇가?

(孟子諺解 6:13)

문장 120)은 《阿難》이 《佛體》에게 하는 말로서 《佛體》는 가장높
임의 대상이기에 높임의 여격토 《-끠》도 함께 쓰면서 말을 듣는 상대
방을 가장 높게 대우하는 말이다.

문법적 형태 《-잇고/-잇가》는 의문식을 나타내는 문장에 쓰이는데,
15~16세기 우리말 문헌에 많이 쓰이던 형태이다. 종결술어의 어간과
문법적 형태 《-잇고/-잇가》 사이에는 여러 가지 문법적 형태소들이 개
재하여 가장높임과 함께 각이한 문법적 의미를 나타낸다.

1. 《-(ᄂ)니잇고》:

122. 世尊이 그 말드리시고 우연ᄒᆞ야시ᄂᆞᆯ 阿難이 合掌ᄒᆞ야 술ᄫᅩ디
    世尊하, 엇던 因緣으로 연ᄒᆞ시ᄂᆞ니잇고? (釋譜詳節 卄四 9·1)

123. 臣下ᄃᆞᆯ히 닐오디 功德이 녀느 걷거시ᄂᆞᆯ 엇데 다믄 돈 ᄒᆞ나ᄐᆞ로
    供養 ᄒᆞ시ᄂᆞ니잇고? (釋譜詳節 卄四 40·1)

124. 各各 엇던 願을 發ᄒᆞ신관디 이제 世尊ㅅ브즈러니 讚嘆ᄒᆞ시ᄆᆞᆯ
    닙ᄉᆞᆸᄂᆞ니잇고? (月印釋譜 二十一 49)

125. 夫子ㅣ 엇디 由를 哂ᄒᆞ시니잇고? (論語諺解 3:17)

문장 122)는 《阿難》이 《世尊》에게 하는 말로서 《世尊》은 가장높

---

20) 문법적 형태 《-잇가》와 《-잇고》는 그 쓰임에서 서로 다른 바, 황부영(1959)에서
   는 원래 15세기 조선어에서 의문법의 토 《-잇고》는 의문사를 동반하는 의문문,
   즉 설명의문문에 기본적으로 썼고, 토 《-잇가》는 기타의 경우에, 즉 판정의문문에
   쓰이면서 부분적으로 의문사가 있는 의문문에서도 쓰였던 것이라고 하였다.

임의 대상이다. 존경어 《숣다》가 쓰이고 존경의 호격토 《-하》와 조응을 이루면서 가장 높게 대우한다.

2. 《-리잇고》:

126. 阿難이 다시 묻ᄌᆞᆸ오ᄃᆡ 世尊이 아래 므슴 功德을 ᄒᆞ시관ᄃᆡ 이러한 塔올 世尊위ᄒᆞᆸ봐 이르ᄉᆞᄫᆞ리잇고? (釋譜詳節 卷四 10·1)

127. 頻頭婆羅王이 阿育을 일부려 그 나라홀 티라ᄒᆞ야 보내요ᄃᆡ 兵甲올 져기 주어늘 조ᄎᆞᆫ 사ᄅᆞ미 닐오ᄃᆡ 나라홀 티라가던 兵甲이 젹거니 므슷 일롤 일우리잇고? (釋譜詳節 卷四 12·1)

128. 優婆吉이 ᄯᅩ 닐오ᄃᆡ ᄃᆞ토면 모로매 계우리 잇ᄂᆞ니 그러면 如來ㅅ舍利므스게利益ᄃᆞ외시리잇고? (釋譜詳節 卷三 55·2)

129. 엇디 감히 비호디 아니ᄒᆞ리잇고? (小學諺解 4:21)

문장 126)에서 《묻ᄌᆞᆸ오ᄃᆡ》라는 표현으로부터 알 수 있는 바, 《阿難》의 말을 듣는 객체는 존경의 대상이다. 문법적 형태소 《-ᄉᆞᄫᆞ-》는 《-ᄉᆞᆸ-》의 어음변화형으로서 객체존칭을 나타낸다.

3. 《-(ᄂᆞ)니잇가》:

130. 王이 무로ᄃᆡ 尊者ㅅ우희 ᄯᅩ 다ᄅᆞᆫ 上座ㅣ 잇ᄂᆞ니잇가? 對答하ᄃᆡ 上座ㅣ 잇ᄂᆞ니 부텨 니ᄅᆞ샨 賓頭虜ㅣ 순직 사라 겨시니 긔사 이 座애 안ᄌᆞ시 리이다. (釋譜詳節 卷四 43·2)

131. 불으시니 아니 可티 아니ᄒᆞ니잇가? (小學諺解 4:50)

132. 오직 求ᄂᆞᆫ 나라히 아니니잇가? (論語諺解 3:17)

133. 그 相 되야심을 爲ᄒᆞ애시니잇가? (孟子諺解 12:14)

이 외에도 문법적 형태 《-잇고/-잇가》에서 《ㅇ》가 앞음절에 소리닮기를 시키거나 또는 《ㅇ》가 축약된 형태가 쓰였다.

○ 《-ㅇ 잇고/-ㅇ 잇가/-ㅅ고》 :

    134. 엇디 닐옴이닝잇고? (論語諺解 1:11)

    135. 子는 엇디 政을 ᄒᆞ디 아니ᄒᆞ시ᄂᆞ닝잇고? (論語諺解 1:17)

    136. 孔文子를 엇디 ᄡᅥ 文이라 니르닝잇고? (論語諺解 1:46)

    137. 엇디ᄒᆞ면 民이 服ᄒᆞᄂᆞ닝잇고? (論語諺解 1:16)

    138. 그러면 師ㅣ 나으닝잇가? (論語諺解 3:7)

    139. 부뫼 다 늘그니 어너 시저리 주글 줄롤 알릿고? (무덤 편지 55)

    140. 有僧ㅣ 趙州和尙의 問ᄒᆞᅀᆞ오디 어너 이 祖師西來ᄒᆞ샨 ᄠᅳ디닛고?

                                              (선가 12)

   문장 140)은 《問ᄒᆞᅀᆞ오디》라는 표현과 여격토 《-의》가 쓰임으로 하여 《趙州和尙》은 가장높임의 대상임을 나타낸다.

   어음변화에 의해 이루어진 이러한 문법적 형태들도 《-잇고/-잇가》 와 마찬가지로 가장높임의 계칭을 표현하였다. 이것이 만약 아주높임보 다 낮은 높임의 계칭형태라면 여러 문헌에 많이 나타나야 하는데, 일부 문헌에만 집중적으로 나타나고 있고, 일부 문헌에는 나타나지 않는 것으 로 보아 그 당시 어음변화현상을 적은 것이다.

   의문식 종결토 《-ᄂᆞ니잇고, -니잇고, -리잇고, -ᄂᆞ니잇가, -ㅇ 잇고, -ㅅ고, -ㅇ 잇가》 등에 의해 표현되는 계칭은 가장높임의 계칭이다.

   여기에서 형태소 분석을 더 세밀하게 한다면 《-ᄂᆞ-, -리-》 등은 시 간을 나타내는 형태소들이고, 문법적 형태 《-잇고, -잇가》는 말하는 사람이 말을 듣는 사람을 대우하여 물을 때 쓰이는 문법적 형태이다.

   여기서 말하는 이는 《阿難, 조츤사람, 優婆吉, 臣下, 上座》 등 낮은 계층에 있는 이들이며, 듣는 이들은 《世尊, 王, 佛體, 趙州和尙》 등 높은 계층에 있는 이들이다.

   의문을 나타내는 문법적 형태에는 이러한 가장높임의 계칭형태 외에 도 말을 듣는 상대방을 낮추지 않고 가장높임보다 낮은 일반적으로 높 이는 계칭형태들이 나타나고 있다.

1. 《-시리오》:

141. ᄒ다가 萬一 위퇴혼 禍ㅣ 이시면 엇디 맛당히 혼자 사라시리오?

(小學諺解 6:60)

2. 《-신고》:

142. 령공하, 엇디 겨신고?21) (飜譯朴通事 上 59)

143. 령공하, ᄆᆞ슴 마리 겨신고? (飜譯朴通事 上 59)

144. 요ᄉᆞ이 엇디 겨신고? (무덤편지 49)

145. 큰 형님 셩이 므스거신고? (飜譯老乞大 上 44)

146. 우리 王이 엇디 ᄣᅥ 능히 樂을 鼓ᄒᆞ신고? (孟子諺解 2:5)

147. ᄆᆞ슴 됴ᄒᆞ신 얼우신하, 어듸 브리여 겨신고? (飜譯朴通事 上 58)

문장 142)와 143)은 높임을 나타내는 호격토 《-하》와 조응을 이루면서 높임의 대상임을 나타내고, 문장 145)에서 말을 듣는 사람은 말을 하는 사람보다 나이가 있는 《형님》이기에 역시 높임의 대상이다.

3. 《-시ᄂᆞᆫ고》:

148. 원판 형님하, 어듸 가시ᄂᆞᆫ고? (飜譯朴通事 上 7)

149. 어느 짜호로 향ᄒᆞ야 가시ᄂᆞᆫ고? (飜譯朴通事 上 8)

150. ᄋᆞᆸᄒᆞ노이다. 형님 어듸 녀러오시ᄂᆞᆫ고? (飜譯朴通事 上 14)

151. 자내 니저 듯다가 이제야셔 그러구시ᄂᆞᆫ가? (무덤편지 104)

문장 148)은 높임을 나타내는 호격토 《-하》와 함께 쓰이고, 문장 150)은 서술을 나타내는 계칭형태 《-노이다》와 함께 쓰였다.

---

21) 김종훈(1997)《국어경어법연구》(p.366)에서 "주무시다" "잡수시다" "계시다" 등의 "-시-"는 높음도움줄기지만, 이것은 오늘날에 있어서는 어간과 보조어간을 분해할 수 없이 교착해 버렸으므로, 이 말을 모두 특수한 말로 보아야 할 것이다 고 하였다.

4. 《-실고》 :

152. 형님네, 언제 길 나실고? (飜譯朴通事 上 8)

153. 이제 언제 길 나실고? (飜譯朴通事 上 8)

문장 152)는 《형님네》라는 표현을 보아 말을 듣는 사람은 높임의 대상이다.

5. 《-신가》 ;

154.. 샹공하 이제 다 됴ᄒᆞ야 겨신가 몯ᄒᆞ야 겨신가. (飜譯朴通事 上 8)

문장 154)는 높임을 나타내는 호격토 《-하》가 쓰이고, 행동의 주체를 존경하는 존경어 《겨시다》가 쓰였다.

의문을 나타내는 문법적 형태에는 《-시리오, -신고, -시는고, -실고, -신가》 등이 있었다. 이러한 계칭형태 《-신가, -으신고, -시는고》는 한 편지 안에서 《-의, -뇌, -소, -외, -세》 등과 함께 쓰였기에 일관성 원칙에 의해 이들과 함께 높임의 계칭에 귀속시킨다. 그리고 말을 듣는 상대방인 《큰 형님, 령공, 원판형님, 샹공》 등은 《世尊, 王, 佛體, 趙州和尙》과는 다른 높임의 대상임을 알아야 한다. 이 시기에는 의문식에 현대와 같은 높임의 문법적 형태 《-오, -소》가 발달하지 않았기 때문에 말을 듣는 주체의 행동을 존경하여 묻는 방법으로 상대방을 높여주었다.

15~16세기 의문식에는 상술한 문법적 형태들과는 달리 높임을 나타내지 않는 문법적 형태들이 있었다. 이러한 의문을 인칭의문식과 비인칭의문식으로 나눈다. 인칭의문식은 규정토에 《-가, -고, -다》가 결합된 형태이고, 비인칭의문식은 《-으니-, -으리-》에 《-가 -고》가 결합된 형태이다.

2.2.1 인칭의문식:

1인칭, 3인칭의문--

이러한 의문식은 일반적으로 주어가 《너》 외의 사람이거나 물건이 되는 의문을 말한다.

○ 《-고》형 의문:
말하는 사람이 말은 듣는 사람을 높이지 않는 의문대명사가 있는 의문식이다. 여기에는 여러 가지 문법적 형태소가 앞서면서 각이한 문법적 의미를 나타낸다.

155. 네 이덤에 콩딥 다 잇는가? 업슨가? 콩은 언머의 흔마리며 딥픈 언머
    의 흔뭇고? (飜譯老乞大 上 18)

1. 《-ㄴ(논)고》:
    156. 일즉 아느니 셔울 몰갑시 엇더 흐고? (飜譯老乞大 上 9)
    157. 비호는 거시 므스 이린고? (小學諺解 8:33)
    158. 제 슈공을 언머옴 받논고? (飜譯朴通事上 43)
    159. 언마롤 살인싱이라 이라도록 글탈는고? (무덤편지 72)
    160. 네이 여러 무쇼둘히 밤마다 먹논딥과 콩이 대되 언머만 쳔이 드
        는고? (飜譯老乞大 上 12)
    161. 孔子는 므스거슬 엇던 ᄆᆞᆷ이린고? (孟子諺解 1:2)

이러한 안높임의 의문은 현재사실에 대한 의문을 나타낸다.

2. 《-ㄹ고》:
    162. 님굼끠 진심흐야 셤기ᅀᆞ오며 부못끠 효도ᄒᆞᅀᆞ오며 가문을 빗내
        요미엇더 홀고? (飜譯朴通事 上 49~50)

163. 우리 남지니 몰 업스면 엇디 디널고? (飜譯朴通事 上 43)

164. 싱워니 이리 와시니 엇디 홀고? (무덤편지 128)

165. 언멋 쳔에 볼모 드릴고? (飜譯朴通事 上 59)

166. 일빅 낫돈애 너를 언메나 주워여 홀고? (飜譯老乞大 上 13)

이러한 안높임의 의문은 미래사실에 대한 의문을 나타낸다.

3. 《-돗던고》:

167. 보기는 어드러 가돗던고? (무덤편지 129)

이러한 안높임 계칭의 의문은 감동과 함께 과거사실에 대한 회상을 나타낸다. 현대조선어의 《-았던가?》와 같은 형태이다.

○ 《-가》 형 의문:

말하는 사람이 말은 듣는 사람을 높이지 않고 대부분 의문대명사가 없는 의문식이다. 이 문법적 형태의 앞에 여러 가지 문법적 형태가 오면서 각이한 문법적 의미를 나타낸다.

1. 《-ㄴ(는)가》:

168. 閣에셔 쑤미 언메나 갓가온가 먼가? (飜譯老乞大 上 48)

169. 서방니몬 올라가는가? (무덤편지 13)

2. 《-ㄹ가》:

170. 뎜 쥬신형님 뒤헤 쏘 여러 버디 여러 무룰 모라 오느니 네 이 뎜에 우리를 브리울가? (飜譯老乞大 上 67)

171. 이제 반드리로디 엇디 앗가사 예 오뇨?……그 버디 이제 미처 올가 몯 올가? (飜譯老乞大 上 1)

172. 독벼리 내라 호야 외방의 나드리 아니홀가? (飜譯老乞大 上 41)

173. 네 이뎜에 우리를 보리울가? (飜譯老乞大 上 67)

174. 네 이 둧 그믐의 北京의 갈가? (飜譯老乞大 上 2)

3. 《-던가》 :

175. 우리 어버싀네 다 모미 편안하시던가? (飜譯朴通事 上 51)

2인칭의문--

○ 《-다》형 의문:

주어가 《너, 너희》인 의문식을 말하는데, 《-다》에 여러 가지 문법적 형태가 앞서면서 부동한 문법적 의미를 나타낸다.

1. 《-ㄴ(는)다》 :

176. 왕이 親히 가 무로더 네 내 옷 닙고 내宮殿에 드러 내 풍류바지 드리고 됴흔 차반 먹고 쇼더 엇뎨 몯 듣고 몯 보노라 ᄒᆞᆫ다?

(釋譜詳節 卅四 28·2)

177. 善容이 무로더 너희 그리 뒷고래 이셔 므슨 煩惱ᄅᆞᆯ 쓰러ᄇᆞ리관더 得道ᄅᆞᆯ 몯ᄒᆞ얫ᄂᆞᆫ다? (釋譜詳節 卅四 26.2)

178. 이상 자리뎐이 네하가 남녀 므즉 두집즈슴 ᄒᆞ양훈 수울 ᄑᆞᆫ 뎜 잇ᄂᆞ니 네 아ᄂᆞᆫ다? (《飜譯老乞大》上 45)

179. 네 오늘 엇디 혹당의 아니 간다? (飜譯朴通事 上 49~50)

180. 형아 네 드른다? (飜譯朴通事 上 51)

181. 네 어제 장쳔의 싱싀레 므슴 연고로 아니 온다?

(飜譯朴通事 上 66)

182. 네 엇뎌 내 어미ᄅᆞᆯ 주긴다? (선가 18)

183. 네 조차 나ᄅᆞᆯ 소기ᄂᆞᆫ다? (무덤편지 187)

184. 네 아리 西湖ㅅ경에 녀러왓ᄂᆞᆫ다? (飜譯朴通事 上 67)

이러한 의문식에는 안높임의 2인칭대명사 《너》가 반드시 나타난다. 의문을 나타내는 종결토 《-ᄂ다》는 규정토 《-ᄂ-》에 15세기 불완전 명사 《ᄃ》, 거기에 의문식 종결토 《-아》가 결합된 형태로서 15세기 문헌에서는 의문법으로 많이 쓰이다가 음운 《ᆞ》의 소실과 함께 쓰이지 않게 된다. 의문을 나타내는 종결토 《-ㄹ 따》도 마찬가지이다.

2. 《-ㄹ 다》 :

185. 阿那律이 닐오디 城안햇 사ᄅ미 다 와도 돈 드습봇리어니 너희 어느 드ᅀ볼따? (釋譜詳節 卄三 23·2)

186. 언머의 혼판식 홀다? (飜譯朴通事 上 9~10)

187. 므스거스로 가 볼모 드릴다? (飜譯朴通事 上 20)

3. 《-ᄂ손다》 :

188. 요ᄉ이 긔별 모ᄅ니 대되 엇디 인ᄂ손다? (무덤편지 124)

이러한 문법적 형태는 15~16세기에 나타나는 특수한 문법적 형태이다.

4. 《-딘다》 :

189. 해 귀혼 사ᄅ믄 보미 어렵도다. 네 어듸 가 잇딘다?

(飜譯朴通事 上 37)

의문식의 안높임 계칭으로 모음 《-야/-여》가 결합된 형태들이 나타나고 있다. 이러한 문법적 형태들은 문헌에서 《-丁, -彼, -撐》등으로 쓰였다.

1. 《-ㄴ댜》 :

190. 제 팔ᄌ 사오납고 우리 사오나와 그리 밍ᄀ라 죽게 ᄒ연댜?

(무덤편지 145)

191. 내 ᄆᆞᆷ 사오나와 겨규도 그르 ᄒᆡ여 오난다? (무덤편지 166)

192. 모든 대ᄌᆞ돌히 저허 그르ᄒᆞ관다? (번소 9:4)

2. 《-ㄴ(ᄂᆞᆫ)뎌》 :

193. 이 詩를 ᄒᆞ이여 그 도리를 안뎌? (小學諺解 5:1)

194. 이는 恒과 代 ᄯᅡ히 기튼 사오나온 풍쇽인뎌? (飜譯小學 7:37)

195. 이 詩 지은 사ᄅᆞᆷ이여, 그 도리를 아ᄂᆞᆫ뎌? (飜譯小學 6:1)

196. 識ᄒᆞᄂᆞᆫ 밧 窮乏ᄒᆞᆫ 者ㅣ 나를 得홈을 爲ᄒᆞ얀뎌? (孟子諺解 11:26)

문장 197)은 안높임의 호격토 《-여》가 함께 쓰였다.

상기 형태들은 규정토 《-ㄴ-》에 불완전명사 《-ᄃᆞ-》에 《-야/-여》가 통합된 것들이다.

2.2.2 비인칭의문

○ 〈-으니-〉 + 〈-고/-가〉 **합성형--**

1. 《-(ᄂᆞ)냐》 ;

197. 진실로 태ᄌᆞ의 니르논 말와 ᄀᆞᆺ튼냐? (飜譯小學 9:46)

198. 司馬는 내게 죄를 다ᄅᆞ고쟈 ᄒᆞᄂᆞ냐? (飜譯小學 9:26)

199. 子ㅣ 禮를 學디 아니ᄒᆞ얀ᄂᆞ냐? (孟子諺解 6:6)

2. 《-리로소냐》 :

200. 네 能히 求티 몯ᄒᆞ리로소냐? (論語諺解 1:20)

3. 《-(ᄂ)니여》 :

201. 一切大衆이 다 추럼 몯ᄒ야 阿那律이 드려 무로ᄃ 부텨 涅槃ᄒ
    시니여? 對答ᄒᄃ ᄒ마 涅槃ᄒ시니라. (釋譜詳節 卄三 20·2)

202. 阿育王이 나라해 무로ᄃ 부텨 미처 보ᅀᄫ 사ᄅ미 아니잇ᄂ니
    여? (釋譜詳節 卄四 18·20)

203. 世尊이 金棺ᄋ로셔 金色ᄇᆯ홀 내ᄫᆮ드샤 阿難이ᄃ려 무르샤ᄃ 迦
    葉比丘이 왯ᄂ니여? (釋譜詳節 卄三 39·2)

문장 203)은 《世尊》이 《阿難》에게 하는 말로서 안높임의 계칭을
썼다.

4. 〈-(ᄂ)녀〉

204. 네 어버ᇫI 너를ᄒ야 비호라 ᄒ시ᄂ녀? 올하니 우리 어버ᇫI 나ᄅᆯ
    ᄒ야 비호라 ᄒ시ᄂ다. (飜譯老乞大 上 6)

205. 우리 지븨 유무 잇ᄂ녀? (飜譯朴通事 上 51)

206. 네 갈히 드ᄂ녀 무듸녀? (飜譯朴通事 上 44~45)

207. 믈 기를 자ᅀᅢ 잇ᄂ녀 업스녀? (飜譯老乞大 上:31)

208. 쥬ᅀᅵᆫ하 ᄧᅥ 잇ᄂ녀 몯 ᄒ얏ᄂ녀? (飜譯老乞大 上:22)

문장 204)는 안높임의 계칭형태 《-ᄂ다〉가 함께 쓰여 안높임을 나
타낸다.

5. 《-리로소녀》 :

209. 알리로소녀 아디 몯ᄒ리로소녀? (飜譯老乞大 上 6)

상술한 문법적 형태 《-ᄂ냐, -리로소냐, -니여, -ᄂ녀, --리로소녀》
등이 나타나는 비인칭의문식에는 의문대명사가 나타나지 않는 것이 일
반이다.

6. 《-(ᄂ)뇨》:

210. 摩耶夫人이 阿難이 ᄃ려 무르샤ᄃᆡ 如來 乃終에 므슴 마ᄅᆞᆯ ᄒᆞ더시뇨? (釋譜詳節 卄三 31·1)

211. 그ᄢᅴ ᄒᆞᆫ 이웃 나라햇 長者ㅣ 지븨 와 무러 닐오ᄃᆡ 長者ᄂᆞᆫ 엇디 樂디 아니ᄒᆞ뇨? (諺解觀音經 68)

212. 스숭 엇던 사ᄅᆞᆷ고?……나히 언메나 하뇨? (飜譯老乞大 上 6)

213. 뎐회 다 ᄡᅧ여 ᄒᆞᆫ 불회도 업다 보니 ᄂᆞᆷᅵ 짓 담ᄃᆞᆯ 다 믈어디돗더라. 네짓 담은 엇더ᄒᆞ뇨? (飜譯朴通事 上 9~10)

214. 우리 시르믈 슬우며 답답ᄒᆞᆫ ᄆᆞᄉᆞ믈 혜와도더 엇더ᄒᆞ뇨?

(飜譯朴通事 上 1)

215. 비록 어딘 者ㅣ 이시나 ᄯᅩᄒᆞᆫ 엇디려뇨? 홈이 업스리니. (大學諺解 29)

216. 和尙ᄃ려 무로ᄃᆡ 아니 몯ᄒᆞ애라. 和尙은 엇던 法術을 뒷ᄂᆞ뇨?

(諺解觀音經 76)

217. 갈 잘 ᄆᆡᆼᄀᆞᆯ 쟝쉰이 어듸 잇ᄂᆞ뇨? (飜譯朴通事 上 15)

218. 엇던 다ᄉᆞ로 우리ᄃᆞᆯᄒᆡ 이제ᄃᆞ록 成佛 몯 ᄒᆞ얏ᄂᆞ뇨? (선가 43)

219. 나ᄂᆞᆫ 당시 사라 인노라마ᄂᆞᆫ 만흔 ᄌᆞ식 더디고 누를 ᄇᆞ라 오나뇨?

(무덤편지 36)

220. 네 이믈와 뵈를 北京의 가 ᄑᆞᆯ오 ᄯᅩ 므슴 훙졍 ᄀᆞᆺ서 高麗ㅅᄯᅡ해 도라 가ᄑᆞᄂᆞ뇨? (飜譯老乞大 上 13)

문장 216)에는 안높임의 계칭형태 《-애라》도 쓰였고, 문장 220)은 안높임의 대명사 《너》가 쓰였다.

7. 《-거뇨》:

221. 海神이 ᄯᅩ 브텨 숩다가 몯ᄒᆞ야ᄂᆞᆯ 모다 닐오ᄃᆡ 如來 므슷 因緣을 몯 ᄆᆞ차 이러ᄒᆞ거시뇨? (釋譜詳節 卄三 38·1)

222. 阿彌陀ㅣ시니 이제 現ᄒᆞ야겨샤 說法ᄒᆞ시ᄂᆞ니라. 舍利弗아, 뎌 ᄯᅡ홀 엇던 젼ᄎᆞ로 일후믈 極樂이라ᄒᆞ거뇨? (阿彌陀經 6)

문장 222)는 안높임의 호격토 《-아》와 조응을 이루면서 안높임을 나타낸다.

상술한 문법적 형태 《-뇨, -ᄂᆞ뇨 -거뇨》 등이 나타나는 비인칭의문식에는 의문대명사가 나타나는 것이 일반이다.

○ 〈-(으)리-〉 + 〈-고/-가〉 합성형--

1. 《-(으)리가》 :

    223. 阿那律이 四天王ᄃᆞ려 닐오ᄃᆡ 그듸내 貪心이 하도다. 舍利ᄅᆞᆯ 뫼셔 하ᄂᆞᆯ 우희가면 싸햇 사ᄅᆞ미 어드리가? 坐海神ᄃᆞᆯ ᄃᆞ려 닐오ᄃᆡ 그듸내 舍利ᄅᆞᆯ 뫼셔 믈로 드러가면 무릿 사ᄅᆞ미 어드리가?

                        (釋譜詳節 ᄀᆞ三 47·1)

15세기 어음변화현상에서 [ㄱ[k]]는 모음 [ㅣ[i]] 나 [ㄹ[r]]의 뒤에서 탈락되는 현상이 있었다. 때문에 《-으리가 → -으리아 → -으랴》와 같은 어음변화를 거쳐 새로운 문법적 형태를 생성시켰다.

2. 《-리아》 :

    224. 내 벼슬 몯혼 저긔 립해 나를 아더니 이제 ᄎᆞ마 ᄇᆞ리리아?

                        (二倫行實圖 39)

3. 《-랴》 :

    225. 夫子ㅣ 衛君을 爲ᄒᆞ시랴? (論語諺解 2:18)

4. 《-리여》 :

    226. 菩薩이 對答ᄒᆞ샤ᄃᆡ ᄒᆞ마 주글내어니 子孫ᄋᆞᆯ 議論ᄒᆞ리여?

                        (月印釋譜 一 7·1)

5. 《-려》:

227. 내 블디디 몯ᄒ고 ᄇ룸 마시려? (飜譯老乞大 上 20)

228. 샹위 날ᄃ려 무러시든 올ᄒᆫ대로 엳ᄌ와ᅀᅡ ᄒ려 그ᅀᅧᅀᅡ ᄒ려?

(飜譯小學 9:79)

상술한 문법적 형태 《-랴, -리야, -리여, -려》 등이 나타나는 비인칭 물음식에는 의문대명사가 나타나지 않는 것이 일반이다.

6. 《-리오》:

229. ᄒ마 보빗 고대 다ᄃ라니 ᄯᅩ 어듸 나ᅀᅡ가리오?

(楞嚴經諺解 卷一 16)

230. 持地ᄒ미 니ᄅ샤디 여러 如來이 妙蓮華ᄅᆯ 펴시거늘 듣ᄌᆞ오라 ᄒ시니 엇뎨 釋迦ᅀᅮ니시리오? (楞嚴經諺解 卷一 14)

7. 《-료》:

231. 王이 닐오디 如來 뎌 나모 미틔셔 阿縟多羅三貌三菩薩ᄅᆯ 일우시니 뎌남기업거니 내사라 므슴 ᄒ료? (釋譜詳節 卅四 2·1)

232. 우리 오ᄂᆞᆯ 바미 어듸가 자고 가료?……그저 뎨 가 자고 가져.

(飜譯老乞大 上 10) (안높임의 계칭의 문법적 형태 〈-져〉가 함께 쓰임)

233. 우리 머리 갓ᄀ리 무스 일 ᄀᄉᆞ마ᄅ셔 갈히 무뒤료?

(飜譯朴通事 上 44~45)

234. 뉘 練燈佛끠 受記 받ᄌ오료? (선가 62)

상술한 문법적 형태 《-리오, -료》 등이 나타나는 비인칭식에는 의문 대명사가 나타나는 것이 일반이다.

어음외각 상 이른바 현대조선어의 반말계칭과 같은 안높임의 문법적 형태인 《-리, -니》가 의문식에도 나타나고 있는데, 그 억양이 다름으로 하여 서술식과 의문식이 구별되었다.

1. 《-(ᄂ, 더)니》:

235. 네히 누에둘 다 치더라터니 엇더니? (무덤편지 57)

236. 요ᄉ이ᄂ 긔오니 엇더ᄒ니? (무덤편지 58)

237. 흔婆羅門이 하ᄂᆞᆳ 고줄 잡고 오거늘 마조보아 무로디 그듸ᄂ 어
   드러셔 오ᄂ니?

   對答호디 (迦葉) 부톄 涅槃하야시ᄂᆞᆯ 내 ᄉᆞᆼᆼ롤 짜ᄒ로셔 오노라.
   ᄯᅩ 무로디 이 고즌 므슴 곳고?
   對答호디 부텨 ᄉᆞᆼ롤 짜해 가 어둔 하ᄂᆞᆳ고지라.

   (釋譜詳節 卅三 40·2)

238. 이제ᄂ 긔운 엇더ᄒ니? (편지 30)

239. 너희 누에둘 다 치더라터니 엇더니? (무덤편지 57)

240. 蘭草 ᄀᆞ툰 契롤 일웻ᄂ가 ᄒᄂ니? (飜譯小學 6:24)

2. 《-리》:

241. 내사 ᄌᆞ식글 어니 달이 혜리? (무덤편지 23)

242. 쏠ᄌᆞ식 난는 사ᄅᆞ미 이런 슈요기 어디 이시리? (무덤편지 68)

243. 셩혼 아닌 ᄌᆞ식이면 내므스일 이리 근심ᄒ리? (편지 13 선조)

244. 善慧니ᄅᆞ샤디 五百銀도ᄂ로 다숫줄기롤 사아지라. 俱夷묻ᄌᆞᄫᅡ샤
   디 므시게 쓰시리? (釋譜詳節 一 2)

이조 전반기 의문식의 안높임에는 특수한 문법적 형태가 보이고 있다.

1. 《-ᄯᅡ나》:

245. 믄득 쟉거든 우리 다시 져기ᄒ면 곧 긔어니ᄯᅡ나? (飜譯老乞大 上 40)

246. 외방의 나가면 ᄯᅩ 너와 ᄒᆞᆫ가지어니ᄯᅡ나? (飜譯老乞大 上 42)

247. 아이고 내풀자 보와ᄯᅡ나? 내 아ᄃᆞᆯ롤 나토더냐 ᄯᆞᆯ롤 나토더냐? (무덤편지 73)

의문식에 나타나는 문법적 형태 《-고, -ㄴ고, -눈고, -ㄹ고, -돗던고, -ㄴ가, -눈가, -ㄹ가, -던가, -ㄴ다, -눈다, -ㄹ다, -ㄴ순다, -던다, -ㄴ댜, -ㄴ(눈)뎌, -눈냐, -리로소냐, -니여, -눈녀, -리로소녀, -뇨, -눈뇨, -거뇨, -랴, -려, -(으)리가, -리아, -랴, -리여, -려, -리오, -료, -니, -눈니, -리, -ᄯᅡ나》 등은 안높임을 나타낸다.

여기서 《-느- -리-, -거-》 등은 시간을 나타내는 형태소이고, 문법적 형태소 《-다, -고, -가, -료, -뇨, -여, -냐, -녀, -오, -아, -야, -랴, -려, -니, -리》 22) 등은 의문을 나타내는 형태들이다. 안높임의 계칭으로 본것은 높임을 나타내는 형태소가 없거나 그 흔적이 존재하지 않았기 때문이다.

문법적 형태 《-니, -리》는 15~16세기에 안높임을 나타내는 특수한 문법적 형태이다. 이러한 문법적 형태에 《-고, -가》가 붙으면 안높임의 계칭이 되고, 또한 《-잇가, -잇고》가 붙으면 가장높임이 계칭형태가 되는데, 이것은 15~16세기에 특수한 안높임의 계칭형태가 있은 것으로 보인다.

문법적 형태 《-오》도 쓰였으나, 여기의 《-오》23)를 높임의 계칭을 나타내는 문법적 형태 《-오》로 보지 않고, 《-료, -뇨》와 같이 안높임의 계칭형태로 본다.

248. 전례다이 홀딘다이 아모만 줄 거시어늘 이젠 엇디 져그니오?

(飜譯朴通事 上 3~4)

249. 우리 다티 살 홍졍ᄀᆞ수몰 의논호디 엇더ᄒ니오? (飜譯老乞大 下 21)

250. 일싱이 언마완디 슈힝 아니ᄒ야 방일ᄒ니오? (발심 27)

251. 그디내 엇뎨 어딘 사롬 도의디 아니ᄒ느니오? (飜譯小學 6:32)

252. 仲尼ㅣ 엇디 子두곤 賢ᄒ시리오? (論語 4:65)

253. 엇뎨 일후미 般若오? (金剛經諺解 序 8)

---

22) 허웅(1988)의 물음법에는 인칭물음법과 비인칭물음법이 있는데, 형태소 《-은, -을-》를 가진 물음법을 인칭물음법이라 하고, 이러한 형태로를 앞세우지 않고 그 갈음으로 《-으니-, -으라-》를 앞세우면 인칭과 상관없는 비인칭물음법이라고 하였다.

23) 황부영(1959)에서도 《-오》를 《-고》의 어음변화형으로 보았다.

254. 므슴 利益이 이시리오? (金剛經諺解 64)

255. 므스글 보려 修行ᄒ야 佛道롤 일우리오? (金剛經諺解 135)

256. ᄒ마 보빗 고대 다ᄃ라니 ᄯ 어듸 나ᅀᅡ가리오? (愣嚴經諺解 卷一 16)

예문의 《-니오, -리오》가 《-니고, -리고》의 어음변종이라는 것은 문장의 앞에 나오는 의문대명사를 보아도 알 수 있다. 의문대명사는 문장의 뒤에 종결의 문법적 형태 《-가》가 아니고 《-고》를 요구하는데, 이것은 《-뇨, -료》로 되기 전, 즉 《-으니+-고→-으니오→-으뇨》, 《-으리+-고→-으리오→-으료》에서의 제2단계로 본다.

필자도 《-오》의 사용이 주로 문법형태소 《-리-》 뒤라는 어음론적 제약을 많이 받았고, 또 의문대명사만 나타나는 문장에서만 쓰였으며, 그 사용이 확산되지 않은 것으로 보아 안높임의 계칭으로 본다.

2.3 명령식에 나타난 문법적 형태

명령식에는 문법적 형태 《-쇼셔》가 보이는데, 이것은 고대시기 향가나 구결에서 《賜立》로 나타나는 문법적 형태이다. 이는 말을 듣는 사람을 가장 높게 대우하는 문법적 형태로서 지금까지도 글말에서 계속하여 쓰인다.

○ 《-쇼셔》:

257. 그ᄢ 善慧 부텻긔 가아 出家ᄒ샤 世尊ㅅ긔 술ᄫᅡ샤디 내 어저ᄢ 다숫가짓ᄭ무믈ᄭ우니⋯⋯世尊하 날 爲하야 니르쇼셔.

　　　　　　　　　　　　　　　(月印釋譜 一 17·2)

258. 그 귓거시 닐오디 사ᄅ몰 자바 먹고져ᄒ노니 百姓을 앗기거시든 沙門을 자바주쇼셔. 沙門은 ᄂ미 지순 녀르믈 머거ᄂ니이다.

　　　　　　　　　　　　　　　(釋譜詳節 卄四 22·1)

문장 257)은 높임의 호격토 《-하》와 조응을 이루면서 말을 듣는 상
대가 가장높임의 대상임을 나타내고, 문장 258)은 서술을 나타내는 가장
높임의 계칭토 《-ᄂ니이다》와 조응을 이룬다.

259. 阿那律이 닐오디 므슴므로 몯ᄒ시리니 大衆둘콰 ᄒᄢᅵ 눈호쇼셔.

(釋譜詳節 卄三 47·2)

260. 夫人이 술ᄫᅩ디 뎌 네 아ᄃ론 어딜어늘 내 아ᄃ리 비록 므디라도
사오 나ᄇᆞᆯ써 나라홀 앗이리니 王이 이네 아ᄃ롤 내티쇼셔.

(月印釋譜 二 6·1)

王이 니ᄅ샤디 네 아ᄃ리 孝道ᄒ고 허믈 업스니 어드리 내티료?
夫人이 술ᄫᅩ디 나랏이룰 분별ᄒᅌᅡᆺ 솞노니 네 아ᄃ리 어더러 百
姓의 므ᅀᅳᄆᆞᆯ 모도아 黨이 ᄒᆞ마 이러 잇ᄂᆞ니 서로 ᄃ토아 싸호
면 나라히 ᄂᆞᄆᆡ그에 가리이다. (月印釋譜 二 6·1)

문장 260)은 《王》과 《王의 부인》의 대화로서 부인은 《王》을 가장
높게 대우하여 문법적 형태 《-리이다》로 서술형을 나타내고 있다.

261. 小人은 앗가ᅀᅡ 셜혼 두설 큰형님네 나히 하도다. 슈례ᄒ쇼셔.

(飜譯老乞大 上 64)

262. 쥬신 형님 허믈 마ᄅ쇼셔. 小人둘히 예와 해자ᄒ고 닐이 과이다.

(飜譯老乞大 上 43)

263. 쥬신 형님 허믈 마ᄅ쇼셔. 우리 가노이다. 네 허믈말오 이대 가
쇼셔. 도라오실제 ᄯᅩ 와 우리 뎜에 브리쇼셔. (飜譯老乞大 上 8)

264. 네 네 나라히 니거든 ᄀ장 나룰 보술피쇼셔. (飜譯朴通事 上 9)

265. 고윤의 주글 죄란 노ᄒ쇼셔. (飜譯小學 9:45)

266. 얼운ᄋᆞᆫ 믈을 받드러 쳐 셰슈ᄒ쇼셔. (小學諺解 2:3)

문장 261)은 나이 많은 상대에게 하는 말이고, 문장 262)는 손님이 주
인에게 하는 말, 가장높임을 나타내는 문법적 형태 《-이다》가 함께 쓰
였으며, 문장 263)은 손님과 주인과의 대화로서 서로 상대방을 가장 높
게 대우하였다.

명령을 나타내는 가장 높은 대우방식은 술어에 붙는 종결토 《-쇼
셔》에 의해 표현되었다. 문법적 형태 《-쇼셔》를 《쇼+셔→ 〈-시- +
-오- + -시- + -어〉》처럼 형태소분석을 할 수 있다. 여기에서 《시》
는24) 주체존칭토이다. 그것은 명령의 경우에 말하는이가 말을 듣는이의
행동을 요구하는 것으로서 행동의 주체를 존중하는 것은 대화대상을 존
중하는 것과 일치하기 때문이다. 19세기말~20세기 이전에는 아직 현대조
선어의 가장높임의 문법적 형태 《-ㅂ시오, -십시오》가 생성되지 않았다.

명령식에서 말을 듣는 사람과 행동의 주체가 일치하기 때문에 주체존
칭토를 두 번 써서 말을 듣는 행동의 주체를 존중하는 방법으로 듣는
사람을 가장 높게 대우하여 주었다.

15~16세기 명령식에는 《-쇼셔》외에도 기타의 문법적 형태들이 표
현되었다.

1. 《-소》 :

267. 몬져 흔잔 자소. (飜譯老乞大 上 63)

2. 《-조》 :

268. 큰 형님, 몬져 례 받조. (飜譯老乞大 上 63)

문장 268)에서 《큰 형님》이라는 호칭을 보아도 상대방을 《王》이
나 《釋迦牟尼》를 대하는 것처럼 그렇게 높게는 대하지 않았지만 높임
의 대상임은 틀림없다.

---

24) 강은국(1987:156)에 《쇼셔》는 불완전명사 《스》의 주격형에서 분화된 《시》와 식
   토 《-오》와의 결합 즉 《시오>쇼》에 다시 《시어>셔》가 중복 가첨된 형태 《시오
   +시어>쇼셔》인데 오늘날 《-소서》로 쓰인다고 하였다.

3. 《-오》 :

269. 관디 아니 와시니 급급이 보내오. 얼혀니 마오. 부러 사롬 브리
디 소월 초다엿쇄 젼으로 들게 보내오. (편지 5, 송강)

270. 나는 셔울 도죽을 텨야 강남 갈 거시니 티면 이사홀너 예도 갈
쇠. 오직 니월초싱의곳 가면 시월로 올거시니 치위에 오술 다
가져갈쇠. 이리 오게 순홰 가두니엇디 흐눈고 모돈 지샹 됴관의
가쇽이 다 이리오니. 게 격셔롤 듣보아 하오. (편지 6, 송강)

문법적 형태 《-오》는 《-리고→-리오》의 《-오》와는 다른 높임의
계칭을 나타내는 문법적 형태이다. 그리고 서술을 나타내는 높임의 계
칭토 《-쇠, -니》와도 함께 쓰인 것으로 보아 이 시기 이들은 같은 높
임의 층으로 인정된다.

4. 《-소》 :

271. 괴운 사오나온디 ᄆᆞᆯ 편히 머거 비록 노호은 이리 이셔도 춤소.
(무덤편지 141)

272. 즉시 뎐흐소. 순녀니 가니 오래 무기디 마오. 즉재 보내소.
(편지 4, 송강)

273. 그리디 말오 편안히 가소. (편지 9, 김성일)

274. ᄌᆞ로 사롬 브려 아라셔 이리 알외소 얼혀니 마소 받바 이마 흐뇌.
(편지 4, 송강)

275. 후바글 봇가셔 흔 보긔 아홉눈 세ᄌᆞ곰 녀허 달혀 자소.
(무덤편지 27)

276. 나도 너일 나죄나 모리 가리커니와 그리 아라 추리소 (무덤편지 1)

277. 가져 간 놈 바비나 흐여 머기소 보기옷 미처 오면 나도 갈 거시오
(무덤편지 72)

문장 272)에서 문법적 형태 《-뇌, -니》 등이 함께 쓰였고, 문장 273)
에서 《-뇌, -ㄹ쇠》들이 함께 쓰였으며, 문장 276)에서 《-의, -시눈가

《-고》가 함께 쓰인 것으로 보아 《-뇌, -니, -의, -시는가(고)》들은 《-오, -소》와 함께 동일한 높임의 등급을 이루는 문법적 형태임이 확인된다.

5. 《-셔》:

278. 그디 이 은늘 날 송장애 쓰고 남거든 그듸 가졋셔.
(二倫行實圖 38) (대명사 《그대》와 함께 쓰임)

문장의 내용이나 높임을 나타내는 기타 문법적 형태들과 함께 쓰인 것으로 미루어 문법적 형태 《-슈, -죠-오, -소, -(셔)샤》 등에 의해 표현되는 계칭을 높임의 계칭으로 본다. 이로부터 현대조선어의 《하오》체가 16세기 명령식에서 처음 나타난다고 단정할 수 있다. 이러한 형태들은 15세기에는 보이지 않던 문법적 형태들로서 16세기에 나타나는데 《-오, -소, -슈, -죠》이 처음 명령식에만 나타나는 것으로 보아 《-쇼셔》에서 《-셔》가 탈락된 것이고,25) 《-셔》는 《-쇼셔》에서 《-쇼》가 탈락된 형태로 보인다.

명령식에는 또 여러 가지 문법적 형태에 의해 안높임이 나타나고 있다.

○ 《-라》:

단순히 말하는 사람이 말을 듣는 사람에게 어떤 일을 시킴을 나타냄과 동시에 안높임을 나타내는 문법적 형태이다.

279. 登照王이 寶光佛을 請ㅎ슨바 供養호리라 ㅎ야 나라해 出令호디
    됴혼 고ᄌ란ᄑ디 말오 다 王ᄭ 가져오라. (釋譜詳節 一 1·9)

---

25) 이러한 형태들을 안맺음씨끝이 맺음씨끝으로 바뀌었다고는 볼 수 없으므로, 혹은 그 뒤의 《-으쇼셔》가 줄어 없어진 말씨가 아닐까 생각해본다고 허웅교수(1988)는 말하였고, 서정목(1990)에서는 명령법의 《오오체》형식은 모음뒤에서는 《-소》, 자음뒤에서는 《-으오》로 실현되는 형태소로 이 형태소는 중세조선어의 《-(으)쇼셔》에 유래하는 것으로 보았다.

280. 王이 네 아둘 블러 니르샤되 너희 디마니 혼 이리 잇느니 샐리
나가라. (釋譜詳節 二 6·2)

위의 문장들은 《王》이 《백성들》과 《아들》들에게 하는 말로서 말
을 듣는 상대방을 대우하여 주지 않는 표현이다.

281. 가시며 子息이며 도라ᄒᆞ야도 네거틂뜯ᄒᆞ야 내 布施ᄒᆞ논 ᄆᆞᅀᆞᄆᆞᆯ
허디말라. (月印釋譜 一 13·1)
282. 阿難이 머리 ᄆᆞ니며 닐오디 내 부터 너를 어셔 得道ᄒᆞ게 ᄒᆞ다니
츠기너기디말라. (釋譜詳節 卄四 3·2)
283. 널인 고디 이실고 븬 밥 먹고 ᄯᅩ 아무란 됴ᄒᆞᆫ 차반도 업더니 그
리 니르디말라. (飜譯老乞大 上 43)
284. 네 ᄒᆞ마 풀오져 ᄒᆞ거니 ᄯᅩ 긋네 가져 져재 가디 말오 그저 이뎜
에 두라. (飜譯老乞大 上 69)
285. 압흐란 사디 말오 다 악대로 ᄒᆞ라. (飜譯朴通事 上 2)
286. 날 닛디 아니커든 미처 오나라. (二倫行實圖 33)
287. 조심ᄒᆞ야 스스로 자바시라. (小學諺解 5:91)

어간과 안높임의 문법적 형태 《-라》 사이에 여러 가지 문법적 형태
소가 개재하여 안높임과 함께 여러 가지 문법적 의미를 나타내고 있다.

1. 《-아라》:
288. 네 고디시기 갑슬 바다라. (飜譯老乞大 下 27)

2. 《-거라》:
289. 다시곰 됴히 잇거라. (편지 19, 선조)

3. 《-고라》:

290. 우리 먹고 뎌위ㅎ야 뎌기 가져가 사발 잇거든 ㅎ나 다고라.

(飜譯老乞大 上 42)

291. 내 보매는 아므려도 의심 업스니 분별 말고라. (편지 31, 선조)

문법적 형태 《-고라》형은 현대조선어에 잘 쓰이지 않는 문법적 형태로서 청구를 나타낸다. 문법적 형태 《-고라》의 어음변종으로 《-고려》가 있었다.

4. 《-고려》:

292. 네 밧고아 왓는 뽀래셔 나론 뎌기 논힐훠 다고려.······이 일빅 낫 돈낸 네무숨조초 저그나 다고려.

(飜譯老乞大 上 53) (안높임의 대명사 《너》가 쓰임)

293. 네 나를 나쇼와 뎌르게 ㅎ야 다고려. (飜譯朴通事 上 18)

294. 네 모로매 나를 두려 번지셔 가고려. (飜譯老乞大 上 7)

295. 의원형하 네 이됴훈 법을 날두려 ㄱ락치고려. (飜譯朴通事 上 13)

296. 내 쏘 人蔘과 모시뵈 이셰 리실 갑 들보라 가고려 갑곳 잇거든 풀오ㅎ다가ㄱ장 디거든 안직 머추워 두워든 네 아모더나 들보라 가고려.

(飜譯老乞大 上 70) (안높임의 대명사 《너》가 많이 쓰임)

5. 《-스라》:

297. 지즘과 돗 가져다가 나그내네 주워 싈에 ㅎ라. 돗근 업거니와 이 세지즘을네 주어든 쓰라스라.

(飜譯老乞大 上 25) (안높임의 대명사 《너》가 함께 쓰임)

298. 아므려나 힝여 느려 오나스라. (무덤편지 74)

이조 전반기인 16세기 문헌에 명령을 나타내는 안높임의 계칭에 특수한 문법적 형태가 나타난다.

○ 《-디여》 :

299. 네 손조 몰 졔졔 굴히여 사라가디여.

(飜譯朴通事 上 63) (안높임의 대명사 《너》가 쓰임)

300. 아ᄆ라나마나 혜디 말오 우리를 ᄒ롯 밤만 자게 호디여.

(飜譯老乞大 上 49)

명령을 나타내는 안높임의 계칭에는 문법적 형태 《-라, -아라, -거라, -고라, -ᄉ라, -고려, -디여》 등에 의해 표현되고 있다. 《-디여》는 이전시기에 없던 의문을 나타내는 안높임의 특수한 문법적 형태이다.

2.4 권유식에 나타난 문법적 형태

권유식은 말하는 사람이 말을 듣는 사람에게 어떤 행동을 함께 할 것을 권하는 것을 나타낸다. 현대조선어에서는 문법적 형태 《-ㅂ 시다》에 의해 표현되는데 15~16세기에는 이러한 문법적 형태가 나타나지 않는다.

○ 《-사(새)이다》 :

301. 내 비ᄅ 아기 아ᄃᆞ롯 나거든 일후믈 므스기라 ᄒ고 ᄯᅩᆯ옷 나거든 일후믈 므스기라 ᄒ리잇고? 어버ᇫ ᄀᆞ자 이신저긔 일후믈 一定 ᄒ사이다. (月印釋譜 八 95)

302. 우리 모다 홈ᄭᅴ 가새이다. (飜譯朴通事 上 9)

문장 306)은 아버지에게 하는 말로서 아버지는 높임의 대상이고, 의문식에서 가장 높게 대우하던 문법적 형태 《-잇고》도 함께 쓰였다.

권유식에서 가장 높게 대우하여 말할 때 합성토 《-사이다, -새이다》가 쓰였다. 가장높임의 계칭으로 되는 것은 문법적 형태 《-새》에 가장높임의 문법적 형태 《-이다》가 결합되었기 때문이다. 이것으로 보아도 《-이다》나 《-잇고/-잇가》등 문법적 형태는 이조전반기 가장높임을 나타내는 문법적 형태로서 높임이나 문법적 형태 《-새》나, 안높임의 문법적 형태 《-니, -리, -지》에 수의적으로 결합되어 가장높임의 계칭을 나타냄을 알 수 있다.

권유식에 가장 높게 대우하는 문법적 형태 《-사이다, -새이다》와는 다른 문법적 형태 《-새》도 나타나고 있다.

1. 《-새》:

303. 사룸 브려 지촉ᄒᆞ새. (무덤편지 52)

304. 나도 완ᄂᆞ니라 자기나 무스히 ᄒᆞ여 가새. (무덤편지 49)

305. 남기나 뷔고 고텨 명쉬롤 드려 다가 무러 ᄒᆞ새. (무덤편지 130)

306. 비로 감새. 다시 돈닐 사ᄅᆞ미 이실 거시오. (무덤편지 20)

문장 306)에서의 《-새》는 서술을 나타내는 높임의 계칭토 《-오》와 함께 쓰였다.

권유를 나타내는 높임의 계칭에는 문법적 형태 《-새》가 쓰이고 있었다. 문법적 형태 《-새》는 현대조선어의 《-세》와 그 기능이 같고 모음조화에 의해 달라진 어음론적 변종이다. 이 시기 서술을 나타내는 높임의 계칭에도 《-세》가 쓰였는데, 서로 같은 문법적 형태이지만 부동한 억양에 의하여 각기 일반높임 계칭의 서술과 권유를 나타냈다.

권유식에서 안높임을 나타낼 때 여러 가지 문법적 형태가 나타나고 있다.

1. 《-져》:

307. 우리 각각 져그나 자고 둘여 니러 브즈러니 물 머기져.

(飜譯老乞大 上 25)

308. 무리 딥 머근듯 호다 물 머기라 가져.
……호나 두워 방보라 호고다르니 몰잇거러 가라호져.
(飜譯老乞大 上 33)

309. 셔리 호야 어드라 가게 호져. (飜譯朴通事 上 3)

310. 우리 샤령의 활 쏘라 가져. (飜譯朴通事 上 21)

311. 우리 順城門읫 뎜에 가 브리엿져. (飜譯老乞大 上 11)

312. 吉慶店에 내 사괴느니 잇더니 뎌긔 무르라 가마 이러면 리쉴 홈
씌 가져. (飜譯老乞大 上 71)

2. 《-쟈》 :

313. 우리 모돈 사름미에 워 막쟈. (飜譯老乞大 上 46)

314. 즐기거든 네 거슬 호고 아니 즐기거든 마쟈. (飜譯朴通事 上 74)

315. 져기 주라거돈 고텨 보쟈. (편지 26, 선조)

3. 《-져라》 :

316. 모돈 형뎨돌히 의론호져라. (飜譯朴通事 上 1)

현대조선어의 안높임의 문법적 형태인 《-지》26)가 권유식에 나타나
고 있다.

○ 《-지》 :

317. 비 구장 곫프다. 우리 가지. 다르니는 다 이 쉰가의 드러가 므르
리 가지. (飜譯老乞大 上 39)

권유식에서 안높임을 나타낼 때는 문법적 형태 《-져, -쟈, -져라, -

---

26) 《국어종결어미연구》(한길 강원대출판부 1991년 p.65)에서 《시킴법이나 꾀임법의
《-지》도 강한 명령이나 꾀임의 수행력을 갖지 못하는데, 그 이유는 《-지》 자체
가 '부드러운 반말'이라는 의미적 특성을 갖기 때문이다》라고 하였다.

지》등에 의해 표현되었는데, 문법적 형태 《-져》는 고대문헌에서 《-齊, -制》로 나타난다.

총적으로 15~16세기 문헌을 고찰해 보면, 부동한 문법적 형태에 의해 여러 가지 대우방식-가장높임 · 높임 · 안높임 등이 나타나고 있다.

제3절 15~16세기 문법적 형태에 표현된 계칭

중세조선어의 계칭에 대해 학자들마다 부동한 견해를 가지고 있다. 이기문은 《국어사개설》(1978)에서 계칭을 공손법에서 다루었고, 고영근은 《표준중세국어문법》(1987)에서 상대높임법에서 다루었는데, 화계를 《ᄒᆞ라체》, 《ᄒᆞ야쎠체》, 《ᄒᆞ쇼셔체》로 나누었다. 이숭녕은 《중세조선어문법》(1961)에서 공손법 또는 상대존대법이라 하면서, 화계를 《卑, 平, 平上, 中, 中上, 上下, 上, 上上, 極》으로 나누었으며, 렴종률은 《조선어문법구조사》(1964)에서 중세조선어 계칭을 존대계칭과 비존대계칭(일반계칭)으로 나누었다. 이 외에도 여러 가지 견해가 있다.

15~16세기 문헌을 고찰하여 본 결과 우선 가장 높게 대우하는 대우방식이 있었다는 것이 증명된다. 서술식, 의문식, 명령식, 권유식에 《太子, 그디, 釋迦牟尼, 諸佛, 祖, 世尊, 王, 佛體, 趙州和尙》등을 대우하여 말할 때 반드시 문법적 형태 《-잇가》, 《-이다》, 《-쇼셔》등이 나타나고 있는 <u>것이다.</u>

318. 王이 무로디 尊者ㅅ우희 ᄯᅩ 다ᄅᆞᆫ 上座ㅣ 잇ᄂᆞ니잇가?
　　對答하디 上座ㅣ 잇ᄂᆞ니 부텨 니ᄅᆞ샨 賓頭虜ㅣ 손지 사라 겨시니 긔사 이 座애 안ᄌᆞ시리이다. (釋譜詳節 卄四 43·2)
319. 그저긔 夜義王들히 圍繞ᄒᆞᅀᆞᆸ며 一切 天人이 다 모다 讚嘆ᄒᆞᅀᆞᆸ고 닐오디 부톄이 어셔드외샤 衆生ᄋᆞᆯ 濟度ᄒᆞ쇼셔.

　　　　　　　　　　　　　　　　(月印釋譜 二 42·2)

320. 님금하 아르쇼셔. 洛水예 山行가이셔 하나빌 미드니잇가?

(龍飛御天歌 125장)

321. 쥬신형님 내 나그내라 너 오늘 졈그러 잘더 어더지이다.

(飜譯老乞大 上 17)

이와 같이 《-잇가》, 《-이다》, 《-쇼셔》27)등 문법적 형태로써 말을 듣는 상대방을 가장 높게 대우하기 때문에 가장높임의 계칭이라고 부르겠다. 이러한 문법적 형태를 더욱 세밀히 분석한다면 현대조선어와는 달리 식과 계칭은 부동한 문법적 형태소에 의해 표현됨을 알 수 있는데, 《-이-》, 《-시-》에 의해 존경이 나타나고, 《-다》에 의하여 알림이 나타나며, 《-ㅅ가?》에 의하여 물음이 나타나고, 《-오-, -어》에 의해 시킴이 나타났다.

다음으로 16세기 《서간체》나 《언해서》에 문법적 형태《-뇌, -쇠, -으이, -니, -오이, -오, -데, -게, -세, -시리오, -신고, -시는고, -실고, -신가, -소, -조,-오, -소, -셔, -새》등이 적지 않게 나타난다. 이러한 문법적 형태에 의해 가장높임과는 다른 대우방식이 나타나는데, 이러한 계칭을 높임의 계칭이라고 부른다.

그 다음으로 15~16세기 문헌을 고찰해 보면 가장높임이나 높임의 계칭과 함께 안높임의 계칭이 있었는데, 그것은 가장높임이나 높임의 계칭에 나타나지 않는 기타 문법적 형태들에 의해 표현된다.

322. 比丘둘히 흐고대 모다 이셔 迦葉이 드려 닐오디 너희 머리셔 굿
비 오니 이에안자 밥머그라. 迦葉이 닐오디 내 큰 스승니미 ᄒ
마 涅槃ᄒ시니 어느 ᄆᅀᅳᆷ로 바블 머그료? (月印釋譜 卄三 41·2)

위의 문장을 보면 《比丘》들과 《迦葉》은 서로 같은 위치에 있는 인물들이기에 안높임의 계칭을 썼다.

---

27) 이러한 형태를 렴종률의 《조선어문법사》(1980. 김일성종합대학)의 견해에 따라 문법적 형태 토로 본다. 이러한 형태를 토로 보지 않고 《-이-》를 선어말어미, 혹은 존칭어미로 보고 《-다》만을 토로 보는 견해들도 있다.

323. 阿難아, 如來ㅅ舍利를 보면 부텨를 보ᄂ는디니 이런 전츠로 三寶
이 샹녜이셔 衆生이 歸依ᄒᆞᅀᆞ바 ᄯᅡ히 ᄃᆞ외야 잇ᄂ느니라.

(釋譜詳節 卄三 62)

위의 문장은 《佛體》가 《阿難》에게 하는 말로서 안높임의 계칭을 썼다.

324. 술 ᄑᆞ리여, 스므낫돈앳 술 가져오라.

나그내네 이 스므낫돈앳 수리라.

수리 됴ᄒᆞ녀?

됴ᄒᆞᆫ 수리니 네 머거보라. 수울옷 됴티 아니커든 갑슬 갑디 말라.

(飜譯老乞大 上 63)

325. 내 눗 시서지라. 나그내네 눗 시서다.

나그내네 므슴 음식 머글고?

우리네 사ᄅᆞ미 돈 설흔나챗 양의 고기 봇고 돈 스므나챗 쇼빙

가져오라. (飜譯老乞大 上 61)

위의 문장은 손님과 주인의 대화로서 안높임의 계칭을 썼다.

마지막으로 15~16세기 문헌을 고찰해 보면, 안높임의 계칭으로 특수한
문법형태 《-니, -리, -지》등이 서술식, 의문식, 권유식에 나타나는데, 이것
이 일부 학자들이 말하는 현대조선어의 반말체와 같은 형태이다.

이와 같이 15~16세기 우리말 문헌에는 가장높임의 계칭, 높임의 계
칭, 안높임의 계칭이 있었다고 할 수 있다. 계칭과 식에 나타난 여러 문
법적 형태를 종합해보면 [표:1]과 같다.

[표:1]

식 계칭	서술	의문	명령	권유
가장 높임	-니이다, -ᄂ니이다, -리이다, -노이다, -리로소이다, -지이다, -ᅀ오이다, -ᅀ오리이다, - ᇰ다(8)	-니잇고, -ᄂ니잇고, -리잇고, -ㆁ잇고, -ㅅ고, -ᄂ니잇가, -ㆁ잇가(7)	-쇼셔 (1)	-사이다, -새이다
높 임	-뇌, -쇠, -으이, -니, -데, -게, -어이, -오(8)	-시리오, -신고, -시ᄂ고, -실고, -신가(5)	-쇼, -죠 -오, -소 -셔(5)	-새 (1)
안 높 임	-다, -나다, -도다, -리로 다, -려다, -놋다, -라, -이라, -니라, -ᄂ니라, -더라, -리라, -로라, -노라, -지라, -에라, -오라, -얘(예)라, -ᄂ매 라, -와라, -고나, -곤여, -고야, -리, -니, -마(26)	-고, -ㄴ고, -ᄂ고, -ㄹ고, -돗던고, -ㄴ가, -ᄂ가, -ㄹ가, -던가, -ㄴ다, -ᄂ다, -ㄹ다, -ᄂ순다, -던다, -ㄴ댜, -ㄴ(ᄂ)뎌, -ᄂ냐, -리로소냐, -니여, -ᄂ녀, -리로소녀, -뇨, -ᄂ뇨, -거뇨, -랴, -려, -(으)리가, -리아, -랴, -리여, -려, -리오, -료, -니, -ᄂ니, -리, -ᄯᆞ냐(37)	-라, -아라, -거라, -고라, -ᄉ라, -고려, -더여 (7)	-져, -쟈, -져라, -지 (4)

《석보상절(釋譜詳節)》 권6, 16장에서 19장 사이에 《수달》과 《호미》의 대화가 있다.

326. 大臣ᄋᆞᆯ 請ᄒᆞ야 이바도려 ᄒᆞ노닛가 (수달)

　　그리 아닝다 (호미)

　　婚姻위ᄒᆞ야 아ᅀᆞ미 오나ᄃᆞᆫ 이바도려 ᄒᆞ노닛가 (수달)

　　그리 아니라 부텨와 즁과를 請 ᄒᆞᅀᆞᇦ려 ᄒᆞ닁다 (호미)

　　엇뎨 부톄라 ᄒᆞᄂ닛가 그 ᄠᅳ들 닐어쎠 (수달)

　　그듸는 아니 듣ᄌᆞᄫᅢ더시닛가 淨飯王 아ᄃᆞ님 悉達이라 ᄒᆞ샤리…

　　三世옛이를 아ᄅᆞ실ᄊᆡ 부톄시다 ᄒᆞᄂᆞᆼ다 (호미)

　　엇뎨 쥬이라 ᄒᆞᄂ닛가 (수달)

　　이 사ᄅᆞᆷ둘히 다 神足이 自在ᄒᆞ야 衆生의 福田이 ᄃᆞ욀ᄊᆡ 쥬이라

　　ᄒᆞᄂᆞᆼ다 (호미)

위의 《수달》 과 《호미》의 대화에서 《아닝다, ᄒᆞᄂᆞ닝다》는 《아니이다, ᄒᆞᄂᆞ니이다》의 /이/음운이 줄어든 꼴이며, 《ᄒᆞᄂᆞᆼ다》는 《ᄒᆞ노이다》의 /오/모음이 /이/음에 동화되고 다음 /이/음의 생략으로 된 어형인데 《ᄒᆞ노이다 > ᄒᆞ뇌이다 > ᄒᆞᄂᆞᆼ다》로 된 것이다. 그리고 《수달》은 /ㅇ/이 포함되지 않은 말씨를 사용하고 있는데, 여기에서 《ᄂᆞ닛가》도 역시 《ᄂᆞ닝다》 정도의 높임의 계칭으로 보인다. 일부학자들은 이러한 형태에 의해 이루어진 높임을 또 하나의 높임의 등분으로[28] 갈라 보는데, 이들은 각각 《-이다》의 어음변화 형태로서 가장높임의 계칭형태임이 틀림없다.

16세기말내지 17세기초에 번역된 《태평광기언해(太平廣記諺解)》에는 이러한 어음현상들이 많이 나타나고 있다.

327. 흰 오술 밋처 벗디 못ᄒᆞ야셔 좌우ᄃᆞ려 무러 닐오디 이 마ᄋᆞᆯ의 ᄒᆞ둘의녹 칠팔 천주ᄂᆞᆫ 벼슬이 머어시 잇ᄂᆞ뇨? 좌위디왈 튝외란 벼슬이 그러ᄒᆞ닝이다. (太平廣記諺解 卷之一 비션뎐)

328. 목지 디왈 내 힝혀 몸을 스스로 조심ᄒᆞ야 가지니 승샹의 넘녀롤 기티아니호릉이다. (太平廣記諺解 卷之一 두목지뎐)

329. 그 일을 ᄌᆞ셔히 니론대 그 노옹이 대로ᄒᆞ야 닐오디 엇디 감히 사롬해ᄒᆞ기롤 이러ᄐᆞ시 ᄒᆞ리오?
ᄌᆞ근 겨집이 큰 진쥬 세흘 가지고 믈ᄀᆞ으로 나와 그 노옹의게 드려 닐오디 우리 여긔 잇기롤 오래 ᄒᆞ여시니 엇디 권련ᄒᆞᆫ ᄠᅳ디 업스리오? 삼일만 머므로셔든 동희로 올마 가링이다.

(太平廣記諺解 卷之一 고욱뎐)

330. 흔 처녜 눈믈 흘리고 무로디 미미 됴히 잇ᄂᆞ냐? 디왈 무양ᄒᆞ닝이다. (太平廣記諺解 卷之一 뉴립뎐)

28) 허웅 《16세기 우리말의향법연구》(한글 201.202 1988년)에서 높임에서 아주높임보다 낮은 높임에 두었고, 이기문 《국어사개설》(탑출판사, 1978, p.163)에서 높임의 등급에서 조금 낮은 《하야쎠》라 하였으며, 권재일 《한국어문법사》(도서출판박이정, 1998년)에서 청자높임에서의 약간높임으로 《하어쎠》체라 말했다.

331. 쳥의 미인ᄃ려 닐오디 몰이 극히 피로ᄒ니 잠깐 쉬여 가미 해롭
     디 아니ᄒ링이다. (太平廣記諺解 卷之一 최싱뎐)
332. 존시 닐오디 이지 비록 이 음식을 바담즉디 아니ᄒ거니와 그러
     나 인간 음식을 머길거시닝이다. (太平廣記諺解 卷之一 원뉴이공뎐)

이들은 문법적 형태 《-이다》의 어음변종으로서 역시 가장높임의 계
칭을 표시한 것이며, 15세기에 나타나지만 16세기말에도 《ㆁ》음의 역
행동화현상[29]이 있었음을 시사해 준다. 17~18세기 문헌에도 이것이 어
음변화현상이라는 사실이 나타나고 있다.

일부 학자들은 우리말 계칭에 낮춤[30]을 두는데, 필자는 우리말 계칭
에 낮춤을 두는 것은 합당하지 않다고 본다.

주시경이 《국어문법》(1910)에서 제일 처음 우리말 계칭에 낮춤이라
는 화계를 둘 때에는 낮게 대우한다는 의미에서의 낮춤이 아니라 높임
의 등분에서 《장유존비의 다름을 가르는것》이라 하여 등급기준을 연
령관계에 두고 있음을 알 수 있으며, 여기에서 낮춤이라는 것은 유년에
쓰는 말씨를 말한다. 그 후 최현배가 《우리말본》(1937)에서 우리말의
계칭체계를 높임과 낮춤의 양분적인 대립체계로 설명한 이후, 거의 모든
연구자들의 견해는 그것을 그대로 수용하여 우리말의 계칭체계를 높임
법과 낮춤법이라는 2원적인 대립체계로 보고 있는 실정이다.

15세기 조선어의 다른 존칭범주를 보아도 주체나 객체를 높이기 위해서
존칭토를 사용하고 주체를 높일 의향이 없으면 《-시-》를, 객체를 높일
의향이 없으면 《-ᄉ습-》을 사용하지 않는데, 이 때 《-시-》나 《-ᄉ습-》이
쓰이지 않았다 하여 낮춤을 의미하는 것은 아니다. 이와 같은 이치로 중

---

29) 황대화(1998:238)는 동남방언에만 고유하여 쓰이는 《꺼, 껴, 겨》의 형태를 가진 높임
    의 물음토 《-ㅁ 닝이꺼/-슴닝이껴, -ㅁ 닝껴/-슴닝껴》도 있다고 하면서 《-ㅁ 미까/-슴
    미까》와 같은 계칭형태에 두었다.
30) 최현배(1937) 《우리말본》, 김민수(1964) 《신국어학》, 서정수(1984) 《존대법의 연
    구》, 성기철(1985) 《현대국어의 대우법연구》, 한길(1991) 《국어종결어미연구》등
    일반적으로 한국학자들은 우리말 계칭에 낮춤의 화계를 두고 있다.

세조선어에서 말하는 사람이 듣는 사람을 높여서 말할 때 《-이-》를 사용하였는데, 《-이-》가 없다하여 낮춤을 의미한다고 할 것이 아니라 높이지 않는 안높임으로 보는 것이 가장 합리적이다.

우리말 대명사에는 1인칭에서 자신을 낮추는 《저》가 있다. 2인칭이나 3인칭에는 상대나 제3자를 낮춤을 나타내는 어휘가 없지만, 높임을 나타내는 어휘 《어르신, 당신, 자네, 그디31)》등이 있다. 하여 우리말의 보편적 원리에 의하여서도 필자는 상대방이나 제3자를 높이는 계칭에 대응되는 것은 낮춤이 아니라 안높임이라 본다. 그리고 문법적 형태들을 분석하여 보아도 안높임이 되는 이유는 그러한 문법적 형태소에 높임의 자질을 실현하는 문법적 형태소가 개재되지 않았거나 그러한 흔적을 찾아볼 수 없기 때문이라고 생각된다.

90년대를 전후하여 들어서면서 새로운 각도로 우리말 계칭을 분석하는 학자들이 보이는데, 그들로는 김종택, 김태엽, 김정수 등을 들 수 있다.

김종택(1982:108)에서는 경어법을 존대의 자질이 있거나 없음에 따른 부가적 대립관계로 보아서 조선어경어법체계를 크게 존대와 평대로 나누고, 존대를 수상존대와 수하존대로 분류하였다. 여기에서 수상존대는 합쇼체와 하오체에 해당되고, 수하존대는 하게체에 해당되며, 평대는 해라체에 해당된다.

김태엽(1999:131)에서 종결어미의 형태를 이루는 어미구조체를 분석하여, 이것을 토대로 청자높임법을 높임과 안높임으로 크게 가르고 높임법에 예사높임, 좀더높임, 아주높임을 두었다.

김정수(1984:15)에서도 높임과 낮춤을 각각 절대적인 관념으로 잡고 양립시키는 일은 실상 한힌샘 주시경님의 《높임-같음-낮음》이라는 서분, 곧 등급체계를 비롯해서 답습된 듯한데, 이것은 어디까지나 지금말의 공시태를 다루기 위한 것이라고 하면서 들을이 높임의 갈래를 낮춤을 두지 않고 아주덧높임, 아주높임, 예사덧높임, 예사높임, 안높임 등을 설정하였다.

---

31) 《대우표시 어휘의 사적인 연구》(김의수 2000년)에서 《당신, 그디》를 존대어에 넣었다.

필자도 위의 세 분 학자들과 견해를 같이 하여 낮춤의 계칭을 설정하지 않고 안높임이라는 계칭을 설정한다.

허웅(1975)은 《용비어천가》나 《월인천강지곡》에 나오는 문법적 형태 《-니》, 《-리》도 계칭토로 보고 있다. 그것은 본래 가사에서 장마다 상대높임을 써야할 것인데, 장마다 《-이다》를 붙여서는 너무 단조롭기 때문에 대부분의 《-이다》를 생략하고 가끔 《-이다》를 두어 이 노래 전체의 단조를 깨뜨리는 동시에 상대높임을 나타내고 있다고 하였다. 위에서 이미 언급한 바와 같이 필자는 이러한 종결토를 일부 학자들이 말하는 현대조선어의 반말계칭의 시초로 보겠다. 즉 현대조선어에서 《-아/-어/-야/-여, -지》은 문법적 형태 《-요》의 통합여부에 따라 친절을 나타내는 높임이 되거나 되지 않는 것처럼 15세기에도 《-이다》나 《-잇가》가 통합되면 높임이 되고, 그렇지 않으면 안높임의 계칭이 되는 것으로 본다. 이 시기 이러한 문법적 형태들로는 《-니, -리, -지》 등이 있었다.

제4절 15~16세기 계칭형태와 문장성분의 조응

문장에서 계칭형태와 함께 일부 단어나 격토가 말 들을이를 존경하는 데 이용[32]된다. 그들은 문장에서 서로 맞물림관계를 가지고 있다.

333. 摩騰이 술보더 네 阿育王이 如來ㅅ 舍利롤 天下애 八萬四千 고 둘 갈ᄆ니 이 震旦國中에 열아홉고디니 이 그 ᄒ나히니이다.

(月印釋譜 二 78·2)

---

32) 《現代國語의 待遇法體系硏究》(김혜숙 博士學位論文要約集 남광우 編著 慶雲出版社 1994년 p.307)에서 《어떤 대상을 높이고자 하는 경우에, 그것을 표현하는 형식으로 여러 가지가 있다. 곧 어휘자체를 높임어휘로 바꾸는 경우, 높임의 접미사에 의하는 경우, 그리고 격조사를 높임의 형태소로 대치하는 경우 등이다》라고 하였다.

위의 문장에서 보면 《솗다》는 《사뢰다, 여쭙다》의 표현으로서 말을 듣는 상대를 존경하는 어휘이다. 《摩騰》의 말을 듣는 대상은 가장 높임의 대상이기에 가장높임의 계칭형태 《-니이다》와 조응을 이룬다.

> 334. 釋迦牟尼佛끠 솗오샤더……一切衆生이 이 威神을 니버 다 苦롤
>   여희여 버스리이다. (陁羅尼經 卷上 1)
> 335. 阿難이 ᄯᅩ 佛體끠 솗ᄫᅩ더 부텨涅槃ᄒᆞ신 後에 므슴 法을 부터 如
>   來롤 수ᄉᆞ병리잇고? (釋譜詳節 卄三 6·2)

위의 문장에서 보면 높임의 여격토 《-끠》를 사용하였는데, 말을 듣는 상대를 존경하는 격토이며, 가장높임의 계칭형태 《-리잇고?》와 조응을 이룬다.

> 336. 阿難이 合掌ᄒᆞ야 솗ᄫᅩ더 世尊하 엇던 因緣으로 우연ᄒᆞ시ᄂᆞ니잇고?
>   (釋譜詳節 卄四 9·1)
> 337. 世尊ㅅ긔 솗ᄫᅵ샤더 내 어저끠 다ᄉᆞᆺ가짓 ᄭᅮ믈 ᄭᅮ우니……世尊하
>   날 爲하야 니ᄅᆞ쇼셔. (月印釋譜 一 17·2)
> 338. 世尊하, 摩耶夫人이 엇던 功德을 닷가시며 엇던 因緣으로 如來
>   롤 나ᄊᆞ병시니잇고? (釋譜詳節 十一 24)

위의 문장에서 보면 높임의 호격토 《-하》, 높임의 여격토 《-끠》, 상대방을 높이는 표현 《솗ᄫᅩ더》를 사용하면서 가장높임의 계칭형태 《-니잇고?, -쇼셔》와 조응을 이룬다.

> 339. 舍利弗아 뎌 ᄯᅡ홀 엇던 젼ᄎᆞ로 일후믈 極樂이라ᄒᆞ거뇨?
>   (阿彌陀經 6)
> 340. 舍利弗아 極樂國土ㅣ 이ᄀᆞ티 功德莊嚴이 이뤄 잇ᄂᆞ니라.
>   (阿彌陀經 6)
> 341. 阿難아 如來ㅅ舍利롤 보면 부텨를 보논디니 이런 젼ᄎᆞ로 三寶이

샹녜이셔 衆生이 歸依홀 짜히 드외야 잇느니라.

(釋譜詳節 卄三 6·2)

342. 훙싴야 네 닫티 혼사발만 밥 담고 권즈애 탕 쪄가져 나그내 조
　　차 가머구믈ᄆ차든 ᄯ도 그릇돌 설어저오라. (飜譯老乞大 上 43)

이조 전반기 조선어 호격토에는 높임을 나타내는 《-하》와 상보적인
분포를 이루는 안높임의 호격토 《-아,-야, -여》 등이 있었다. 위의 문장
들은 안높임의 계칭이기에 높임을 나타내는 호격토 《-하》가 쓰인 것
이 아니라 안높임을 나타내는 호격토 《-아》와 조응을 이루었다.

343. 너희 그리 묏고래 이셔 므슨 煩惱롤 쁘러 ᄇ리관더 得道롤 몯ᄒ
　　얫는다? (釋譜詳節 卄四 26·2)

344. 너희 머리셔 ᄀ지비 오니 이에 안자 밥 머그라. (月印釋譜 卄三 41·2)

345. 너희 大衆이 ᄀ장 보아 後에 뉘읏붐 업게ᄒ라. (月印釋譜 卄 14·2)

346. 阿難이 머리 ᄆ니며 닐오ᄃ 내 부터 너를 어셔 得道ᄒ게 ᄒ다니
　　츠기너기디 말라ᄒ더라. (釋譜詳節 卄四 3·2)

우리말 인칭대명사에도 계칭적 구별이 있다.[33) 위의 문장은 안높임의
계칭이 나타났기에 2인칭대명사 《너, 너희》가 쓰이고, 《그더》가 쓰이
지 않고 있다.

347. 王이 닐오ᄃ 如來 뎌 나모 미틔셔 阿縟多羅三貌三菩薩롤 일우시
　　니 뎌남기 업거니 내 사라 므슴ᄒ료? (釋譜詳節 卄四 42·1)

---

33) 김의수는 《대우 표시 어휘의 史的인 연구》(2001)에서 고대, 중세, 근대시기 우리말
　　대명사는 1인칭대명사에는 비겸양에 《나, 우리》, 겸양에 《저》가 있고, 2인칭대명
　　사에는 비존대에 《너》, 존대에 《그더》 있으며, 3인칭대명사에는 비존대에 《저, 자
　　기》가 있고 존대에 《당신》 등이 있었다고 하였다.

위의 문장은 《王》이 대중들에게 하는 말인데, 문법적 형태 《-료?》에 의한 안높임의 계칭이(王이 백성들에게 하는 말) 쓰이기에 《숣다》라는 어휘를 쓰지 않고 《닐오다》라는 어휘를 써서 안높임의 계칭과 조응을 이루었다.

이렇게 이조 전반기인 15세기 문헌에 계칭과 기타의 문장성분과 토들이 비교적 규칙적으로 맞물림관계를 이루었다면, 16세기에 와서는 그 규칙이 파괴됨을 볼 수 있다. 한 문장에서도 부동한 계칭토들이 쓰이는가 하면 계칭과 기타 성분과의 조응관계도 파괴되고 있다.

> 348. 쥬신 형님하 쏘 ᄒ마리 이셰이다. 사ᄅᆞᆷ 머글거슨 안직 져그나
>   잇거니와 이몰둘혼 쏘 엇디ᄒ려뇨? (飜譯老乞大 上 55)
> 349. 쥬신하 ᄣᅥ잇ᄂᆞ녀 믈ᄒᆞ얏ᄂᆞ녀? (飜譯老乞大 上 22)
> 350. 너 쥬신하 즉재 날위ᄒᆞ야 사라가라. ᄒ근 고기를 사더 ᄀᆞ장 술
>   지니란말오덤발치 조ᄒᆞᆫ 고기를 사다가 편 굵게 사ᄒᆞ라 봇가오라?
>
>   (飜譯老乞大 上 21)
>
> 351. 주신하 네 블므 드쇼셔. 우리 너싈 오경두에 나가리라.
> 352. 그리ᄒᆞ마 나그내네 쉬라. (飜譯老乞大 上 26)

위의 예문에서 《-하》는 높임의 호격토이다. 보다시피 15세기에는 높임의 계칭과 잘 조응되던 것이 16세기에 그 조응이 파괴되었다. 이것은 높임의 호격토의 기능이 동요되었거나 혹은 규범이 파괴되었음을 말해 준다.

동일한 청자에 대한 계칭의 불일치는 말하는 과정에 말하는 사람의 심리적 변화와 관련되거니와 또한 계칭이 없는 중국어문장을 번역한 과정과도 관련된다.

이와 같이 우리말의 계칭은 주로 술어에 붙는 종결형태에 의해 표현되고, 동시에 대우하는 의미에서 문장에 나타나는 격토, 대명사, 일부어휘들과 조응을 이룬다.

제5절   15~16세기 계칭의 변화

15~16세기 우리말 계칭은 고대조선어와 비교해 보면 상당한 변화를 가져 왔다.

첫째, 고대조선어 문헌에 《音》, 《省》, 《賜立》에 의하여 청자높임의 계칭이 표현되었고, 이러한 형태가 개입되지 않은 여러 형태에 의해 안높임의 계칭이 표현됨으로 하여 높임과 안높임의 계칭이 있었으나, 15~16세기 문헌에서 보면 계칭이 고대시기와는 달리 가장높임, 높임, 안높임으로 나타나고 있다. 이것은 사회의 변화와 함께 발전하는 다양한 인간관계와 그에 따른 문법적 형태의 다양성의 표현이라고 보아진다.

둘째, 16세기에 새로운 높임의 계칭형태 《-의, -뇌, -읍세, -데, -쇠, -오, -소, -셔, -세》등이 나타나고 있다. 이러한 계칭토의 생성은 이 시기 높임의 계칭토 《-이다》에서의 《-ᅌᅵ-》음의 변화 및 그 기능이 앞음절에 넘어간 결과이며, 또 객체존칭토 《-ᄉᆞᆸ-》의 기능변동, 문법적 형태의 분화와도 관련된다.

353. 유무 보고 편안히 뫼ᅌᆞ와 계시니 깃거ᄒᆞ뇌. 우리도 무스히 뫼ᅌᆞ와 인뇌. (편지 4)
354. 이 글회는 쓰려 ᄒᆞ엿더니 보내시도쇠. (무덤편지 2)
355. 나도 너일 나죄나 모리 가리커니와 그리 아라 ᄎᆞ리소 (무덤편지 1)
356. 나도 완는니라 자기나 무스히 ᄒᆞ여 가새. (무덤편지 130)

셋째, 그 전시기에 비하여 안높임의 계칭토가 보다 다양한 양상을 보이고 있다.
변화라는 것은 꼭 달라야만 변화인 것이 아니다. 그것이 더욱 풍부히 되고 체계화되어도 변화인 것이다. 전반적 계칭에서 높임의 계칭보다 안높임의 계칭을 나타내는 문법적 형태가 많이 쓰인 것이 특징적이고 진술방식에 다양한 문법적 형태들이 나타나고 있다. 예를 들면 서술식에 《-놋다, -세라, -스매라》, 의문식에 《-로소녀, -쓰나》, 명령식에 《-디여, -스라》 등인데, 예는 약하기로 하겠다.

넷째, 의문식은 높임의 계칭을 나타내는 문법적 형태가 따로 없는 정황에서 주체의 행동을 존경하는 문법적 형태 《-시-》가 의문을 나타내는 문법적 형태 《-리오, -ㄴ고, -눈고, -ㄹ고, -ㄴ가》에 붙어 실현하였다.

다섯째, 말하는 사람이 말을 듣는 사람을 높이지도 않고 낮추지도 않은 반말체 형태 《 -니, -리, -지》 등이 나타나고 있었다.

357. 모리 드딜양이면 너일 가셔 자고 오리. (무덤편지 129)

358. 내 가고져 호더 흐렁겨시다 홀시 몯 가 잇스오리. (무덤편지 24)

359. 俱夷 쏘 묻즈봉샤디 부텻긔 받즈봐 므슴호려 흐시나니?

(釋譜詳節 一·2)

360. 비 マ장 곱프다. 우리 가지. 다룬니는 다 이 신가의 드러가 므르리 가지. (飜譯老乞大 上 39)

참고문헌 : 1. 《석보상절(釋譜詳節)》 1449년
2. 《월인석보(月印釋譜)》 1459년
3. 《롱엄경언해(楞嚴經諺解)》 1462년
4. 《법화경언해(法華經諺解)》 1463년
5. 《언해아미타경(諺解阿彌陀經)》 1464년
6. 《언해관음경(諺解觀音經)》 1485년
7. 《타라니경(陁羅尼經)》 15세기
8. 《번역로걸대(飜譯老乞大)》 16세기초
9. 《번역박통사(飜譯朴通事)》 1501년~1517년 사이
10. 《번역소학(飜譯小學)》 1518년
11. 《이륜행실도(二倫行實圖)》 1518년
12. 《선가귀감》 1590년 앞뒤
13. 《편지》 1571년~1603년 옛날편지 31통
    (허웅 -「한글」 201.202)
14. 《무덤편지》 1570년 앞뒤 순천김씨묘출토간찰
    (허웅 -「한글」 201.202)
15. 《론어언해(論語諺解)》 1587년~1600년
16. 《소학언해(小學諺解)》 1587년~1600년
17. 《대학언해(大學諺解)》 1587년~1600년
18. 《맹자언해(孟子諺解)》 1587년~1600년
19. 《태평광기언해(太平廣記諺解)》 16세기말~17세기전반기

제4장 17~18세기 문헌에서
표현된 계칭

　17~18세기 조선어는 우리말의 발전 역사에서 아주 중요한 위치를 차지한다. 근대조선어의 시작이고 중세와 현대의 과도단계인 이 시기는 어음·문법·어휘면에서 일련의 변화를 보여주고 있다.

　그것은 《ᅙ, ᅀ, ㆁ》 등과 같은 유성마찰음계렬의 소실, 입술자음 《ㅂ, ㅍ, ㅃ, ㅁ》에 후행하던 《으》의 원순음 《우》로의 변화, 성조 표기인 방점의 소실, ㅎ종성체언의 소실, 형태나 의미가 바뀐 새로운 단어의 등장, 한자어 비중의 증가 등은 바로 이 시기에 있은 언어의 변화 현상이다. 특히 이 시기의 음운체계에 급격한 변화를 가져와 중세조선어와 다른 근대조선어의 특징을 잘 보여주고 있다.

　이 시기 계칭을 《捷解新語(첩해신어)》와 《改修捷解新語(개수첩해신어)》, 《몽어로걸대》등 언해서들과 17세기 활동한 이름 있는 작가들에 의해 쓰여진 조선문소설 《사씨남정기》, 《홍길동전》등 및 기타 입말요소가 반영된 책을 중심으로 고찰하려 한다.

제1절 높임의 계칭형태

계칭이라는 것은 말하는 사람과 말을 듣는 사람 사이의 사회, 인간관계를 나타내기 때문에, 사회학 내지 사회언어학과 긴밀한 관계를 가진다. 그러나 대우의 표현은 주로 문법적 방법에 의해 이루어지기에 문법적 형태를 잘 분석하는 작업은 계칭연구에서 중요한 의의를 가진다.

이 시기 계칭에서 특징적인 현상의 하나가 문법적 형태 《-습(읍)너, -읍도쇠, -읍새, -읍대(디), -ㅅ외, -외, -쇠》 등에 의해 이루어진 계칭체계이다.

이기문(1972)은 근대의 우리말에 와서 15~16세기 《-더이다, -ㄴ이다, -노이다, -노소이다, -도소이다》 등의 형태에서 《-다》가 탈락한 형태로 실현되는 것이 일반화되는 경향이 강해져서 《-데, -니, -뇌, -노쇠, -도쇠》 등의 형태가 나타났다고 하면서, 근대 우리말의 종결어미 형태는 15~16세기 우리말의 종결어미 형태에서 크게 간소화된 형태로 변했음을 주목할 만하다고 하였다.

김영황(1978)은 《-니, -뇌, -데, -니, -리, -도쇠, -로쇠》 등 문법적 형태를 《이》에 시태토가 결합하거나 문법화된 불완전명사가 결합하여 이루어진 토들로 보면서, 《이》에 의해서 계칭(말차림)은 조성될 수 없었으며, 《이》의 말차림은 중성적이었다고 하였다.

허웅(1988)은 16세기 중세조선어 문법적 형태 《-의, -니, -뇌, -외, -데, -애, -쇠》와 《-새》에 의해 이루어지는 들을이 높임을 높임도 낮춤도 아닌 반말로 보는 것이 좋다고 하였다.

김정수(1984)는 문법적 형태 《-엇느니, -엇너, -엇습다, -으시도쇠, -을쇠, -음새》에 의해 이루어지는 높임의 층은 15세기에도 발달해 있었으나, 그 문체의 환경이 노래같은 것에 한정되어 있고, 또는 맺음씨끝의 하위범주 일부에 치우쳐 있었다고 하였다. 그리고 17세기에는 그러한 제약을 벗어나 조직적으로 풍부하게 발달함으로써 완전히 독립적인 높임의 층을 이루어 안높임과 아주높임의 사이에 놓이는 큰 등급, 예사높임의 등

급으로 되었다고 하였다. 예사높임의 어형에 《-습-》과 《-으시-》 또는
이 둘의 결합형인 《-ㅅ오시-》나 《-으시옵-》이 더해진 것과 예사높
임의 어형에서 《-습-》이 《-습시-》로 대치된 것은 들을이 예사덧높
임의 높임의 층을 이룬다고 하였다.

김태엽(1999)은 15~16세기 우리말에서 이른바 《ᄒ쇼셔체》의 청자높
임법을 실현하던 종결어미 《-ᄂᆞ이다, -더이다, -사이다》등의 형태가
근대의 우리말에 와서는 이들 형태의 간소화 작용의 경험으로 말미암아
《-네, -데, -새》등과 같은 새로운 종결어미의 형태가 생성되는데, 이
러한 새로운 형태로 생성된 종결어미가 실현하는 청자높임법은 이른바
ᄒᆞ야쎠체(예사높임)라고 하였다.

상술한 학자들의 견해를 종합해 보면 문법적 형태 《-니, -도쇠, -새,
-대(더), -외, -쇠》등에 의해 이루어지는 청자높임을 반말이라는 견해,
중성이라는 견해, 예사높임이라는 견해가 있다.

이와 같은 견해를 염두에 두면서 이러한 문법적 형태에 의하여 이루
어지는 높임의 계칭을 다시 의미·형태·문장론적으로 재 고찰해 보려
한다.

우선 이러한 문법적 형태는 일반적으로 현대조선어에 와서 이른바 학
자들이 말하는 《하게체》로 발전한다. 이러한 계칭을 의미적으로 보면
말을 듣는 상대방이 나이가 어리더라도 대우하여 말할 때 쓰는 계칭이
다. 고영근 (1974)은 《하게체》는 중년의 어른이 성년이 된 청년에게
말할 때 일가, 친척 사이에서 항렬, 나이가 아래더라도 성년이 된 사람
에게 말할 때 《하게체》를 쓴다고 하면서 스승이 제자에게, 윗동서가
아래동서에게, 선배가 후배에게, 장인·장모가 사위에게, 그리고 성년이
된 친구끼리는 보통 《하게체》로써 대우하였다고 하였다. 이상복(1984)
에서도 《하게체》는 같은 등급인 아주낮춤(해라체) 보다는 들을이를 얼
마간 높여 대접하는 것이라고 하였다. 이러한 계칭형태는 16세기 서간
체 문헌에서 나타나기 시작해서 17세기 문헌에 이르러 기능변동을 한
청자높임의 형태소 《-습-》과 결합되었다.

우선 현대조선어를 예로 들어 보면 아래와 같다.

○ 우리집 아이도 오늘부터는 대학생이네. (이웃사이)

여보게, 자네도 일만 일이라 하지 말고 몸도 좀 돌보게.

(나이든 자식에게)

이 일은 우리들이 함께 함세. (친구끼리)

문장에서 보면 이웃사이, 성장한 친구끼리, 혹은 나이든 자식에게 쓰는 말로서 말을 듣는 사람을 대우하여 말할 때 쓰는 말씨[34]인 것이다.

16세기 문헌을 통해 이러한 형태에 의해 실현되는 계칭을 살펴 보면 아래와 같다.

361. 올제도 몯 보니 미양 니치디 마래…하 그리오니 ᄀ이업세.

(무덤편지 152) (-서방님끠)

362. 완뎌 와셔는 아니날 ᄆᆞ미 업세. (무덤편지 190)

(<-세>가 편지안에서 -의, -으신가, -으신고, -뇌, -소, -외와

함께 쓰임)

문장 361)은 아내가 《서방님께》 한 편지에서 나타나는 문법적 형태이다. 이것은 이러한 문법적 형태이다. 이것은 이러한 문법적 형태에 의해 이루어진 대우방식은 안높임이 아니라 높임이라는 것을 설명한다. 당시 봉건유교도덕 삼종사덕을 신봉하던 시기인 만큼 아내는 반드시 여러 면에서 남편을 높게 대우하여야 하였다.

---

34) 신창순(1984)은 《하게체》가 손아랫사람에게 대해서이긴 하지만, 그런대로 대우를 할 경우에 쓰는 말씨라고 하면서, 우리의 실생활에서는 손아래 사람이라도 아주 놓고 말하기 어려운 경우가 있기 마련이다. 이를테면 사위에게 아이들에게 쓰는 말씨를 그대로 하기는 거북한 일로서, 이런 경우에 《하게체》가 이루어졌을 것이라고 하였다.

문장 362)는 문법적 형태 《-세》가 편지 안에서 《-의, -으신가, -으신고, -뇌, -소, -외》 등과 함께 나타난다. 문법적 형태 《-소, -으신가》에 의해 이루어지는 계칭이 낮춤이 아니고 높임의 계칭이라고 할 때 문법기술의 일관성에 비추어 이러한 형태에 의해 이루어지는 계칭도 반드시 높임이 되어야 할 것이다.

> 363. 문안ㅎ옵고 요ᄉ이ᄂ 엇디ㅎ신고? 온 후의ᄂ 긔별 몰라 ㅎ옵뇌
>   이다. 약갑슨술와건마ᄂ 보내신디 몰라 ㅎ옵쇠. (청주간찰 191)

문장 363)에는 문법적 형태 《-옵뇌이다, -신고》와 형태소 《-옵-》이 나타나고 있는데, 이것들은 《-옵쇠》와 서로 조응을 이루면서 말을 듣는 사람을 대우한다. 기타의 형태소들이 말을 듣는 사람을 높이기 위한 문법적 형태라면 《-옵쇠》도 마찬가지로 높임의 계칭을 이룬다고 말할 수 있다. 다른 예를 들어 보면 아래와 같다.

> 364. 뎜심바ᄇ 됴테. 엇디 차망되예라 ㅎ시넌고? 오직 늣데.
>   (무덤편지 130)
> 365. 저기 ㅎ리다 ㅎ니 깃게. (무덤편지 141)
> 366. 사라셔셔ᄂ 다시 보면 그지눌 ᄒᆞᆯ가마ᄂ 기필 몯 ᄒᆞᆯ쇠.
>   (편지9, 김성일)

17세기의 문헌자료를 고찰하여 보면 아래와 같다.

> 367. 엇디 ᄒᆞᆫ디 일이 만하 問安도 ᄌᆞ로 숣디 못ᄒᆞ니 일뎡 졍업슨 양
>   으로 너기시ᄂ가 ᄆᆞᄋᆞᆷ의 걸리옵니. (捷解新語 二 17)
> 368. 正官을 반가이 보올가 녀겻습더니 병드러 몯난다ᄒᆞ니 가장섭섭
>   ㅎ외. (捷解新語 三 21)
> 369. 엇디 ᄒᆞᆫ디오며 셔셔브텨 쏘 병드러 머글쩟도 잘못 먹고 누엇ᄉ

오니나디 몯홀가 너기오니 우리뿐 나올쇠. (捷解新語 一 38)

370. 東萊겨셔도 어제는 일긔 사오나온더 언머 슈고로이 건너시도다

넘녀ᄒ시고 問安ᄒ옵시데 (捷解新語 一 21)

문장 367)에는 《슓디 못ᄒ-》라는 표현이 나타나고, 문장 368), 369)
에는 겸양을 나타내는 형태소 《-습-, -ᄉ오-, -오-》가 쓰였으며, 문장
370)에는 말을 듣는 행동의 주체를 존경해주는 문법적 형태 《-시-》가
보이는데, 이러한 문법적 형태로 미루어 보아 종결술어에 붙는 문법적
형태에 의해 실현되는 계칭은 모두 높임의 계칭형태라는 것이 증명된다.

371. 올ᄉ외. 날이 노파셔 브틀거슬 ᄇ롬의 미치며 이제야 왓습니.

(捷解新語 一 2)

문장 371)은 문법적 형태 《-ᄉ외》와 《-습니》는 동일한 계칭형태임
을 나타낸다.

형태론적으로 《-게, -데, -세, -네》등을 고찰하면, 이들은 문법적 형
태 《-습ᄂ(니)이다, -옵ᄂ(니)이다, -옵더이다, -거이다, -로소이다》등
에서 청자존칭토 《-이다》가 떨어지면서 청자높임으로 쓰이던 《-이-》
의 흔적을 앞 형태소에 남겨 놓고 이루어진 형태들이다.

권유식을 나타내는 가장높임의 문법적 형태 《-세이다》는 높임을 나타내
는 문법적 형태 《-세》에 《-이다》가 결합한 것인데, 《-이다》가 수이적으
로 떨어질 수 있고, 떨어지면 높임의 계칭형태로 되는 것과 마찬가지[35]이다.

372. 경성에도 가고 신성에도 잇고 두루 다니옵ᄂ디 지금은 북방으로
향ᄒᄂ이다. (ᄂ이다→니이다→니→네)

373. 이 蓋을 보쇼셔. 하 젓소이 너기ᄋ와 다 먹습ᄂ이다.

---

35) 제3장 《 2.4 권유식에 나타난 문법적 형태 》부분에 예가 보인다.

(捷解新語 二 7) (습ᄂ이다→습니→습네)

→東萊니르심은……다 無事히 渡海ᄒ시니 아롭답다 니르시옵니.36)

(捷解新語 二 1)

374. 너일 나죄란 入館ᄒ여 보옵새이다.

(옵ᄉ이다→옵(시)새이다→옵새→옵세)

375. ᄉ랑ᄒ시고 쟝쥬는 도라보지도 아니ᄒ시더이다.

(시더이다→데이다→데)

376. 나는 남방사롬이온디 성명은 넝진이로소이다.

(로소이다→로쇠이다→로쇠→로세)

377. 처음이옵고 ᄯ노는 싱소혼거시오니 各各 답답이 너기실가 氣ᄒ오
니 萬事의 두로 ᄯ리시믈 미들ᄯ롬이옵도쇠 (捷解新語 一 3)

예문에서 형태소 분석을 진행하면 이러한 문법적 형태들은 청자존칭
토 《-이다》가 떨어지고 《-이-》의 흔적을 앞형태소에 남겨 놓으면서
변화된 형태라는 것이 증명된다.

이러한 모음들은 현대의 시각에서 보면 단모음처럼 되었으나, 16~17
세기는 겹모음이기에 《-이-》가 발음되었다. 겹모음37)이기 때문에 겹
모음으로 길게 발음되면서 《-이-》와 비슷한 《-이-》가 들렸을 것이
다. 이것은 또 김영황(1978:289)에서 지적한 바와 같이 그 당시 말끝을
길게 끌어 발음함으로써 상대방에 대한 존경을 표시하는 당시의 오랜
언어습관과 관련된 현상으로 설명할 수도 있다.

---

36) 황적륜(1976:197)에서는 "아랫사람이라도 그 나이 지위로 보아 대접해 준다는 뜻
으로 보면 '-네'도 존대에 포함시켜야 한다"고 하였다.

37) 이득춘(1995)《고대조선어문선 급 중세조선어개요(하)》(연변대학출판사 p.36)에서
《ㅐ, ㅔ, ㅚ, ㅟ》는《하나의 중성이 ㅣ와 서로 어울린》것으로서《ㅏ, ㅓ, ㅗ,
ㅜ》에 각각《ㅣ》가 어울려 된 것이다. 그리고《ㅣ》는《혀를 펴고 소리가 앉아
서 입을 열기가 편하기 때문에》,《깊고 얕고 닫히고 열린 소리들에 아울러 능히
서로 좇을수 있다》이것은《ㅐ, ㅔ, ㅚ, ㅟ》는 후행모음《ㅣ》를 가진 겹모음이라
는 것을 똑똑히 말해주고 있다고 하였다.

문장론적으로 보면 이러한 형태들은 문장에서 높임을 나타내는 기타 성분들과 맞물림 관계를 이룬다.

> 378. 나도 완ᄂ니라 자기나 무ᄉ히 ᄒ여 가새. (무덤편지 49)
> 379. 자니네 借船으란 미처 보내여 도됴ᄒᆞᆯ가 너기ᄋᆞᆸ니. (捷解新語 四9)
> 380. 쳥ᄒᆞᄂᆡ. 안해 와 안ᄌᆞ쇼셔. (蒙語老乞大 下 3)
> 381. 쳥ᄒᆞᄂᆡ. 지븨 드러 안ᄌᆞ쇼셔. (蒙語老乞大 下 35)
> 382. 서ᄅᆞ 보ᄋᆞᆸ디 몯ᄒᆞ오니 섭섭ᄒᆞᄋᆞᆸ더니 이리보오니 귀ᄒᆞ외.
>
> (捷解新語 三 2)

위의 문장들을 보면 이러한 계칭형태들은 대명사 《자기, 자니》와 서로 어울리고 《ᅀᆞᆲ다》와 같은 존경어와도 어울리고 또 《-쇼셔》와도 어울리고 있다.

허웅(1988:23)에서 이러한 높임은 16세기 아직 그 높임이 꽤 높은 정도를 유지하고 있었던 것으로 보고 있으며, 서정목(1997:576)에서도 이 형식은 16세기와 17세기에 일반화되는 것으로 추정되는데, 선문말 형태소 뒤의 형태들이 절단하는 15세기 특수한 용법이 확대되어 쓰인 것으로 보인다고 하면서, 특기할 점은 평서문과 청유문에 집중되어 있다는 점이라고 하였다. 그리고 《-니, -쇠, -데, -새》는 각각 《-다》가 절단되고 공손법 《-(으)이-》가 선행선문말 형식과 융합되어 있는 것으로 보인다고 하면서, 이 등급에서 청자를 대우하는 의미는 공손법 《-(으)이-》의 그대로 담당하고 있는 셈이라고 하였다. 또 조선학자들은 일반적으로 이른바 《하게체》를 《하오체》와 같이 같음의 등급으로 본다면 한국학자들은 일반적으로 《하오체》를 예사높임으로 본다. 이를 미루어 볼 때 《하게체》를 말을 듣는 사람이 나이가 어린 사람이라도 대우하여 준다는 의미에서 높임의 계칭으로 둘 수 있는 근거가 있을 것 같다.

총적으로 문법적 형태 《-이다》형과는 다른 특수한 문법적 형태 《-니,

-도쇠, -새, -대(더), -외, -쇠》는 가장높임의 계칭을 나타내던 문법적 형태 《-ᄂ이다, -노이다, -더이다, -도소이다, -로소이다》 등에서 《-이-》가 수행하던 문법적 기능을 앞 형태소에 남겨 놓고 《-이다》가 떨어져서 형성된 문법적 형태라고 보고, 이와 같은 문법적 형태들로 이루어진 계칭은 낮춤이나 예사낮춤이 아니라 높임의 계칭이며, 《-습(ᄋᆞ)니, -ᄋᆞ도쇠, -ᄋᆞ새, -ᄋᆞ대(더), -ᄉᆞ외, -외, -쇠》에 의해서 이루어진 계칭은 청자높임의 문법적 형태 《-ᄋᆞ-》이 붙지 않은 경우보다 정도가 조금 높아진 것으로 보는 것이 가장 합당할 것 같다.

이러한 문법적 형태에 의해 이루어진 계칭은 이조 전반기인 15세기에 문헌에 나타나기는 하나, 그것은 극소수이고 16세기의 서간체에 쓰이다가 17~18세기에는 많이 나타난다. 그리고 《-습-》과 결합되어 많이 쓰인 것이 특징적인 현상이다.

제2절 식에 나타난 각종 문법적 형태

17~18세기 문헌을 고찰해보면 종결술어에 다양한 문법적 형태가 나타나는데, 이러한 문법적 형태에 의해 식과 함께 말하는 사람이 듣는 사람에 대한 각이한 대우방식이 이루어진다. 아래 식에 나타난 다양한 문법적 형태들을 고찰해 본다.

2.1. 서술식에 나타난 문법적 형태

1. 《-습ᄂ(니)이다》 :

이전 시기 문법적 형태 《-이다》는 《ᄋ 》음의 변화로[38] 어음변화를 거

---

38) (최법훈, 1980)《중세한국어문법론》에 《《ᄋ 》을 옛이응이라 하며, 그 음가는 〔ɦ〕이다. 훈민정음이 반포 이후 150년 가량 쓰이다가 후에 《ᄋ 》로 되었다. 한 자음에서 硏(연)案(안)氷(빙)成(썽) 고유어에서 서에(霜)보오리(峰)올창(따)프셩귀

쳐 17~18세기에 《-이다》로 되고 문법적 형태 《-이다》의 앞에는 문법적 형태소 《-습-》이 더 첨가되면서 《-ᄂ니이다》의 《-니-》가 탈락되었다.

383. 술은 一切 못ᄒᆞᆸ건마ᄂᆞᆫ 하 먹과댜 니르시니 그러ᄒᆞ온디 ᄀᆞ장 취ᄒᆞ오되 正根을 계요 출혀 안잣습ᄂᆞ이다. (捷解新語 四 18)

384. 술을 一切 먹지 몯ᄒᆞᆸ건마ᄂᆞᆫ 하 권ᄒᆞ시매 그러ᄒᆞ지 ᄀᆞ장 醉ᄒᆞ여ᄉᆞ오되 계오계오 氣向을 출혀 안잣습ᄂᆞ이다.

(改修捷解新語 三 24)

385. 약도 먹고 뜸도 ᄒᆞ여 이제는 됴화습ᄂᆞ이다. (捷解新語 二 4)

386. 약도 먹고 쓤도 ᄒᆞ야 이제는 됴화습ᄂᆞ이다. (改修捷解新語 二 26)

문장들은 접속토에 문법적 형태소 《-오-, -ᄉᆞ오-》가 첨가되면서, 겸양의 수법으로 말을 듣는 상대를 존중한다. 위의 문장들은 같은 내용을 약 70년을 사이 두고 번역한 대화들인데, 문법적 형태 《-습ᄂᆞ이다⟺-습니이다》의 어음동요현상이 보인다.

387. 한림으로 의심을 니틔고 낭ᄌᆞㅣ 참소ᄒᆞ여 한림을 공동ᄒᆞ면 낭ᄌᆞ
의 뜻도 엇고근심ᄒᆞ실비 업습ᄂᆞ이다. 삼낭-교녀 (《사씨남정기》)

문장 387)은 말을 듣는 사람과 행동의 주체는 모두 《교녀》이다. 말을 듣는 주체를 존중하는 존칭토 《-시》가 쓰이므로 말을 듣는 사람은 존경의 대상이다. 가장높임의 문법적 형태 《-습ᄂᆞ(니)이다》는 모음 《ᆞ》의 소실과 어음의 축약으로 현대조선어의 《-습니다》[39]로 된다.

(蔬)로 쓰였다.

경상도방언에 남아 있는 몰개, 멀귀가 몰애, 멀위를 거쳐 서울방언에서 모래, 머루로 되었는데, ㅇ 는 ㄱ 의 약화되는 과정에 생겨나는 음운이라 하겠다. ㅇ 와 ㆁ 의 자형과 음가는 일찍부터 혼란하였다. 소실된 시기는 초성에서 16세기초기 이전까지, 종성에서 16세기말기까지 쓰였다》고 하였다.

2. 《-옵ᄂ(니)이다》:

388. 과즐과 건믈과 머글거슬 다 머검즉이 쟝만ᄒᆞ엿ᄉ오니 깃거ᄒᆞ옵
ᄂ이다. (捷解新語 二. 9)

389. 쇼인이 몬져 술을ᄡᅥ슬 이리 御意ᄒᆞ시니 감격히 너기옵니이다.

(捷解新語 三. 2)

390. 쇼인이 몬져 술을ᄡᅥ슬 이리 御意ᄒᆞ시니 感激히 너기옵니이다.

(改修捷解新語 三. 1)

391. 그 게집이 울며 애걸왈 첩 등은 요괴가 아니오 인간사람으로 이
곳에서 요괴에게 잡혀 죽으려 하더니 텬행으로 장군이 드러와
요괴를 멸하시니 첩 등에 잔명을 보존하야 고향에 도라가게 하
심을 바라암ᄂ이다. (《홍길동전》)

문장 388)은 접속토에 문법적 형태소 《-오-, -ᄉ오-》가 첨가되면서
겸양의 수법으로 말을 듣는 상대를 존중하고, 문장 391)은 겨집이 요귀
를 멸해준 장군에게 하는 말로서 말을 듣는 장군을 가장 높게 대우하여
말한다.

문법적 형태 《-옵ᄂ(니)이다》는 《ᆞ》의 소실과 어음의 축약으로
현대조선어의 《-ㅂ니다》로 된다.

3. 《-옵나이다》:

392. 교녀 ᄉ례왈 천혼지됴를 엇지 ᄌᆞ랑ᄒᆞ오릿가. 심ᄀᆞᄒᆞ기로 파져ᄒᆞ
옵더니 부인이 드러게오시니 황공ᄒᆞ옵나이다.

(《사씨남정기》) 교녀-샤부인

문법적 형태 《-옵나이다》는 문법적 형태 《-오릿가》, 《-옵-》과
함께 쓰였다. 이러한 문법적 형태는 현대조선어에 기도문이나 사극 등

---

39) 김혜숙 (1994)에서 '합니다체'는 대우서법 등분유형 중 가장 높은 등분으로 주로
의례적이고 단정적이며 객관적인 곧 격식적 상황에서 웃어른에게 사용되는 청자대
우의 종결 대우서법체라고 하였다.

의 한정된 환경에서 더러 쓰인다.

4. 《-옵닝40)이다》:

393. 오늘은 이러투시 디졉ᄒ시믈 가 正官끠 니ᄅᄋ면 뵈옵디 몯호믈
ᄀ장셜이너겨 病이 더 重홀까 너기옵닝이다. (捷解新語 二. 6)

이러한 문법적 형태들은 여러 가지 어음변종이 있는데, 이 후 어음변
화를 거쳐 현대조선어의 《-습니다/-ㅂ 니다》와 같은 형태로 된다.

5. 《-ᄉ오리이다》:

394. ᄂᆺ출보쇼셔. 머그라 니ᄅ신 잔마다 먹습고 正體업손건마ᄂᆞᆫ 이
盞으란 御意ᄀ티 다 먹ᄉ오리이다. (捷解新語 三. 13)

395. 극진이 니ᄅ시매 비록 병이 날지라도 먹ᄉ오리이다.

(改修捷解新語 二. 10)

문장 394)는 가장높임 계칭의 문법적 형태 《-쇼셔》가 함께 쓰였고,
또 접속토에 문법적 형태소 《-습-》이 붙어 겸양을 나타내면서 말을
듣는 사람을 존중한다. 문법적 형태 《-ᄉ오리이다》에서 《-리이다》가
탈락되면 높임의 계칭을 나타내는 문법적 형태 《-소》로 되는데, 이러
한 현상을 문법적 형태의 간소화라고 한다.

서술식을 나타내는 문법적 형태 《-소》가 높임의 계칭으로 되는 것은
《이 盞으란 御意ᄀ티 다 먹ᄉ오리이다. (捷解新語 三:13) (ᄉ오--소)》의
문법적 형태 《-ᄉ오리이다》에서 먼저 《-리이다》가 떨어지고 《-ᄉ오-》
가 축약되어 《-소》가 된 것이라고 추측된다. 이렇게 볼 때 서술식에 쓰이

---

40) 이런 어음변화형태는 15~16세기 부분에서 언급했는데, 일부 학자들은 이러한 형태
를 가장높임보다 조금 낮은 계칭(《ᄒ야쎠체》로)으로 보고 있는데, 필자는 이것을
조금 낮은 계칭으로 보지 않고 《ㆁ》음의 역행동화로 생기는 어음변화현상으로 보
면서 가장높임의 계칭형태로 본다. 이러한 예는 한자음에서 《鯉魚(이어)》가 《잉어》
가 되고 일부방언에서 《메아리》를 《멩아리》로 하는 것과 같은 현상이다.

는 높임의 계칭형태 《-소》의 기원을 기능변동을 한 객체존칭토 《-습-》에서 찾을 수 있다. 높임의 계칭형태 《-소》가 서술식에 나타난 것은 19세기부터이다.

이와 같이 17~18세기에 이조 전반기 가장높임의 계칭으로 쓰이던 《-이다》가 많이 쓰였고, 그 앞에는 《-습-》과 그 어음변종들이 많이 왔다. 이 시기 객체높임의 기능을 수행하던 문법적 형태 《-습-》과 그 변종들은 기능변동을 하면서 청자높임의 기능41)을 수행하는 방향에로 이전하였다. 그 사용을 보면 접속술어에도 종결술어에도 모두 올 수 있던 것이 종결술어에 많이 오게 되었으며, 그 위치도 문법적 추상화가 되면서 어간에서 더욱 멀어져 위치토 쪽으로 가고 있다.

문법적 형태 《-이다》의 앞에는 문법적 형태소 《-습-》외에도 여러 가지 문법적 형태소가 개재되어 이러저러한 문법적 의미를 나타내고 있다.

1. 《-ᄂ니(닝)이다》 :

396. 올ᄉ와이다. 島中의셔도 그리 니르ᄂ니이다. (捷解新語 三 13)

397. 그러ᄒᆞ므로 長老의 덜의 朝鮮御牌룰 두고 常常 節句日마다 拜禮 룰 ᄒᆞᄂ닝이다. (捷解新語 三 20)

398. 그러ᄒᆞ므로 長老의 절에 朝鮮御牌을 두고 常常 節句日마다 拜禮 을 ᄒᆞᄂ니이다. (改修捷解新語 三 21)

위의 두 문장 397), 398)은 동일한 내용을 약 70여 년을 두고 각각 번역한 작품에서 나오는 구절이다.

---

41) 《국어존대법연구》 (허웅, P.65)에서 《 {습}의 객체존대로서의 용법이 16세기 초기까지도 변하지 않고 있었음을 보았는데, 17세기에 들어서면서 그 용법이 변함을 발견하게 된다. 17세기 문헌 중 여러 가지 존대법을 가장 많이 반영하고 있는 것으로는 《첩해신어》에 있어서의 {습}은 객체존대로 쓰이지 않았다……그러면 이러한 형태소가 무엇을 표기하는 것인고 하면, 이것은 상대존대를 표시하는데 사용되었음을 곧 알 수 있다 》고 하였다.

전 시기에 번역한 《捷解新語(첩해신어)》에만 소리닮기 현상이 일어나는데, 이것이 만약 가장높임보다 낮은 높임의 계칭이라면 17세기와 18세기에 같은 대화에서 높임의 정도가 달라질 수 없다.

이러한 소리 닮기 현상은 이미 전 시기에도 언급하였지만 《태평광기언해(太平廣記諺解)》에 많이 나타난다.

> 399. 어와어와 거르기 머흔더 아므 일 업시 건너시니 아롭다와ᄒᆞ닝이다.
>
> (捷解新語 一 10)
>
> 400. 부인이 침음양구에 왈 엇던 사롬이 이 곡됴를 타ᄂᆞ뇨? 흰 오술 밋처 벗디 못ᄒᆞ야셔 좌우ᄃᆞ려 무러 닐오디 이 마올의 흔돌의 녹칠팔쳔쥬ᄂᆞᆫ 벼술이 머어시 잇ᄂᆞ뇨? 좌위 디왈 튝외란 벼술이 그러ᄒᆞ닝이다. (太平廣記諺解 卷之一 비션던)
>
> 401. 흔 쳐녜 눈물 흘리고 무로디 미미 됴히 잇ᄂᆞ냐? 디왈 무양ᄒᆞ닝이다. (太平廣記諺解 卷之一 뉴립던)
>
> 402. 존식 닐오디 이지 비록 이 음식을 바담즉디 아니ᄒᆞ거니와 그러나 인간 음식을 머길거시닝이다.
>
> (太平廣記諺解 卷之一 원뉴이공던)

이것으로 보아 이러한 어음변종들은 계칭적 차이가 아니라 일종의 소리닮기 현상이며, 《ㅇ》음이 이 시기 온정되지 않은 상태에 있었다는 것을 말해준다.

> 403. 시비디왈 이거시 교냥ᄌᆞ의 타는 소리니이다. (《사씨남정기》)
>
> 404. 초란이 혼비백산하야 급히 부인끠 고왈 길동은 간데 업고 세 죽엄이 잇나니다. (《홍길동전》)
>
> 405. 이거시 뎨일이요. 류씨의 젼릭ᄒᆞᆫ거시온디 선로야끠오셔 스급ᄒᆞ신비니이다. (《사씨남정기》)
>
> 406. 정언이 엿ᄌᆞ오디 믈읫 상식 담졔 후의ᄂᆞ 곡님ᄒᆞᆫ 업스니이다.
>
> (《선조행장》)

문장 404)는 《초란》이 《부인》께 하는 말이고, 또 말을 듣는 상대를 높이기 위한 여격토 《-끽》가 쓰였다. 문장 405)는 《셜매》가 《교녀》에게 하는 말로서 상대방을 가장 높게 대우하여 말한다.

2. 《-ᄂᆞ(니)이다》 :

서술을 나타내는 이러한 문법적 형태는 17~18세기 가장 많이 쓰인 형태이다.

> 407. 명죠에 미파ㅣ 고 왈 ᄆᆞ춤 ᄒᆞᆫ 녀즈ㅣ 잇ᄉᆞ오나 부인의 구ᄒᆞ시는 바에 맛당치 못홀가 ᄒᆞᄂᆞ이다. (《사씨남졍기》)매파-샤부인
>
> 408. 미파 더 왈 부인이 구ᄒᆞ시ᄂᆞᆫ바는 ᄌᆞ품이 순박ᄒᆞ고 셩산이나 잘 홈이어늘 이 사름은 그러치 아니ᄒᆞ고 지식이 쵸츌ᄒᆞ오니 그러ᄆᆞ로 부인 죤의에 합당치 아닐가 ᄒᆞᄂᆞ이다.
>
> (《사씨남졍기》)매파-샤부인
>
> 409. 후원에 목단이 썅이 퓌엿시니 기히 구경ᄒᆞ염즉 ᄒᆞ나이다.
>
> (《사씨남졍기》) 시비 츈방-샤부인

문장 407), 408)과 409)에서 《매파》나 《시비》는 낮은 계층에 있는 인물들로서 높은 계층에 있는 《샤부인》을 가장 높이 대우하여 말한다.

> 410. 주인의 도리롤 츌혀 권홀양으로 왓ᄉᆞ오니 술도 내 ᄆᆞ음을 바다 그러ᄒᆞᆫ가 너기ᄂᆞ이다. (捷解新語 三 17)

접속술어에 쓰인 《-ᄉᆞ오-》는 《-습-》의 변종으로서 화자겸양과 함께 청자를 존경하는 의미에서 쓰이므로 종결술어에 붙는 문법적 형태도 말을 듣는 상대방을 가장 높게 대우함을 나타낸다.

411. 귀ᄒᆞᆫ 약을 만히 주시매 덕분에 먹습고 글로브터 알톤 가슴과 비
     져기그쳐 졈졈 ᄒᆞ리ᄂᆞᆫᄃᆞᆺ ᄒᆞᄋᆸ건마ᄂᆞᆫ 채ᄂᆞᆫ 됴티 아니ᄒᆞ오니 이졔
     라도 넘녀ᄒᆞᄂᆞ이다. (捷解新語 三 4)

412. 쳡이 려렴빈한가 녀자로 샹공의 후은을 닙으니 부귀과ᄒᆞ온지라
     죽어도 한이 업스려니와 다만 샹공의 고명ᄒᆞ심이 쳡의 연고로
     손샹ᄒᆞ실지라 그로 명을 밧드지 못ᄒᆞᄂᆞ이다.

                        (《사씨남정기》) 교녀-한림

413. 람미 부인의 시비와 ᄒᆞᆫ가지 노다가 드러와 교녀의게 고ᄒᆞ여 왈
     앗가 추향의 말을 듯ᄌᆞ오니 부인끠서 티기계시나 ᄒᆞᄂᆞ이다.

                        (《사씨남정기》) 람미-교녀

414. 시비왈 빅ᄌᆞ당이 안에서 멀기로 부인이 듯지 못ᄒᆞ심이로소이다.
     낭ᄌᆞㅣ 본디 거문고를 됴하ᄒᆞ야 한가ᄒᆞᆫ 쩌에 미양 타시기로 소
     비 등은 항 샹 드럿ᄂᆞ이다. (《사씨남정기》)

  문장 412)는 《쳡》이 《남편》에게 하는 말로 가장높임의 계칭을 쓰
고, 문장 413)은 《시비》가 《부인》에게 하는 말로서 가장높임의 문법
적 형태 《-로소이다》와 함께 썼다.

415. 교녀ㅣ 수양왈 근일 측풍ᄒᆞ와 목이 쉬여 능히 불르지 못ᄒᆞᄂᆞ이
     다. (《사씨남정기》) 교녀-한림

416. 교녀ㅣ 왈 부인이 쳔쳡을 ᄉᆞ랑ᄒᆞ샤 이ᄀᆞᆺ치 ᄒᆞ시니 황감ᄒᆞ오나 하
     교를 쳥ᄒᆞᄂᆞ이다. (《사씨남정기》)교녀-샤부인

  《교녀》는 《쳡》으로 들어온 후실이고, 《샤부인》은 《한림》의 아
내이다. 하여 《교녀》는 《한림》이나 《샤부인》에게 반드시 가장높임
의 계칭을 써야 한다. 이것은 그 당시 적서차별제도를 반영하여 준다.

417. 샹ᄌᆞ에 잇거니와 엇지 무르시ᄂᆞᆺ잇가. 의심된 일이 이심으로 샹
     고ᄒᆞ고져 ᄒᆞᄂᆞ이다. (《사씨남정기》) 샤부인-한림

의문을 나타내는 가장높임의 문법적 형태 《-ᄂᆞᆺ잇가》가 함께 쓰였다.

> 418. 심쳥이 하날임젼의 비ᄂᆞᆫ 말이 비ᄂᆞ이다 비ᄂᆞ이다 하날임젼에 비
> ᄂᆞ이다.……명쳔은 감동ᄒᆞ읍셔 침침ᄒᆞᆫ 아비눈을 명명ᄒᆞ게 씌여
> 주옵소셔. 《심쳥젼》

명령을 나타내는 가장높임의 문법적형태 《-쇼셔》가 함께 쓰였다.

> 419. 奇特ᄒᆞᆫ 지간이라 니르니 우리도 듯고 ᄀᆞ장 아롭다와 ᄒᆞ늬이다.
> (捷解新語 三 13)
> 420. 御意 감격ᄒᆞ여이다. 우리ᄂᆞᆫ 덕분을 뻐 아므 일도 업시 완늬이다.
> (捷解新語 二 1)

문장 419), 420)의 《-늬이다》는 《-ᄂᆞ이다→-늬이다》의 어음변화현
상으로 생성한 것이다. 이러한 문법적 형태는 《첨해신어(捷解新語)》에
나타나는데 17세기 어음변화현상을 말해준다.

문법적 형태 《-ᄂᆞ(나)이다》에 의해 가장높임의 계칭이 많이 표현되
는데, 이를 예로 더 들면 아래와 같다.

> 421. 공지 술위에 나리샤 그 연고롤 므릇신대 더ᄒᆞ여 굴오더 겨머셔
> 흑문을 됴화ᄒᆞ여 텬하에 두로 둔니더니 어버이 죽은 디라 므릇
> 남기 고요ᄒᆞ고져 ᄒᆞ여도 ᄇᆞ람이 그치디 아니ᄒᆞ고 ᄌᆞ식이 효양ᄒᆞ
> 고져 ᄒᆞ여도 어버이 기드리디 아니ᄒᆞᄂᆞ니 가고 도라오디 아니ᄒᆞ
> ᄂᆞᆫ 거ᄉᆞᆫ 힁요 죽으매 ᄯᅩ로디 못ᄒᆞ리ᄂᆞᆫ 어버이니 내 여긔셔 하직
> ᄒᆞ늬이다. (五倫孝 05a′)
> 422. 다만 그 손을 비러 슈고를 더신 홀 ᄯᆞ름이오 하믈며 ᄯᅩ 녀로 더브
> 러 친구 아닌 즉 단졍치 아닌 거시 나의 관계홀 ᄇᆡ 아닌가 ᄒᆞ늬이다.
> (《사씨남졍기》) 한림-샤부인

423. 그 녀자ㅣ 대왈 소녀 관상하기를 일삼더니 맛참 상공 문하에 일
으럿나이다. (《홍길동전》) 녀자→상공

424. 상녜 이윽고 보다가 놀라며 왈 공자의 상을 보니 천고영웅이오
일대호걸이로대 지체 부족하오니 다른 념녀는 업슬가 하나이다.
(《홍길동전》) 상녀→길동

425. 길동이 복디 대왈 소인이 일즉이 모생부육지은을 만분지일이나
갑을가 하엿삽더니 불의지인이 잇사오나 상공을 오래 뫼실 길이
업삽기로 금일 상공께 하직을 고하나이다.
(《홍길동전》) 길동→상공

426. 졔신 중 일인이 쥬왈 길동의 소원이 병조판셔를 한번 디내면 죠
션을 쩌나리라 하오니 한 번 그 원을 풀면 졔 스사로 사은할지
라 이 째를 타붙으면 조흘가 하나이다. (《홍길동전》) 신→왕

427. 길동이 대왈 텬하를 하직하고 조션을 쩌나 한업슨 길을 가오니
정조 일천셕을 셔강으로 내여쥬옵시면 텬하 덕택으로 수천명이
보존할가 하나이다. (《홍길동전》) 길동→왕

428. 상이 갈아사대 엇지하야 눈을 쓰지 안나뇨. 길동이 대왈 신이
눈을 쓰면 뎐하ㅣ 놀나실가 하나이다. (《홍길동전》) 길동→상

429. 오놀은 看品에브터 처음으로 보옵고 아롬다이 너기느이다.
(改修捷解新語 四 1)

430. 食事도 일졀 몯ᄒᆞ옵고 안희 누어 잇스오니 민망히 너기느이다.
(改修捷解新語 二 3)

431. 니ᄅᆞ옵시ᄃᆞ시 우리들도 御陰을 써 無事히 왇느이다.
(改修捷解新語 二 2)

17~18세기 문헌에서 서술을 나타내는 문법적 형태 《-느이다》에 의
해서 표시되는 계칭은 인간관계로 보나 문장에서 여러 형태들의 조응으
로 보나 말을 듣는 사람을 가장 높게 대우하는 계칭임이 틀림없다.

3. 《-노이다》 :

432. 최싱이 곳아래 술과 차롤 버리고 몰 알퓌 나아가 절ᄒ고 닐오디
     내 셩품이 하초롤 됴히 너겨 이 동산의 고지 다 친히 시므디 아
     닌거시 업손디라 이제 향긔로 온 곳봉이 셩히 픠여 진실로 보암
     즉 ᄒ디라 녀랑이 년일ᄒ야 디나시니 뫼신 사롬과 몰이 피로ᄒ
     거시니 감히 쥬효롤 ᄌᆺ초와 잠싼 쉬시믈 ᄇ라노이다.

                                   (太平廣記諺解 卷之一 최싱뎐)
433. 존시 글월을 보고 현학ᄃ려 닐오디 이윽ᄒ야 맛당이 가리라. 존
     시 부인ᄃ려 닐오디 안긔싱과 서ᄅ 뼈나디 일쳔년이로디 남녁크
     로 놀젹이 업스매 츠줄 기리 업더니 오늘 갓가이 왓눈 줄을 알
     고 쳥ᄒ노이다. (太平廣記諺解 卷之一 원뉴이공뎐)

  문장 432)는 《최생이 절ᄒ고 닐오디…》라는 표현으로 보아 말하는
최생이 말을 듣는 녀랑을 가장 높게 대우함이 나타난다. 문장 433)은 존
사부인에게 하는 말로서 가장 높게 대우하여 주었다.

434. 부군이 녀성ᄒ야 닐오디 네 므슴 도슐을 ᄒ며 능히 귀신을 브를다?
     근이 답 왈 능히 ᄒ노이다.

              (太平廣記諺解 卷之一 뉴근뎐) (부군이 뉴근과 하는 대화)
435. 뎡 왈 그디 노래와 춤과 줄풍 뉴대풍의 어니롤 잘ᄒ눈다?
     닐오디 능티 못홀거시 업거니와 션조의 불근 덕을⋯⋯샹듕의 긔롱
     은 쏘ᄒ 능히 븟그리디 못ᄒ노이다. (太平廣記諺解 卷之一 양뎡뎐)
436. ᄒ 무시 킈 두어 길이나 ᄒ고 급갑을 닙고 칼흘 딥고 나아와 닐
     오디 텬진의 ᄉ재 되여 삼가디 못ᄒ야시니 법이 맛당이 듀ᄒ염
     즉 호매 이제 불셔 형별을 힝ᄒ엿노이다.

                                   (太平廣記諺解 卷之一 원뉴이공뎐)

  17~18세기 문헌에서 서술을 나타내는 문법적 형태 《-노이다》에 의
해서 표시되는 계칭은 인간관계 및 문장의 여러 형태 사이의 조응으로

보아 《-이다》에 의해 표현되는 계칭을 가장높임임이 분명하다. 문법적 형태 《-노이다》의 《-노》는 《-ㄴ-(시태)+-오-(의도)》의 결합형태이다.

4. 《-리이다》 :

437. 샹공이 져로 더브러 친구는 아니나 오러 흔가지 이시면 쳥덕에 히로올듯 ᄒ오니 션존구ᄭᅴ셔 만일 계오시면 이런 사ᄅᆷ을 용납지 아니 ᄒ리이다. (《사씨남졍기》)샤부인-한림

438. 심낭이란 녀인이 슐법이 고명ᄒ다 ᄒ오니 불너 무르면 남녀를 판단ᄒ오리이다. (《사씨남졍기》)시비람미-교녀

439. 아비 슬퍼 알고 후쳐ᄅᆞᆯ 내티고져 ᄒ거늘 손이 술와 ᄀᆞᆯ오ᄃᆡ 어미 이시면 흔 아둘이 칩고 어미 업스면 세 아둘이 치우리이다.

(五倫孝 02a′)

440. 그 지아비 슈자리ᄅᆞᆯ 당ᄒ 여 쟝ᄎᆞᆺ 힝홀 시 당부ᄒ여 ᄀᆞᆯ오ᄃᆡ 내 스싱을 가히 아디 못홀디라 다힝이 노뫼 겨시되 다ᄅᆞᆫ 봉양홀 형 데 업스니 내 도라오디 못ᄒ여도 그ᄃᆡ 즐겨 내 노모ᄅᆞᆯ 봉양홀소냐? 효뷔 ᄀᆞᆯ오ᄃᆡ 그리ᄒ리이다. (五倫孝 06a′)

문장 437), 438)에서 《한림》, 《교녀》는 높임의 대상이다. 《샤부인》은 《한림》의 부인이고 《람매》는 시비이기에 반드시 가장높임의 말씨를 써서 말을 듣는 상대방을 대우하여 주어야 한다.

5. 《-링이다》 :

문법적 형태 《-링이다》는 《니이다⇔닝이다》에서처럼 《-리이다》의 어음변화형태로서 《-리이다》와 같은 정도로 말을 듣는 사람을 가장 높게 대우하는 문법적 형태이다.

441. 목지 디왈 내 힝혀 몸을 스스로 조심ᄒ야 가지니 승샹의 넘녀ᄅᆞᆯ 기타아니호링이다. (太平廣記諺解 卷之一 두목지뎐)

442. 쳥의 미인드려 닐오디 물이 극히 피로ᄒ니 잠깐 쉬여 가미 해롭
디 아니ᄒ링이다. (太平廣記諺解 卷之一 최싱던)

443. 그 일을 ᄌ셔히 니론대 그 노옹이 대로ᄒ야 닐오디 엇디 감히
사롬해 ᄒ기롤 이러트시 ᄒ리오? 쟈근 겨집이 큰 진쥬 세흘 가
지고 믈ᄀᄋ로 나와 그 노옹의게 드려 닐오디 우리 여긔 잇기
롤 오래 ᄒ여시니 엇디 권련ᄒ ᄠ디 업스리오? 삼일만 머므로
셔든 동희로 올마 가링이다. (太平廣記諺解 卷之一 고욱던)

444. 부인이 시녀롤 명ᄒ야 닐오디 가히 손을 보내려니와 므어슬 티
오리오?

시녀 닐오디 빅화 피이시니 가히 이ᄌ롤 건네링이다.

(太平廣記諺解 卷之一 원뉴이공던)

문장 443)은 《겨집》이 《노옹》에게 하는 말로서 말을 듣는 《노옹》
을 높이 대접하여 말한 것이며, 문장 444)는 《시녀》가 《부인》에게 하
는 말로서 가장높임의 대우를 하여야 대화가 성립된다.

6. 《-더이다》 :

445. 쟝쥬의 유모가 드러와 교녀를 보고 눈물 흘리며 고ᄒ여 왈 로야
끠오셔 홀노린ᄋ만 안아 ᄉ랑ᄒ시고 쟝쥬는 도라보지도 아니ᄒ
시더이다. (《사씨남정기》)

446. 믄득 현학이 치젼을 몰고 공듕으로셔 ᄂ려와 닐오디 안긔싱이
이존ᄉ의 남명회 예와 겨신줄을 알고 도라가실제 잠깐 오쇼셔
ᄒ더이다.

(太平廣記諺解 卷之一원뉴이공던)

문장 445)는 《유모》가 《교녀》에게 하는 말로서, 《교녀》는 첩으로
들어온 녀자이지만 《유모》보다 높은 계층이기에 《유모》는 《교녀》
에게 가장 높셔서 말을 하여야 한다. 문법적 형태소 《-더-》는 과거에
대한 회상을 나타낸다.

7. 《-도(로)소이다》:

447. 됴흔 일은 多魔라 니른미 진실로 이로소이다. (捷解新語 二 5)

448. 나는 남방사룸이온디 성명은 녕진이로소이다. 감히 뭇잡노니 존 성과 대명드러지이다. 낫 모를 소년-한림 (《사씨남정기》)

449. 초란이 공쎄 고왈 일전에 상녀ㅣ 아는것이 귀신 갓흐매 길동에 일을 엇지 쳐치 하시나잇가. 일즉 이 겨를 업시함만 갓지 못하 도소이다. (《홍길동전》)

문장 448), 449)는 각각 소원을 나타내는 가장높임의 문법적 형태 《-지 이다》, 의문을 나타내는 가장높임의 문법적 형태 《-나잇가》와 함께 쓰인 것으로 보아 가장높임의 계칭임을 나타낸다.

450. 부모ᅌ 닐오디 먹고 우루디 엇더ᄒ뇨?
     김씨 닐오디 슬퍼 아니 먹논디 아니라 먹고져 십브디 아니ᄒ니 당당이 병이로소이다. (東新三烈 6a′)

451. 소년이 복디 쥬왈 신은…… 길동이 대왈 신은 전임 병조판셔 홍 길동이로소이다. (《홍길동전》)

452. 쇼년이 문득 한숨을 지며 왈 쇼생은 비록 향곡에 잇스나 국가를 위하여 근심이로소이다. (《홍길동전》)

453. ᄉ룸마다 후지 잇셔 디디 상승케 ᄒᆞᆸ시면 신이 즐겁고 다힝ᄒ 오믈니기지 못ᄒᄋ며 지성으로 원ᄒᆞᆸ는 지극ᄒᆞᄆᆯ 니기지 못ᄒ 리로소이다. (쥬셩연수묘 응진경)

문장 450)은 부모와 자식간의 대화로서 부모는 자식에게 안 높여서 말하고 자식은 부모를 가장 높게 대우하여 말한다.

8. 《-어이다》:

454. 意ᄀ티 처음으로 뵈오디 하 극진히 디졉ᄒᆞᆸ시니 술을 양도 업 서이다. (捷解新語 三 5)

455. 니르심 궃치 처음으로 뵈오되 하 극진히 디졉ᄒᆞᆸ시니 슬올 양
    도 업서이다. (改修捷解新語 三 17)

문법적 형태소 《-어-》는 과거시태를 나타내는 문법적 형태이다.

9. 《-오이다》 :

456. 람미 웃고 왈 비단 금은이 아니라 어려은 갑을 청구ᄒᆞ오니 나쳐
    ᄒᆞ오이다. (《사씨남정기》) 람미-교녀

457. 셜미 대왈 쉽지 못훌 듯 ᄒᆞ오이다. 셜미-교녀 (《사씨남정기》)

《교녀》는 첩의 신분이지만 《람미》나 《셜미》와 비교하면 가장높
임의 대상이기에 가장높임의 계칭을 썼다.

서술을 나타내는 가장높임의 문법적 형태 《-오이다》에서 《-이다》
가 떨어지면 서술을 나타내는 높임의 계칭형태 《-오》로 된다.

10. 《-지(징)이다》 :

458. 심낭왈 이는 어렵지 아니 ᄒᆞ오니 쳥컨더 귀ᄒᆞ신 비를 집어 보아
    지이다. (《사씨남정기》)

459. 뎐ᄒᆞ여 엿ᄌᆞ오되 좃디 아니ᄒᆞ시다 담졔후의 잡스오실 복식을 대
    신의 의논ᄒᆞᆫ 대로 힝ᄒᆞ여지이다. 《선조행장》

460. 공졍대왕이 봉샹박스롤 ᄒᆞ이시니 지 그롤 올려 스양ᄒᆞ야 굴오더
    지신무 저긔 급뎨ᄒᆞ야 문하주셔롤 ᄒᆞ여시니 신해 두 님굼이 업
    스니 비ᄋᆞᆸ건대 도라가 늘근 어미롤 쳐셔 ᄡᅥ 신의 두 셩 아니 셤
    기는 ᄠᅳᄃᆞᆯ 일워징이다. (東新三忠 4b′)

461. 도미의 안해 곱더니 개루왕이 듣고 ᄒᆞᆫ 신하로 ᄒᆡ여곰 왕의 오슬
    니펴밤의 그 지븨 니르러 쟝춫 난ᄒᆞ려 ᄒᆞ거놀 겨집이 소기되 온
    ᄀᆞ라 닙고 나아 니거징이다. (東新三烈 1a′)

문장 460)은 《공경대왕》께 올린 사절의 글이기에 가장높임의 계칭을 쓰고, 문장 461)은 《도미》의 아내가 《개루왕》과 하는 말로서 반드시 가장높임의 말씨를 써야 한다. 여기서 《-징이다》도 《-지이다》의 어음변화현상이다.

서술식은 문법적 형태 《-습ᄂ(니)이다, -ᅌᅮᆸᄂ(니)이다, -ᅌᅮᆸ닝이다, -옵나이다, -ᄉ오리이다》와 《-ᄂ니(닝)이다, -ᄂ(니)이다, -노이다, -리(링)이다, -더이다, -도(로)소이다, -어이다, -오이다, -지(징)이다》등에 의해 가장 높임의 대우방식이 나타난다.

이러한 문법적 형태의 형태소 분석을 하면 《-습-, -ᅌᅮᆸ-, -옵-, -ᄉ오-》등은 17세기에 기능변동을 하여 객체높임으로부터 청자높임의 기능을 하게 된 형태소[42])이며, 《-ᄂ-, -니-, -리-, -더-》등은 시간적 의미를 나타내는 형태소이다. 《-도(로)소-》는 감동을, 《-지-》는 욕망을, 《-오-》는 의지를 나타내는 형태소이다.

말을 듣는 사람을 가장 높게 대우하는 것은 문법적 형태 《-이다》가 여러 형태소의 종결위치에 있기 때문인데, 이는 15세기 청자높임의 문법적 형태 《-이다》의 어음변종이다.

17~18세기 서술식에 상술한 가장 높임의 문법적 형태 외에 《-습(ᅌᅮᆸ)니, -ᅌᅮᆸ도쇠, -ᅌᅮᆸ새, -ᅌᅮᆸ대(터), -ᄉ외, -외, -쇠》등이 나타나고 있다.

1. 《-습(ᅌᅮᆸ)니》:

462. 엇디 ᄒ디 일이 만하 問安도 ᄌ로 ᅀᆞᆲ디 못ᄒ니 일뎡 졍업손 양으로 너기시ᄂᆞᆫ가 ᄆᆞ옴의 걸리ᅌᅮᆸ니. (捷解新語 二 17)

463. 건너신 날은 아ᄌᆷ 사오나온 ᄇ람의 다 無事히 渡海ᄒ시니 아롬답다 니ᄅᆞ시ᅌᅮᆸ니. (捷解新語 二 1)

---

42) 허웅(1963:67)은 17세기의 문헌에 쓰인 《-습-》의 용법은 15세기나 16세기의 문헌에서 보는 바와 같은 객체존대법을 표시하던 것이 아님을 쉽사리 인정할 수 있는데, 그러면 이러한 형태소가 무엇을 표시하는고 하면, 이것은 상대존대를 표시하는데 사용되었음을 곧 알 수 있다고 하였다.

464. 울수외. 날이 노파셔 브틀거슬 브롬의 미치며 이제야 왓습너.

(捷解新語 一 2)

465. 자너네 借船으란 미처 보내여 도됴홀가 너기옵너. (捷解新語 四 9)

문장 462)에는 《숣다, 너기시다》등 표현이 나타나고, 문장 464)는 계칭
토 《-수외》와 함께 쓰이면서 계칭의 통일을 이루며, 문장 465)는 높임의
인칭대명사 《자너네》와 함께 쓰인다.

466. 니르시ᄃ시 처음으로 御對揷ᄒ오니 아롬다와ᄒ옵너. (捷解新語 四 1)

문장 466)은 말을 듣는 대방의 행동을 존중하는 표현 《니라시ᄃ시》
와 어울리면서 말을 듣는 상대를 높게 대우하여 말을 한다.

467. 친히 보와 술올 말이 만컨마ᄂᆞᆫ 요ᄉᆞ이 일절에는 오디 아니ᄒ시
니 노흡ᄉ와ᄒ옵너. (捷解新語 二 13)

문장 467)에서 《술올》, 《오디 아니ᄒ시니》라는 표현을 보아 말을
듣는 상대를 높게 대우함을 알 수 있다.

468. 東萊계셔 니르시ᄆᆞᆫ 御渡海ᄒ션지 오래되 서로 보옵지 몯ᄒ오니
섭섭ᄒ옵더니 보오니 귀히 너기옵너. (改修捷解新語 三 1)

469. 正官ᄭ의 반가이 보올까 너기옵떠니 병드러 나디 몯ᄒ시니 섭섭이
너기옵너. (改修捷解新語 二 3)

470. 東萊 니ᄅᆞ심은 御渡海ᄒ신 날은 마줌 브람도 사오납소오되 다
무ᄉᆞ이 御渡海ᄒ시니 긷비 너기옵너. (改修捷解新語 二 2)

471. 니ᄅᆞ시ᄂᆞᆫ바 判事너믜로셔 가지가지 다 ᄉᆞ림으로 우리도 얼현이
ᄂᆞᆫ 아지아니ᄒ옵너. (改修捷解新語 四 5)

문장 468), 469), 470), 471)에는 문법적 형태소 《-오-, -옵-, -소오-》와 말을 듣는 사람이면서 문중 행동의 주체에 대한 존칭토 《-시-》가 쓰임을 보아 말을 듣는 상대방은 높임의 대상임이 틀림이 없다.

> 472. 茶禮 날은 춍용히 뵈옵고 글로브터 니즌ㅅ이 업시 檢官들끠 니ㄹ고일습니. (改修捷解新語 二 25)
> 473. 東萊 드르셔도 양病이라는 너기지 아니ᄒᆞ실 거시니 자니 그른더ᄂᆞᆫ 되지 아닐까 너기옵니. (改修捷解新語 一 49)

문장 473)에서 보면 《자니》와 같은 높임의 2인칭대명사도 함께 나타나고 있다.

2. 《-옵도쇠》 :

> 474. 어와어와 어히 업시 니ㄹ시옵니. 혜아려 無事히 몯ᄒᆞ시미 읃듬이옵도쇠. (改修捷解新語 四 21)
> 475. 今日은 싱각받긔 술술이 ᄆᆞᄎᆞ니 大慶이옵도쇠.
> (改修捷解新語 四 7)

문장 474)를 보면 앞에서 이미 지적한 높임의 문법적 형태 《-옵니》와 어울리고, 또 말을 듣는 사람이면서 문중 행동의 주체에 대한 존경을 《-시-》로 나타내고 있기에, 이러한 문법적 형태들과 어울리면서 안높임이 아닌 높임의 계칭임을 나타낸다.

3. 《-옵새》 :

> 476. 우리도 그런일을 어거이 ᄌᆞ셰히 아올고 일 모로ᄂᆞᆫ걷들이 일졍 닏고 그러ᄒᆞᆫ 일이옵도쇠. 무러보와 이제라도 드릴 양으로 니ㄹ옵새. (改修捷解新語二·25)

문장 476)은 높임의 문법적 형태 《-옵도쇠》와 함께 쓰였다.

4. 《-옵대》:

477. 젼의논 처음으로 보옵고 그지없ᄒ옵대. (捷解新語 三 5)

478. 하 니ᄅ시니 ᄒ나 먹ᄉ오리. 자닉 말은 對馬島 죠히 聞及ᄒᄒ엳ᄃ
시 잘 通ᄒ시니 긷비 너기옵디. (改修捷解新語 一 28)

문장 477)에는 문법적 형태소 《-옵-》이 나타나고, 문장 478)에는 대명
사 《자닉》와 주체높임의(말을 듣는 상대방) 존칭토 《-시-》도 쓰임으로
써 안높임의 아닌 높임을 나타낸다.

5. 《-외》:

479. 내 말을 기리시니 깃브옵거니와 고디 듣ᄃ 아니ᄒ외.

(捷解新語 一 29)

480. 正官을 반가이 보올가 녀겻ᄉᆸ더니 병드러 몯난다ᄒ니 가장 섭섭
ᄒ외. (捷解新語 三 21)

문장 479)와 480)에는 접속토에 자기를 낮추고 상대를 높이는 문법적 형
태소 《-옵-, -ᄉᆸ-》이 함께 쓰여 《-외》가 높임의 계칭형태라는 것을 말
해 준다.

6. 《-ᄉ외》 43):

481. 젼의논 그러티 아니ᄐ니마논 이러나 뎌러나 니ᄅ신대로 ᄒ야 無
事히 몾ᄌ오니 아롬답ᄉ외. (捷解新語 四 7)

482. 젼에는 그러치 아니ᄐ니마논 이러나 져러나 니ᄅ신대로 ᄒ여 無
事히 뭇ᄎ오니 돋ᄉ외. (改修捷解新語 四 10)

483. 비혼 칙이 ᄶᅥ졀ᄉ오니 글로ᄒ여 그심이 限업ᄉ외.

(改修捷解新語 一 11)

---

43) 한동완(1988:241)에서는 이러한 문법적 형태를 《-오》의 전신으로 보면서 《ᄉᆸ이〉
ᄋ오이〉오이〉외〉오》의 변화과정에 있었다고 하였다.

484. 과즐과 먹글거슬 다 먹음즉이 ᄒᆞ엳ᄉᆞ오니 죧ᄉᆞ외.

(改修捷解新語 二. 12)

485. 看品은 無事히 ᄒᆞ오니 아롬답ᄉᆞ외. 춘날의 오래 안자 계셔 언머
슈고 ᄒᆞᆸ션뇨? (捷解新語 二. 19)

위의 말들에는 문법적 형태소 《-ᄌᆞ오-, -ᄉᆞ오-》와 존칭토 《-시-》 그리고 《안자 계셔》라는 표현이 쓰인 것으로 보아 말을 듣는 상대방은 높임의 대상임을 알 수 있고, 또 이러한 문법형태는 높임을 나타내는 문법적 형태임을 알 수 있다.

7. 《-쇠》 :

486. 엇디 혼디 오머서셔브텨 ᄯᅩ 병드러 머글썻도 잘못 먹고 누엇ᄉᆞ
오니나디 몯홀가 너기오니 우리ᄲᅮᆫ 나올쇠. (捷解新語 一. 38)

문장 486)의 높임의 문법적 형태 《-쇠》는 《ᄉᆞ+외》의 어음축약형이며, 접속토에 문법적 형태소 《-ᄉᆞ오-, -오-》등이 나타나고 있는데, 이것은 말을 듣는 사람을 대우하여줌을 나타낸다.

여기에서 종결토의 앞에 개재된 문법적 형태소 《-ᄉᆞᆸ-, -ᅌᅩᆸ-, -ᄉᆞ오-》 등은 객체존칭의 기능을 하는 형태소가 아니라, 그 기능이 변동을 거쳐 청자존칭의 기능을 하는 형태소이며, 문법적 형태 《-닝, -도쇠, -새, -대, -외, -쇠》는 16세기의 높임의 계칭에 쓰였던 형태소들이다. 이러한 문법적 형태에는 기능변동을 한 청자존칭형태와 함께 그 전 시기 듣는 사람을 높게 대우하던 문법적 형태소 《-이-》의 흔적이 남아 있다. 여기에서 《-ᄉᆞᆸ(ᅌᅩᆸ)닝, -ᅌᅩᆸ도쇠, -ᅌᅩᆸ새, -ᅌᅩᆸ대(더), -ᄉᆞ외, -외, -쇠》44)등에 의해 표현되

---

44) 렴종률(1964) 《조선어문법구조사》(고등교육도서출판사, p.366)은 《첩해신어》에 이르러서는 객체존칭으로부터 의미 변화를 입어 청자 존경으로 된 접미사 《ᅌᅩᆸ》이 종결토에 결합되어 쓰임으로써 대화자에 대한 존경의 의미를 표시하는 용법이

는 높임의 정도는 16세기 《-니, -도쇠, -새, -대, -외, -쇠》에 의해 표현
되던 높임의 정도보다 더 높은 것으로 보인다. 이것이 바로 일부 학자들이
말하는 덧높임의 현상이다.

17~18세기 문헌에는 이러한 문법적 형태 외에 《-다》와 그 변종인
《라》에 의해 서술식을 나타내고, 또 종결술어의 어간과 이들 사이에 부
동한 형태소가 개재하여 서술과 함께 여러 가지 문법적 의미를 나타내는
형태들이 있다.

○ 《-다》:
문법적 형태 《-다》는 고대조선어, 중세조선어에 많이 쓰였고, 또 현
대에도 많이 쓰이는 서술을 나타내는 문법적 형태이다.

> 490. 심봉사 철도 모르고 야 오늘은 반찬이 미우 조쿠나 뉘집 제사
> 지닌느냐.……아가 아가 이상훈 일도 잇다. 죤밤의 꿈을 꿔니 네
> 가 큰 수리를 타고 훈업시 가뵈 이니 수리라 하는 거시 귀훈 사
> 롬이 타느니라 우리 집의 무슴 조훈 일이 이쓸가부다.
>
> 《심청전》
>
> 491. 목지 그저긔 써준 글을 올려 보고 오래 싱각다가 닐오디 말이
> 바르니 아스미가티 아니ᄒ다. (太平廣記諺解 卷之一 두목지뎐)

위의 말들은 말을 듣는 상대방을 낮추지 않고 안 높여서 하는 말씨이다.
문법적 형태와 종결술어의 어간에 개재된 문법적 형태들을 보면 아래
와 같다.

1. 《(-앗/엿/겟)다》:
> 492. 우리 등이 디부왕의 명을 밧아 너를 잡으러왓다. (《홍길동전》)

발달되어 있었다고 하였다.

493. 빅셩이 술 부어 서ᄅ 하례ᄒ야 굴오디 셩쥬 나겨시니 우리 뉘
    살게 하엿다. (《선조행장》)
494. 본집의 마누라 슈격이 머믄것이 업스니 ᄒ번 친히 무슨 글을 써
    ᄂ리오셔 보장ᄒ야 집의 기리 뎐ᄒ면 미시 되겟다. (《한중록》)

17~18세기에는 《-다》 앞에 과거, 미래를 나타내는 시칭토 《 〈앗/엇/얏/
엿/겟〉 》이 쓰이고 있다. 허웅(1989:356~391)에서 《-아+-이시->-앗》이
15세기말에 나타난 것으로 보고 있다.

2. 《-(도, 로)다》 :
문법적 형태 《-도다》와 《-로다》는 동일한 기능을 하는 문법적 형
태인데, 일반적으로 모음 《-이》나 기타 일부 모음 뒤에 《-로다》가
오는 것이 보통이다.

495. 내 비록 낭ᄌ의 지됴ㅣ 과인ᄒ믈 알앗시나 능히 음률에 정통ᄒ
    줄 몰랏더니 앗가 낭ᄌ의 거문고ㅣ 소릭를 드르니 셰샹에 드
    므도다. (《사씨남졍기》) 샤부인-교녀
496. 샤공이 나를 취ᄒ시거는 흔갓 亽속을 위ᄒ미어늘 이졔 만일 싱
    녀ᄒ면 아이에 아니 낫ᄂ니만 못ᄒ리로다.

(《사씨남졍기》)교녀-심낭

위의 문장에서 보면 《샤부인, 교녀, 심낭》 등의 인간관계가 나타나
고있다. 《샤부인》은 《교녀》를, 《교녀》는 《심낭》을 대우하지 않는
말씨를 쓰고 있다. 이러한 예를 더 찾아보면 아래와 같다.

497. 이예 미처 니르니 이 正히 남기 고요콰져 ᄒ나 ᄇ람이 그티디
    아니ᄒ고 ᄌ식이 효도콰져ᄒ나 어버이 기드리디 아닛ᄂ다 호미
    로다. (御製訓書諺解 性道敎 2b′)
498. 詩예 닐오디 於戲ㅣ라 前王을 닛디 몯ᄒ리로다. (大栗諺 9a′)

499. 오즉 원컨디 이 경문을 보는 지 다 니 말노뻐 약셕을 삼아 혼가
지 아롬다온 졍됴를 즐긴즉 다힝ᄒ미 심ᄒ리로다.

(쥬셩연ᄉ묘 웅진경셔)

500. 옥이 졀품이라 형이 어디서 엇엇시며 두발노 동심결을 미졋시니
심상치 아니ᄒ도다. (《사씨남졍기》) 한림-낮 모를소년

501. 길동이 답 왈 나는 죠션사람으로 의슐을 알더니 이곳에 션약이
잇단 말을 듯고 차져왓더니 우연이 그대를 만나니 다행이도다.

(《홍길동젼》)

502. 태비 교셔의 대강 닐오디 왕이 총명인효ᄒ샤 비상ᄒ 의푀 겨시
니 션푀 긔특ᄒ고 ᄉ랑호이 너기오셔 일홈 짓ᄌ오신 ᄠ디 그
은미ᄒ ᄠ디 겨시도다. (《션조행장》)

503. 관덕ᄒᆫ 사롬이 닐오디 이 텽지은 후의 사롬이 드디 아니ᄒ엿고
젼의 이쓴 글이 업ᄉ니 밤의 온 사람의 일이로다.

(太平廣記諺解 卷之一 뉴 방현던)

504. 텬존이 말ᄉᆷᄒᄉ디 미련ᄒ 너의 즁싱이 지극ᄒ 도를 아지 못ᄒ
는도다. (쥬셩연ᄉ묘 웅진경)

3. 《-거다》:

505. 그 깃브믈 이기디 못ᄒ야 폴홀 잡고 닐오디 샹해 원ᄒ던배 오늘
날 비로 느려이거다. (太平廣記諺解 卷之一 매분ᄋ던)

○ 《-라》:

문법적 형태 《-다》가 서술식에서 문법적 형태소 《-이-, -어-, -니-,
-리-, -더-, -노-》 뒤에서 《-라》로 쓰이는 것이 일반이다.

1. 《-이라》:

506. 샹이 궬ᄋ샤디 내 일즙 엄친을 일숩고 다만 편모만 밋ᄌ와더니
영양을 오래 못ᄒ와 ᄌ당이 믄득 븨시니 오직 내 심ᄉᆝ 엇디 그
극이 이시리오. 일국지봉을 두어시나 부뫼 다 아니 겨시니 동ᄋ

로 브라고 셔로 도라보매 통곡홀 ᄯᄛ롬이라. (《선조행장》)

507. 뎐상에서 ᄭᅮ지저 왈 이 사람아 나를 자셰이 보라 나는 곳 활빈
     당 행슈 홍길동이라. (《홍길동전》)

508. 帝 ᄀᆞᆯᄋ샤디 이는 衆人 열 집의 産業이라 ᄒᆞ시고 그타다 ᄉᆞ랑ᄒᆞ
     ᄂᆞᆫ 바 夫人이오시 ᄭᅡ히 ᄡᅳᄋ니다 아니ᄒᆞ고 景帝 能히 니어 紅腐
     ㅣ倉의 곡식이 오래 싸히여 붉고 석단 말이라. (製訓書諺解)

509. 이튼날 ᄯᅩ 오나 ᄂᆞᆯ 무로디 그더 이 분을 사셔 므어시 ᄡᅳ고져 ᄒᆞ
     ᄂᆞ뇨? 디답ᄒᆞ디 과연 ᄆᆞᆷ의 닛디 못ᄒᆞ디 스스로 니ᄅᆞ디 못ᄒᆞ야
     분사기로 의탁ᄒᆞ야 서ᄅᆞ 보기ᄅᆞᆯ 위호미라.

(太平廣記諺解 卷之一 매분ᄋ뎐)

510. 최시ᄅᆞᆯ 만나 ᄂᆞᆯ홀 ᄲᅡ여 협틱혼대 최시 남글 안고 버으리왇고 분
     로ᄒᆞ여 ᄭᅮ지저 ᄀᆞ로디 죽기ᄂᆞᆫ ᄒᆞᆫ가지니 도적긔 더러이고 배 살
     므른 출히의예 죽글거시라. (東新三烈 2a′)

511. 밍지 이르ᄉᆞ디 블회 셰 가지 잇시디 무후ᄒᆞ미 크다 ᄒᆞ시니 션지
     라 이말슴이여 이 말슴의 죵요로오미 되믈 알면 곳 연ᄉ경의 가
     히 업지 못ᄒᆞᆷ을 알지라. (쥬셩연ᄉ묘 웅진경셔)

512. 張子ㅣ 西銘을 지어 ᄀᆞᆯᄋ디 빅셩은 나의 ᄒᆞᆫ가지 포틱오 物은 나
     의 졔비라. (御製訓書諺解 性道敎 9a″)

여기에서 문법적 형태 《-이-》는 체언의 용언형 토이다.

2. 《-어라》:

513. 유셩 왈 블의예 잡펴오니 아므것도 가져온 거시 업셰라.

(太平廣記諺解 卷之一 유셩뎐)

3. 《-이니라》:

514. 이제 한림이 멀리 나가 오리 집에 도라오지 아니ᄒᆞ리니 ᄣᅢ가 졍
     히 됴혼 계교를 힝홀 때니라. 교녀-동쳥 (《사씨남정기》)

515. 녯 魯의 敬姜이 魯 태우 公父文伯의 母ㅣ라. 그 아ᄃᆞᆯᄃᆞ려 닐너

쿨오더건 따히 뵉셩이 지조롭디 몯호믄 음탕ᄒᆞ미오 므른 따횟
뵉셩이 올흔디 향티 아니리 업스믄 근로ᄒᆞ미니라.

(御製訓書諺解 性道敎 6b′)

516. 공이 죄어든 연유를 므른 더 신령이 갈오되 그더 다른 흠 되미
업시되 부모의 관을 머믈너 장ᄉᆞ치 아니ᄒᆞ미니라.

(쥬싱연ᄉᆞ묘 웅진경)

517. 그 아ᄃᆞᆯᄃᆞ려 닐너 쿨오더 건 따히 뵉셩이 지조롭디 몯호믄 음탕
ᄒᆞ미오 므른따횟 뵉셩이 올흔 더 향티 아니리 업스믄 근로ᄒᆞ미
니라. (御製訓書諺解)

4. 《-(ᄂᆞ, 더, 엇)니라》 :

518. 냥ᄉᆞ 엿ᄌᆞ온대 샹이 뼈 ᄒᆞ오시되 심상ᄒᆞᄂᆞᆫ 녜 ᄌᆞ연이 분명혼 녜
문이 잇ᄂᆞ니라. (《션조행장》)

519. 萬一 能히 외오지 못ᄒᆞ면 檢擧ᄒᆞᄂᆞᆫ 션비 굽히고 셋식 치ᄂᆞ니라.

(蒙語老乞大 104 a6)

520. 당슉ᄭᅵ지 집의 오셔셔 더방ᄒᆞ더니 못ᄒᆞ시고 도라오시니 늬가 기
ᄃᆞ리다가 실망ᄒᆞ야 울엇더니라. 《한중록》

521. 쳥의 닐오더 술을 너모 자시고 쳣호믈 이긔디 못ᄒᆞ야 이에 니ᄅᆞ
럿니라. (太平廣記諺解 卷之一 최셔싱뎐)

522. 詩예 쿨오더 周ㅣ 비록 녯 나라히나 그 命이 新ᄒᆞ다 ᄒᆞ니 이런
故로 君子ᄂᆞᆫ 그 極을 쓰디 아닐 배 업스니라. (大栗諺 6a′)

5. 《-(ᄂᆞᆫ)다라》 :

523. 이젼ᄃᆞ려 닐오더 내 오늘 보야흐로 두손을 더ᄒᆞ야시니 쳥컨대
다론 날을 기ᄃᆞ려 서ᄅᆞ 볼디라. (太平廣記諺解 卷之一 비셔뎐)

524. 셰임의 샹의 나아 안자 탄식ᄒᆞ고 인ᄒᆞ야 두손ᄃᆞ려 닐오더 그딋
네 귀향 온줄을 셜워 말라. 일이 진실로 젼뎡ᄒᆞ엿ᄂᆞᆫ다라.

(太平廣記諺解 卷之一 비션뎐)

6. 《-리라》:

서술을 나타내는 안높임의 계칭의 문법적 형태 《-리라》는 17~18세기에 널리 쓰인 문법적 형태이다.

> 525. 그딕 말과 ᄀᆞᄒᆞᆯ진딕 맛당히 천금으로 고공을 갑흐리라.
>
> (《사씨남정기》) 교녀-심낭
>
> 526. 네 비록 어려온 말이 잇셔도 넘녀말고 다ᄒᆞ라. 내 허물치 아니 ᄒᆞ리라. (《사씨남정기》) 한림-샤부인
>
> 527. 쇼년이 문득 도라안지며 왈 그대 진짓 장ᄉᆞㅣ로다. 내 여러 사람을 시험하되 나를 요동하는자ㅣ 업더니 그대의게 차이여 오장이 울인 듯 하도다. 그대 나를 따라오면 길동을 잡으리라. (《홍길동전》)
>
> 528. 겸복ᄒᆞᄂᆞᆫ 사ᄅᆞᆷ이 닐오딕 아ᄆᆞ날의 맛당이 나오시되 귀ᄒᆞ기룰 가히 니디 못ᄒᆞ리라. 《선조행장》
>
> 529. 하ᄂᆞᆯ이 엿비너겨 몸이 平安ᄒᆞ면 가리라. (蒙語老乞大 102 b3)
>
> 530. 미양 희롱 ᄀᆞ티 말숨ᄒᆞ오시되 이 아희가 쟈근 어른이니 셩인을 일즉이 ᄒᆞ리라. (《한중록》)
>
> 531. 니공 왈 오늘 회룰 먹으려 ᄒᆞ고 여러히 모다시니 좌듕의 이 회룰 먹디 못홀 사ᄅᆞᆷ이 이실가? 그 손이 잠깐 웃고 닐오딕 오직 죡히 먹디 못ᄒᆞ리라. (太平廣記諺解 卷之一 니공뎐)
>
> 532. 孟子ㅣ ᄀᆞᄅᆞ샤딕 다ᄉᆞᆺ 이랑 집의 심그되 ᄲᅩᆼ으로써 ᄒᆞ면 五十인 者ㅣ 可히 써깁을 니브리라. (御製訓書諺解)
>
> 533. ᄌᆞ식글 두던 우회 노코 강의 ᄃᆞ라든대 도적기 활 혀 살 먹겨 견휘 ᄀᆞ로딕 네 오면 네 죽기룰 면ᄒᆞ리라. (東新三烈 3a′)

7. 《-더라》:

> 534. 졔인다려 일너왈 그대 등이 아모 날 양젼강변의 가 배를 만히 지여 모월 모일의 경셩 한강에 대령하라. 내 임금끽 간청하야 졍조 일천셕을 구득하야 올 것이니 긔약을 어긔지 말나 하더라.
>
> (《홍길동전》)

535. 반ᄌ에 서림을 ᄭᅮᆷ에 보와 겨오시더니 너가 나니 녀지라 몽죠의
    합지아니흠을 의심ᄒ시더라. (《한중록》)

536. 목지 크게 븟그려 인ᄒᆞ야 울고 샤례ᄒᆞ야 닐오디 몸이 ᄆᆞᆺ드록 감
    격ᄒᆞ믈 닛디 아니 ᄒᆞ리라 ᄒᆞ더라.

                                    (太平廣記諺解 卷之一 두목지던)

537. 唐 玄宗 때에 楊貴妃 生荔枝를 즐기니 驛馬로 遞傳ᄒᆞ야 七晝夜
    의 交趾로셔 셔올ᄭᅵ디 니르니 人馬ㅣ 만히 샹ᄒᆞ고 百姓이 괴로
    이 너기더라. (御製訓書諺解)

여기에서 문법적 형태소 《-더-》는 과거에 대한 회상을 나타낸다.

8. 《-노라》 :

538. 교씨 왈 샹공이 쟝ᄎᆞᆫ 샤부인을 엇지코져 ᄒᆞ신잇가. 한림 왈 젼
    후일이 분명혼 거슬 잡지 못ᄒᆞ고 ᄯᅩ 져와 선군의 삼년상을 지니
    고 부부인ᄭᅴ셔 힘써 붓드시니 ᄎᆞ마 보ᄂᆡ지 못ᄒᆞ노라.

                                    (《사씨남정기》) 한림-교씨

539. 백소져ㅣ 문왈 무삼 일로 슬허하시나잇고. 길동이 대왈 나는 텬
    디간 용납지못할 불효라 내 본대 이곳 사람이 아니오 ……미처
    득달치 못ᄒᆞ겟기로 일로 인하야 슬허하노라. (《홍길동전》)

문장 538)은 《한림》이 자기 후실에게 하는 말로서 대우하여 말하지
않고, 문장 539)는 《길동》이 《백소져》와 하는 말로서 대우하여 말하
지 않는다.

540. 여러 사람 큰배에 실고 가며 왈 젼님 병조판셔 홍길동이 텬은을
    입사와 정조천셕을 어더 가노라. (《홍길동전》)

541. 夫子ㅣ ᄀᆞᄅᆞ샤디 님금이 신하 브리기를 禮로써 ᄒᆞᆫ다 ᄒᆞ시니 신
    하를 녜티 아니ᄒᆞ면 나라히 나라되오믈 내 듯디 몯ᄒᆞ얏노라.

                                    (御製訓書諺解)

542. 病들 무로가지 못ᄒᆞ엿더니 내 이제 가노라. (蒙語老乞大 801 a3)

543. 너 홍감ᄒᆞᆫ ᄆᆞ음과 경녁ᄒᆞᆫ 일을 싱각ᄒᆞᄂᆞᆫ디로 긔록ᄒᆞ야 시ᄂᆞ ᄒᆞ나흘 건지고 빅을 쌔치노라. 《한중록》

544. 뎍닌이 더브러 말을 ᄒᆞ나니 말ᄉᆞᆷ이 깁퍼 아라드롤거시 젹거눌 인ᄒᆞ야 무로디 비안히 냥식이 업ᄉᆞ니 므어술 먹고 대내ᄂᆞ뇨? 노옹왈 능감을 먹노라. (太平廣記諺解 卷之一 뎡덕닌뎐)

종결토 《-라》의 뒤에 붙은 문법적 형태소 《-노-》는 감탄을 나타낸다.

○ 《-마》:

545. 사 가져가 利룰 엇고져 ᄒᆞ니 내 이 짓갑슬 조차 네게 주마.

(蒙語老乞大 806 b7)

546. 내 져자 가 物貨룰 풀고 卽時 오마. (老乞大諺解 801 b3)

547. 네 이 ᄀᆞᄐᆞᆫ 갑시ᄂᆞᆫ 푸지 못ᄒᆞ리니 내 바론 갑슬 네가 닐ᄋᆞ마.

(蒙語老乞大 514 b7)

15~16세기에 나타났던 안높임(반말계칭)의 문법적 형태 《-ᄂᆞ니》, 《-오리》가 쓰인다.

○ 《-ᄂᆞ니》, 《-오리》:

548. 삼퇴산은 포의 아니 나거든 머그면 즉시 나ᄂᆞ니. (태산 31)

549. 빅복녕 닷 냥도 녀케 ᄒᆞ엿ᄂᆞ니. (황방 9)

550. 送使끠 對面ᄒᆞ면 奇特이 너기믈 아ᄂᆞᆫ 앏피니 우리의 뜻으로 보탤바ᄂᆞᆫ 이실돗아니 ᄒᆞ건마ᄂᆞᆫ 모시기란 ᄒᆞ오리. (捷解新語 一 8)

551. 東萊 드르셔도 양병이라ᄂᆞᆫ 녀기디 아니 ᄒᆞ실거시니 자니 그르다ᄂᆞᆫ 아니ᄒᆞ실돗 ᄒᆞ오리. (捷解新語 一 3)

이 외에도 특수한 문법적 형태들이 쓰이고 있었다.

○. 《-롸》 :

552. 내 이돌 初ᄒᆞᄅᆺ날 王京셔 쩌나롸. (蒙語老乞大 101 b1),

서술식을 나타내는 문법적 형태에는 《-다, -(앗/엿/겟)다, -(도,로)다, -거다, -라, -이라, -어라, -이니라, -(ㄴ, 더, 엇)니라, -리라, -더라, -노라, -마, -ᄂᆞ니, -오리, -롸》 등이 있었는데, 이들은 안높임의 계칭을 나타낸다.

서술식에서 이러한 문법적 형태가 안높임의 계칭이 되는 것은 높임을 나타내는 청자존칭토 《-이-》가 쓰이지 않거나 또는 이러한 흔적을 종결토에 남겨 놓지 않은 까닭이다.

2.2. 의문식에 나타난 문법적 형태

17~18세기 의문식은 우선 문법적 형태 《-잇가/-잇고》에 의해 표현되었다. 이조 전기인 15~16세기에는 《-잇가》와 《-잇고》가 서로 다른 의문식, 즉 판정의문과 설명의문에 쓰였다면, 17~18세기에는 전과는 달리 《-잇가》가 《-잇고》의 기능까지 함께 하므로 《-잇고》의 기능이 썩 줄어들었다.

○ 《-잇가》 :

553. 長老와 島主는 이나라 臣下ㅣ 되엿스오니 므릇 일을 엇디 얼현히 ᄒᆞ라잇가? (捷解新語 三 20)

554. 한림 왈 나는 두루 다니는 사롬이라 거처업거니와 그ᄃᆡ는 어ᄃᆡ로셔오며 존셩과 대명이 뉘신잇가?

(《사씨남정기》) 한림-낯 모를 소년

문장 553)의 접속토에는 겸양을 나타내는 문법적 형태소 《-ᄉᆞ오-》가 나타나고, 문장 554)에는 높임을 나타내는 체언 《그ᄃᆡ, 존셩》이 나타나는데, 이는 말을 듣는 상대방에 대한 가장 높임의 대우방식임을 말해준다.

종결술어의 어간과 문법적 형태 《-잇가/-잇고》 사이에는 각이한 문법적 형태가 개재하여 여러 가지 문법적 의미를 나타낸다.

1. 《-ㄴ잇가》:

555. 샤부인을 향ᄒᆞ여 문왈 전에 션대인이 쥬시든 옥환이 어더 잇ᄂ 잇가? (《사씨남졍기》) 한림-샤부인

556. 초란이 겻혜 잇다가 고왈 샹공 환후ㅣ 위즁하심은 길동을 두신 연괴라 쳔하온 소견은 길동을 죽여 업시하면 샹공의 병환도 쾌차하실뿐더러 문호를 보존하오리니 엇지 이를 생각지 아니하시나잇가? (《홍길동전》)

문장 555)는 남편이 아내한테 한 말이나 가장높임의 계칭을 썼고, 문장 556)는 《초란이》가 《상공》에게 하는 말로서 말을 듣는 상공을 가장 높게 대우한다.

2. 《-ㄴ니(닝)잇가》:

557. 왕이 대비긔 뵈옵고 쏘 곡ᄒᆞ오신대 대비 그치오쇼셔. ᄒᆞ여 글ᄋ샤더 이런 큰 경ᄉ의 엇디 우오시ᄂ니잇가? 《선조행장》

558. 그 아ᄃᆞᆯ 거진이 ᄇᆞ라보고 ᄃᆞ라들고져 ᄒᆞ거놀 죵 합졀이 ᄀᆞ로더 대인이 날로 ᄒᆡ여곰 아랑을 뫼셔 지븨 도라가 ᄡᅥ 부인을 위로ᄒᆞ라 ᄒᆞ시니 이제 지아비 명을 져ᄇᆞ리고 어마님 ᄉᆞ랑을 ᄇᆞ리미 가ᄒᆞ닝잇까? (東新三忠 2b′)

문장 557)은 명령을 나타내는 가장높임의 계칭형태 《-쇼셔》와 함께 쓰였다. 문법적 형태소 《-ㄴ니-》는 현실적인 사실임을 확인, 강조하여 나타낸다. 문장 558)은 《종》이 주인에게 하는 말이기에 가장높임의 대우방식을 썼다. 《가ᄒᆞ니잇가→가ᄒᆞ닝잇가》로의 어음변화 현상이 보이나 높임의 정도에는 변화가 없다.

3. 《-리잇가》 :

559. 녯법으로 의론홀진디 니친다ᄒᆞ여도 맛당ᄒᆞ오니 엇지 쇼실둠을
투긔ᄒᆞ여 류씨 후ᄉᆞ를 없게 ᄒᆞ리잇가?

(《사씨남정기》) 사쇼져-두부인

560. 길동이 로승을 블러 물 왈 내 보낸 쌀로 음식이 부족하지 아니
하더? 로승왈 엇지 부족하리잇가? (《홍길동전》)

561. 엇디 남기리잇가? 본디 먹디 몯ᄒᆞᆸ건마는 다 먹ᄉᆞ니이다.

(改修捷解新語 三 8)

562. 대비 굴ᄋᆞ샤디 왕실지친으로 신민이 ᄉᆞ랑ᄒᆞ야 이니 덕이 아니니
잇가? ᄉᆞ군이 일노브터 셩취 되시면 죵샤의 복이 아니리잇가?

《선조행장》

문장 559)는 《사쇼져》가 《두부인》한테 하는 말이고, 문장 560)은
《로승》이 《길동》에게 하는 말이다. 문장 561)은 서술을 나타내는 가
장높임의 문법적 형태 《-ᄉᆞᆸ니이다》와 함께 쓰였다.

말을 듣는 사람을 가장 높게 대우하는 문법적 형태 《-리잇가》의 어
음변종 《-링잇가》와 《-릿가》가 나타나고 있는데, 이들과 《-리잇가》
의 높임의 정도는 차이가 없다.

563. 목지 닐오디 즉시 ᄃᆞ려기디 아니홀거시니 맛당이 훗긔약을 삼으
리라. 그 할미 닐오디 힝혀 실신ᄒᆞ시면 맛당이 엇디 ᄒᆞ링잇가?

(太平廣記諺解 卷之一 두목지뎐) (늙은 할미가 두목지와 하는 대화)

564. 녀ᄌᆞ의 안식이 비록 쓸디 업스나 츄비ᄒᆞᆫ즉 군ᄌᆞᆯ 엇지 갓가이
홀슈 잇스오며 그러ᄒᆞ면 엇지 ᄌᆞ식낫키를 ᄇᆞ라릿가?

(《사씨남정기》)샤부인-두부인

565. 첩이 디답지 아닌즉 샹공의 ᄆᆞᄋᆞᆷ을 어긔오고 디답ᄒᆞᆫ 즉 샤부인
믜 죄를 엇을거시니 엇지ᄒᆞ면 올흐릿가?

(《사씨남정기》) 교녀-샤부인

4. 《-(사)오리잇(릿)가》 :

566. 御意 감격ᄒᆞ여이다. 立酌을 ᄒᆞ실 쟉시면 일뎡 禮롤 背홀가 너기
     옵더니 안즈라 니ᄅᆞ시니 술올 양이 업서이다. 우리 이룰 禮예
     삼사오리잇가? (捷解新語 三 11)

567. 쟌 붓기롤 ᄒᆞ실 쟉시면 일졍 禮롤 背홀짜 너기옵더니 안즈라 니
     ᄅᆞ시니 술올양도 업ᄉᆞ이다. 우리 이룰 禮에 삼ᄉᆞ오리잇가?

                                              (改修捷解新語 三 14)

문장 566), 567)은 서술을 나타내는 가장높임의 문법적 형태 《-여이다, -어
이다》와 함께 쓰임과 아울러 《니르시-, 술올 양》이라는 표현이 쓰인 것
을 보아 가장높임의 계칭임이 틀림없다.

568. 심쳥이 부친을 붓들고 울며 위로ᄒᆞ되 아부지 ᄒᆞ릴 업소. 나는
     이믜 죽거니와 아부지는 눈을 ᄶᅥ셔 더명쳔지 보고 착ᄒᆞᆫ 사람을
     구ᄒᆞ여서 아들 낫코 ᄯᅡ를 나아아부지 후사나 젼코 불초녀를 싱
     각지 마옵시고 만세 만세 무량ᄒᆞ옵소셔. 이도 ᄯᅩ한 쳔명이오니
     후회ᄒᆞᆫ들 엇지 ᄒᆞ오리잇가? 《심쳥젼》

가장높임의 명령식토 《-소셔》와 함께 쓰이면서, 《효녀심쳥》이 아
버지에 대한 가장높임의 대우방식이 실현된다.

569. 가부의 후ᄉᆞ를 근심치 아니믈 통한이 넉이오니 풍속은 교화치
     못ᄒᆞ오나 엇지 투긔로 후ᄉᆞ를 근심치 아니ᄒᆞ오릿가?

                                   (《사씨남졍기》) 샤부인-두부인

570. 향곡 쳐녀ㅣ 다만 음률 됴혼즐만 알앗습더니 이제 부인의 말ᄉᆞᆷ
     을 듯ᄌᆞ오니 엇지 감히 이즈오릿가?

                                   (《사씨남졍기》) 교녀-샤부인

여기에서 《샤부인》은 정실이고 《교녀》는 《한림》의 후실이기에

서로 다른 신분에서 《교녀》는 《샤부인》에게 가장 높게 대우하여 말한다. 문법적 형태 《-리잇가》의 어음축약형 《-릿가》가 나타나고 있는데 높임의 정도에는 차이가 없다.

> 571. 한림이 두부인끠 고왈 이 일을 맛당이 법으로 처칫ᄒᆞ겟ᄉᆞ오니 엇지ᄒᆞ오릿가? 두부인이 노칙ᄒᆞ여 왈 현질의 총명과 식견이 션형과 엇더ᄒᆞ뇨? 한림이 대왈 엇지 감히 션군을 ᄇᆞ라오릿가?
> (《사씨남정기》) 한림-대부인
> 572. 교녀 ᄉᆞ례왈 쳔흔지됴를 엇지 ᄌᆞᆨ랑ᄒᆞ기로 파져ᄒᆞ옵더니 부인이 드러게오시니 황공ᄒᆞ옵나이다. (《사씨남정기》)
> 573. 이에 우포장 리흡이 쥬왈 신이 비록 재조ㅣ 업사 오나 그 도적을 잡아 올니리니 뎐하는 근심마르소셔. 조그마한 도적으로 인하야 이데 엇지 좌우포장이 다 발군하오릿가? (《홍길동전》)

문장 571)에서 《한림》은 《대부인(누님)》을 가장 높게 대우하여 주었다. 문장 572)는 《교녀》가 《샤부인》에게 하는 말로서 가장높임의 문법적 형태 《-옵나이다》와 함께 쓰였다. 문장 573)은 《우포장》이 《임금》에게 하는 말로서 가장높임의 계칭을 썼다.

여기에서 문법적 형태소 《-사오-, -오-》는 객체존대에서 청자존대의 기능으로 변동을 한 형태소 《-습-》의 어음변종이다. 가장높임을 나타내는 문법적 형태 《-잇가》가 붙지 않으면 높임 계칭의 문법형태 《-오, -소》가 된다.

의문대명사가 있는 의문문, 즉 설명의문문에 쓰이던 《-잇고》의 사용이 축소되었다. 종결술어의 어간과 문법적 형태 《-잇고》의 사이에는 오직 《-니-, -리-》만 개재하였다.

1. 《-니잇고》:

574. 제인이 일오대 아등이 발서 협천 해인사를 치고 그 재물을 탈취
    코자하나 지략이 부족하야 거조를 발치 못하엿더니 이제 장군의
    의향이 엇더 하시니잇고? (《홍길동전》)

문장 574)는 여러 사람들이 《장군(홍길동)》에게 청하는 말로서 가장
높임의 계칭을 썼다.

2. 《-리잇고》:

575. 길동이 대 왈 날이 밝으면 자연 알으시려니와 소인의 신세는 부
    운과 갓사오니 상공의 바린 자식이 엇지 참소를 두리리잇고?

(《홍길동전》)

576. 너비 중싱을 졔도ᄒᆞᄉ 이 인연을 말솜ᄒᆞ시니 신이 업더여 싱각
    ᄒᆞ옵건더 만일 이 즁싱이 ᄌᆞ식이 업시면 흰 머리 어더를 의지ᄒᆞ
    리잇고? (쥬싱연ᄉᆞ묘 응진경)

문장 575)와 576)은 이야기 내용으로 보나 문법적 형태소들의 사용으
로 보나 가장높임의 계칭을 표현하는 문법적 형태이다.

의문을 나타내는 문법적 형태에는 《-잇가, -ᄂ잇가, -ᄂ니(닝)잇가, -리
잇가, -사오리잇(릿)가, -니잇고, -리잇고》 등이 있는데, 이것들은 말을 듣
는 상대방을 가장 높게 대우함을 나타낸다.
기능변동을 한 청자높임의 형태소 《-습-》과 그의 어음변종이 가장높
임의 서술식 문법형태와는 적극적으로 결합되나 의문식에는 오직 《-리잇
(릿)가》의 문법적 형태와만 결합되여 《-사오리잇가, -오리잇가》로 된
것이 보이고 있다.
의문식은 문법적 형태 《-실가, -습(웁)는가, -습던가, -ᄉ올가, -ᄌ올
손가, -ᄉ온(올)고, -습(웁)는고, -시논고, -웁셔뇨. -오》에 의해서도 표
현되었다.

1. 《-실가》 :

577. 日本 됴흔 술을 자시다가 이 술의 취ㅎ실가? (捷解新語 三 18)

578. 日本 됴흔 술을 자시다가 이 술의 醉ㅎ실가? (改修捷解新語 三 24)

문장 577), 578)의 말을 듣는 사람은 높임의 대상이다.

2. 《-습(욥)는가》 :

579. 客人이 와야 亭主ㅣ 보디 아니 ㅎ욥는가? (捷解新語 一 32)

580. 우리롤 모로는가 녀겨 일부러 이리 ㅎ엿습는가? 그쁴는 병이 됴
홀 일도 잇올 꺼시니 아니 뵈오링잇가? (捷解新語 二 6)

문장 580)은 의문을 나타내는 가장높임의 계칭토 《-링잇가》와도 함
께 쓰였다.

581. 건믈도 두가지 不足ㅎ고 鷄子도 ㅎ나히 不足ㅎ고 겹시도 數內에
一板不足ㅎ니 닣고 이러흔가 우리가 모로는가 녀겨 브러 이리
ㅎ엿습는가? (改修捷解新語 二 15)

582. 東으셔 굴힐 쟉시면 이대도록 폐로이 숣스올가? (捷解新語 四 22)

3. 《-습던가》 :

583. 그리코 쩌 軍官도 보내시더니 왓습던가? (改修捷解新語 一 35)

4. 《-ㅈ올손가》 :

584. 져기 아라 듯ㅈ올손가? (捷解新語 一 29)

585. 내 말을 기리시니 긷부옵거니와 고지 듧돈아니ㅎ니 져기 아
라 듣ㅈ올손가? (改修捷解新語 一 29)

문장 585)의 접속술어에 겸양토 《-옵-》이 나타나는데, 이것은 말을

하는 사람이 자신을 낮추고 말을 듣는 사람을 높임을 나타낸다.

　5. 《-수온고》:
　　586. 이 公木이 엇지 이러툿시 사오납수온고? (改修捷解新語 四 14)

　6. 《-습(옵)논고》:
　　587. 닉일 東萊 올라가 모뢰쓰음 드리려니와 므슴비 몃칙이 나가옵논고?
　　　　　　　　　　　　　　　　　　　　　　　　　　　(捷解新語 四 7)
　　588. 明日 東萊 올나가 모뢰쓰음 드리려니와 므슴비 몃치이 나가옵논고?
　　　　　　　　　　　　　　　　　　　　　　　　　(改修捷解新語 四 10)
　　589. 무슴 비 어이ᄒ여 쩌젼숩논고? (改修捷解新語 一 11)

　7. 《-시(ㄴ,논)고》:
　　590. 五十束 드린 公木을 다 나므라고 엇디 ᄒ려 아르시논고?
　　　　　　　　　　　　　　　　　　　　　　　　　(捷解新語 四 14)

　　591. 五十束 드린 公木을 다 나므라고 받지 아니코 엇지 ᄒ려 ᄒ시논고?
　　　　　　　　　　　　　　　　　　　　　　　　(改修捷解新語 四 21)
　　592. 쇼지 이러ᄒ오시매 광희 듯고 깃거 아녀 굴오디 엇디 달리 짓ᄌ
　　　　오실쓰디 업서 이 말을 뻐 겨오신고? (《선조행장》)
　　593. 그 겨집ᄃ려 닐오디 어드러셔 오시논고?
　　　　　　　　　　　　　　　　(太平廣記諺解 卷之一 최셔싱던)

　8. 《-옵셔뇨》:
　　594. 츤날의 오래 안자 계셔 언머 슈고ᄒ옵셔뇨? (改修捷解新語 二 29)

　의문식을 나타나는 안높임의 문법적 형태의 앞에 기능변동을 한 청
자존칭의 형태소 《-습-》과 그 변종들 그리고 주체를 존중하는 형태

《-시-》가 개재하여 말을 듣는 상대방을 일정하게 대우하는 대우방식
이 이루어진다.

이러한 문법적 형태들의 복합에 의해 이루어진 계칭은 가장높임과 다
른 일반 높임이기에 높임의 계칭이라 한다.

9. 《-오》:

595. 여보시요, 동니 사룸 져런 놈덜을 그져 두고 보오? (《심청전》)
596. 이왕 증험이 일일이 다 맛스오니 늑코져ᄒ실진디 엇지 이 슐법
을 시험치 아니 시리오? (《사씨남정기》) 심낭-교녀

문장 595)는 독립성분인 호칭어 《여보시요》와 조응을 이루는 것을
보아 이 때 문법적 형태 《-오》가 높임의 계칭을 나타내는 문법적 형
태임이 분명하다. 문장 596)은 시녀 《심낭》이 첩으로 들어온《교녀》
에게 한 말로서 신분적 차이가 있다. 때문에 높임의 계칭을 썼는데, 그
방법은 접속술어에 문법적 형태소 《-스오-》를 붙임과 함께 주체의 행
동을 존중하는 방법으로 말을 듣는 상대방을 높여 주었다.

문장에서 앞뒤 문맥을 보든지 이야기 내용을 보아도 말을 듣는 상대방을 높
여야 할 대상에게 한 말이다. 의문식에 나타나는 문법적 형태 《-실가, -습(ᄋᆢ)
눈가, -습던가, -스올가, -ᄌᆞ올손가, -스온(올)고, -습(ᄋᆢ)눈고, -시눈고, -ᄋᆢ셔
뇨, -오》에 의해 높임의 계칭이 나타난다. 이러한 형태들은 《-눈(고)가,-ㄴ
(고)가45), -ㄹ(고)가》의 앞에 기능변동을 한 청자존칭의 형태소가 첨가되거나
혹은 주체존칭토가 첨가된 것이다.

의문식에는 상술한 문법적 형태 외에도 여러 가지 문법적 형태가 나
타나고 있다.

---

45) 김태엽(1999:125)은 《-ㄴ가, -ㄴ고》의 형태에 개재하여 있는 《-ㄴ-》은 말하는 사
람의 높임관념을 수행하는 문법형태소라고 보고자 한다고까지 하였다.

○ 《-가》 형 의문:

이러한 형태들에 의해 이루어진 의문은 전시기와 같이 말하는 사람이 말을 듣는 상대에게 어떤 사실을 묻기만 할 뿐 대우는 나타나지 않는다.

1. 《-ㄹ가》:

597. 우리 싱각과 그 어긔미 天地 굳거니와 이리홀쑌으로눈 몯디 몯홀 써시니 이 公木을 낫낫치 굴힐가? (改修捷解新語 四 21)

2. 《-눈가》:

598. 五十束 드린 公木을 半分도 아니 잡고 나여가라 ᄒᆞᆫ고? 혼갓 내 희만 생각ᄒᆞᆨ고 일을 그리 ᄒᆞ눈가? (捷解新語 四 18)

599. 公木를 半分도 잡지 아니코 내여 가라 니ᄅᆞᆫ고 내희만 생각ᄒᆞ고 일롤 그리ᄒᆞ눈가? (改修捷解新語 四 26)

600. 이제 ᄯᅩ 알히니 너일 일뎡비 올가 시브나 이제 아형낭이 벼술이 놉팟눈디라 이 늘근 몸이 잇눈 줄을 아눈가 모ᄅᆞ눈가?

(太平廣記諺解 卷之一 뉴방현뎐)

3. 《-온가》:

601. 送使롤 보셔도 ᄎᆞ례로 보시면 뉘 무어시라 니ᄅᆞ올고? 우리눈 特 送이 오매 몬져 보심이 아니ᄒᆞ온가? (改修捷解新語 二 22)

○ 《-고》 형 의문:

이러한 형태들에 의해 이루어진 의문은 전 시기와 같이 말하는 사람이 말을 듣는 상대에게 어떤 사실을 묻기만 할 뿐 대우는 나타나지 않는다. 그리고 문장에는 의문대명사가 반드시 나타난다.

1. 《-고》:

602. 네 스승이 엇던 사롬고? (老乞大諺解 108 b3)

603. 그 우희 드르라 ㅎ고 무러 ㄹ로더 어니 나라 신하고?

ㄹ로더 계림 신해로라.

쏘 히여곰 더운 쇠 우희 셔라코 무로더 어니 나라 신하고?

ㄹ로더 계림 신해로라. (東新三忠 1 b')

2. 《-올고》:

604. 그는 술오려니와 함의 三雙도록 엇더 ㅎ올고? (捷解新語 四 9)

3. 《-던고》:

605. 그러면 엇지 부더 明日 ㅎ시게 니ㄹ옵시던고? (改修捷解新語 一 45)

4. 《-런고》:

606. 덕닌이 닐오더 부군은 엇던 사롬이런고?

(太平廣記諺解 卷之一 덩덕닌뎐)

문법적 형태 《-런고》는 《-던고》의 어음변화형태이다.

○ 《-다》형 의문:

이러한 의문식토는 규정토에 불완전명사 《ᄃ》가 결합되고, 거기에 다시 모음으로 끝난 의문식토가 결합되어 이루어진 것이다. 이러한 문 법적 형태는 15~16세기에 쓰였고, 17~18세기에도 쓰이다가 《ᄃ》의 소실과 함께 쓰이지 않게 되었다.

1. 《-ㄴ(ᄂ)다》:

607. 큰 兄아 네 어듸셔 온다? (蒙語老乞大 101 a4)

608. 네 언지 王京셔 쩌난다? (蒙語老乞大 101 a6)

609. 상이 경 문왈 네 엇지 심야에 온다? (《홍길동전》)

610. 쥬인이 놀라 닐오더 내 쫄이 상해 출입을 아니ㅎ니 그더 엇디아
ᄂ다? (太平廣記諺解 卷之一 유셩뎐)

이러한 형태는 현재시간을 나타내면서 2인칭대명사가 주어로 된 문장에 쓰였다.

《송강가사》에도 이런 계칭형태들이 나타난다.

弓王大闕테희 烏鵲이 지지괴니 千古興亡을 아는다, 몰으는다?
하눌의 추미러 므슨 일을 스로리라 萬劫 대나도록 구필 줄 모르는다.
(《관동별곡》)

2. 《-ㄹ다》:

611. 나그너 네 南京 비단을 살짜 杭州 비단을 살짜?
(蒙語老乞大 606 b6)

612. 이 누론 뵈 됴흔 거세는 갑시 엇마며 사오나온거슬 엇마의 풀다?
(蒙語老乞大 806 a7)

613. 니공이 닐오더 회시방의 여긔 이시니 오히려 큰 말을 홀다?
(太平廣記諺解 卷之一 니공뎐)

614. 쥬인이 ᄀ장 노흐야 ᄒ여 닐오더 다시 감히 내게 와 무례히 홀다?
(太平廣記諺解 卷之一 녀양긔뎐)

이러한 형태는 미래시간을 나타내면서 2인칭대명사가 주어로 된 문장에 쓰였다.

3. 《-는다》:

615. 길동이 거즛 대로하야 쑤지져 왈 너회 등이 엇지 음식을 이대지 부정이 하엿는다? (《홍길동전》)

616. 이 ᄤ 공이 왈 밤이 깁핫거늘 네 엇지 자지 아니하고 이리 방황하는다? (《홍길동전》)

617. 공이 대경왈 네 므삼 변괴 잇관대 어린 아해 집을 바리고 어대로 가려 하는다? (《홍길동전》)

문장 615), 616), 617)에서 말을 듣는 상대방은 안높임의 대상인 《너》이다.

○ 《-뇨》형 의문:
이러한 문법적 형태는 《-으니-》+《-고》→《-으니》+《-오》→《-으니오》→《으뇨?》의 과정을 거쳐 이루어졌다. 이 형태는 17세기와 18세기에 아주 많이 쓰였으며, 앞에 부동한 형태소가 개재하여 여러 가지 문법적 의미를 나타낸다.

618. 한림이 고왈 가중에 변이 잇스와 고ᄒ고져 ᄒ니이다. 두부인이
놀라 무러 왈 무슴 일이뇨? 한림-두부인(《사씨남정기》)
619. 포장이 말을 듯고 왈 그대 긔골이 장대하고 언어 츰직하니 날과
한가지로 그 도적을 잡음이 엇더하뇨? (《홍길동전》)
620. 이러ᄒ면 내 요시 도라가고져 ᄒ니 어늬 날이 됴ᄒᆫ뇨?
(蒙語老乞大 820 a6)
621. 쥬뫼 닐오디 나ᄂᆞᆫ 왕시러니 족해 곱고 공교로오미 인간의 무빵
이니 군ᄌᆞ의 건즐을 밧들게코져ᄒ노니 엇더ᄒ뇨?
(太平廣記諺解 최셔싱던)
622. 顔子ㅣ ᄀᆞᄅᆞ샤디 舜은 엇던 사ᄅᆞᆷ이며 나ᄂᆞᆫ 엇던 사ᄅᆞᆷ이뇨?
孟子ㅣ ᄀᆞᄅᆞ샤디 堯의 오ᄉᆞᆯ 닙고 堯의 말을 외오고 堯의 힝실을
行ᄒ면 이 堯ᄯᆞ롬이오 桀의 오ᄉᆞᆯ 닙고 桀의 말을 외오고 桀의
힝실을 行ᄒ면 이 桀일 ᄯᆞ롬이라. (御製訓書諺解 性道敎 6b′)

문법적 형태 《-뇨》의 앞에는 현재시간과 과거시간을 나타내는 문법적 형태소 《-ᄂᆞ-》, 《-더-》가 나타나고 있다.

1. 《-ᄂᆞ뇨》:
623. 혹 ᄉᆞ십 후에 싱ᄌᆞᄒᄂᆞᆫ 니도 잇스니 현질이 경우 이십여셰라 엇
지 이굿치 넘녀를 ᄒᄂᆞ뇨? 두부인-사쇼져 (《사씨남정기》)

624. 어미 쳥파에 대경 왈 재상가쳔생이 너뿐아니어던 엇지 편협한
말을 발하여 어미 간장을 살오나뇨? (《홍길동젼》)

625. 위시 닐오더 좌룽녕을 일뎡홀 거시니 햇일을 구티말라. 덕닌이
닐오더 그디엇디 아ᄂᆞ뇨? 위시왈 뎌즈음끠 슈부군이 닐오더 우리
ᄯᅡ원을 ᄒᆞ리라 하더니 동뎡은 좌룽의 쇽혼 ᄯᅡ히라 일로아노라.

(太平廣記諺解 뎡덕닌뎐)

626. 김시 ᄀᆞ로더 네 이믜 내 지애비롤 더위고 날조차 ᄆᆞ로려 ᄒᆞ느냐?
그 밤의 범이 ᄯᅩ 니르러 크기 우르거늘 김시 ᄯᅩ 문을 열고 막대
롤 메고 범ᄃᆞ려 니로더 네 ᄯᅩ혼 녕혼 즘승이니 얻디 이러ᄐᆞ시
심히 ᄒᆞᄂᆞ뇨? (東新三烈 5a′)

627. 공이 갈오되 집의 형뎨 잇거늘 엇지 홀노 공만 죄ᄒᆞ시나뇨?
신령이 갈오되 그디 녜의를 익여 션븨되야시ᄆᆞ로ᄡᅥ 맛당이 그
허믈을 맛트미오 기여는 녹녹ᄒᆞ야 쪽히 칙지 아니ᄒᆞ미니라.

(쥬싱연ᄉᆞ묘 응진경)

안높임을 나타내는 문법적 형태 《-ᄂᆞ뇨》는 17~18세기에 널리 쓰인
문법적 형태로서 의문사 《엇디, 어이, 엇던, 어드러, ᄆᆞ어시, 어디, 무삼》
등과 호응하여 쓰인다.

2. 《-더뇨》 :

628. 최싱왈 쇼랑지 엇디 홀로 이 ᄯᅡ히와 바자니더뇨?

(太平廣記諺解 卷之一 최셔싱뎐)

629. 그 겨집이 문을 다ᄃᆞ며 닐오더 밋친 사롬을 엇디 혼가지로 드롓
더뇨? 녯 사롬이 ᄆᆞ올홀 졈복ᄒᆞ미 이러ᄒᆞ야 그러탓다. 두 옥이
닐오더 내 집엇디 다론 집이 업스리오?

(太平廣記諺解 卷之一 두삼낭뎐)

○ 《-냐》형 의문:

이러한 문법적 형태는 《-으니-》 + 《-가》 → 《-으니》 + 《-가》 → 《-으

니아》 → 《으냐?》 의 과정을 거쳐 이루어졌다. 이 형태의 앞에는 부동한
형태소가 개재하여 여러 가지 문법적 의미를 나타낸다.

1. 《-냐》 :

630. 네 능히 부인의 보퓌를 엇을가 시브냐?

교녀-셜미 (《사씨남정기》)

631. 父母ㅣ 널로 비호라 ᄒᆞᄃᆞ냐? (蒙語老乞大 107 b5)

632. 심봉사 이 말을 듯고 참말이냐 참말이냐? 이고 이고 이게 웬말
인고? 못 가리라 못 가리라. 네 날다려 뭇지도 안코 네 임의로
ᄒᆞᆫ단말가? 《심청젼》

633. 오란 후의 죵이 나오놀 닐오ᄃᆡ 날이 져믈고 압길히 머러 미처
가디 못ᄒᆞ게 ᄒᆞ야시니 밧집의셔 잠깐 더 새미 가ᄒᆞ냐? 그 죵이
닐오ᄃᆡ 안희 드러가 알외마. (太平廣記諺解 卷之一 녀양긔뎐)

문법적 형태 《-냐》 의 앞에는 현재시간과 과거시간을 나타내는 문법적
형태소 《-ᄂᆞ-》, 《-더-》와 특수한 형태소 《-소-》가 나타나고 있다.

2. 《-ᄂᆞ냐》 :

634. 상녀와 무녀를 잡아다가 특재 죽은 방즁에 드리치고 쑤지져 왈
네 날로 더부러 무삼 원수잇관대 초란과 한가지로 나를 죽이려
하얏나냐? (《홍길동젼》)

635. 네 이놈 상놈더라 쟝사도 조커니와 사롬 사다 죽이여 제ᄒᆞᄂᆞᄃᆡ
어디셔 보왓ᄂᆞ냐? ᄒᆞ나님의 어지심과 귀신의 발근 마음 앙화가
업겟ᄂᆞ냐? 《심청젼》

636. 공이 놀라고 괴이히 너겨 하인ᄃᆞ려 무로ᄃᆡ 나믄 회 쏘 잇ᄂᆞ냐?
디답ᄒᆞᄃᆡ 회볼셔 진ᄒᆞ고 나믄 거시 업세라.

(太平廣記諺解 卷之一 니공뎐)

3. 《-더냐》:

637. 그 즁이 닐오디 그더끠 긔이혼 사롬이 주디 아니 ᄒ더냐? 내 긔
운을 ᄇ라고 왓노라. (太平廣記諺解 卷之一 최싱뎐)

4. 《-ㄹ 소냐》:

638. 나아와 닐오디 그디 젼의 예와 자던줄을 싱각홀소냐?

선비 놀라 닐오디 어이 이리되엿ᄂ뇨?

닐오디 녀양녕의게 보채인배나 ᄯᅩ혼 그디 본 ᄠᅳ디 아닌 줄을
아노니 내 스스로 운이 궁호미라.

(太平廣記諺解 卷之一 녀양긱뎐)

○ 《-료》, 《-랴》 형 의문:

이러한 문법적 형태는 《-으리-》 + 《-가/-고》 → 《-으리-》 + 《-아/-오》
→ 《-으리아(오)》 → 《-으랴/ -으료》 의 과정을 거쳐 이루어졌다.

1. 《-리오》:

이러한 문법적 형태는 17~18세기에 많이 쓰이던 의문을 나타내는 안
높임의 문법적 형태이다. 이것이 바로 설명의문에 쓰이던 《-으리고》에
서 《ㄱ》가 탈락46)된 형태이다. 그 근거는 종결토 《-리오》에 의해 안
높임의 계칭을 이룬 문장에 의문대명사 《엇지, ᄆ어시, ᄆ슨, 누》 등이
반드시 나타나고 있다는 점이다.

639. 내 낭ᄌ를 ᄉ랑ᄒᄂᆫ고로 진정 츙곡을 말ᄒ노라. 만일 타인ᄀ호
면 엇지 긔구ᄒ리오? 이후 나의 허물이 잇거든 ᄯᅩ혼 마를 바르

---

46) 이득춘(1995) 《고대조선어급중세조선어개요》 (연변대학출판사, p.89)에 《15세기 조
선어에는 현대조선어에서 볼 수 없는 어음적·형태적·결합적 특징이 자주 나타나
고 있다. 어음면에서 《ㄱ》음의 탈락현상을 들 수 있다. 모음 《이》나 《ㅣ》를 포
함한 모음 《ㅐ, ㅚ, ㅖ, ㅟ》과 자음 《ㄹ》 아래에서 토의 첫소리의 《ㄱ》음이 탈락
되는 어음법칙적인 현상이 있었다》고 하였다.

게 ᄒ여 심스를 긔이지 말나. (《사씨남정기》) 샤부인-교녀
640. 신인이 다힝이 양슌ᄒ면 힝이어니와 그러치 못ᄒ면 엇지 ᄒ리
오? (《사씨남정기》)두부인-샤부인
641. 부인의 셩품이 유순ᄒ지라 너를 히홀리 업슬거시니 근심ᄒ지 말
라. 허믈며 내가 잇스니 부인이 경의게 엇지 ᄒ리오?

(《사씨남정기》) 한림-교녀

위의 문장들은 《사씨남정기》에 나오는 대화들인데, 문장의 내용을
보면 신분적으로나 나이로나 위의 사람이 아래 사람에게 하는 말이거나
남편이 후실에게 하는 말이기에 안높임의 계칭을 썼음이 틀림없다.

이러한 문법적 형태는 17~18세기에 안높임을 나타내는 의문식에 많
이 쓰인 문법적 형태이다.

642. 비록 재조를 신긔히 역이나 엇지 나를 대적하리오 하고 다라들
며 대호 왈 너는 죽어도 나를 원망치 말나. 초란이 무녀와 샹녀
로 하여금 상공과 의론하고 너를 죽이려함이니 어찌 나를 원망
하리오? (《홍길동전》)
643. 다른 사롬이 우리롤 므슴 사롬이라 ᄒ야 보리오?

(蒙語老乞大 107 b3)
644. 빈가의 의샹 ᄎ리ᄂ 폐를 덜미 맛당ᄒ다 ᄒ니 션인이 굴ᄋ샤ᄃ
셰록지신이오 쭐이 지샹의 손녜 엇지 긔망하리오? 《한중록》
645. 의복을 검박히 ᄒᄂ거시 복을 앗기ᄂ 도리라 ᄒ오시니 ᄂᆡ 셩교
롤 밧ᄌ와 엇디 감히 복응치 아니 ᄒ리오? 《한중록》
646. 그 겨집이 닐오ᄃᆡ 내 엇디 죽기롤 두리리오? 원컨대 ᄒᆞᆫ번 시신
을 닙ᄒ야 우러지라. 시신을 어룬ᄆᆞᆫ지고 통곡ᄒ야 닐오ᄃᆡ 블힝
ᄒ야 이에 니르니 만일 주거 아로미 이시면 다시 므슴 혼을 ᄒ
리오? (太平廣記諺解 卷之一 매분ᄋᆞ던)
647. 욱이 닐오ᄃᆡ 원컨대 노구의 블슴씨를 보미 가ᄒ냐? 노귀 왈 므

어시 어려오리오? (太平廣記諺解 卷之一 노욱뎐)

648. 뉘 닐오뎌 회 처엄 나죵이 업다 ᄒ리오? 읍기롤 다 ᄒ고 믄득
몯 보니라. (東新三孝)

649. 일노써 미로혀 보면 엇디 긴 밤의 안즈며 담을 바로 늣홈과 다
ᄅ리오? 그 스스로 힘ᄡ디 아니ᄒ면 어느 ᄠᆡ의 날이 볼그믈 보
며 어느날의 그 門을 어드리오? (御製訓書諺解)

650. 孟子ㅣ ᄀᆞᆯᄋᆞ샤디 하늘이 天下롤 平治콰져 ᄒ실딘댄 나롤 노코
그 뉘리오? (御製訓書諺解)

651. 헛도이 날이 져믈믈 슬허ᄒ야 눈을 들미 뉘 친ᄒ며 병이 오미
뉘 도라보리오? (쥬셩연ᄉ묘 웅진경)

이 시기 문법적 형태 《-리요》도 《사씨남정기》, 《웅진경》등에 문
헌에 나타나는데, 높임의 형태가 아니라 《-리오》의 어음변화 형태로
보아야 할 것이 있다.

652. 졀디가인을 엇엇시니 만일 셩품이 불량ᄒ면 다만 남ᄌ의 몸만
불힝이 아니라 필경 류씨의 죵ᄉ를 낫지 못ᄒ리니 그 환을 장
찻 엇지 ᄒ리요? (《사씨남정기》) 두부인-샤부인

위의 문장들은 《사씨남정기》에 나오는 대화들인데, 문장의 내용을
보면 신분적으로나 나이로나 위의 사람이 아래 사람에게 하는 말이거나
남편이 후실에게 하는 말이기에 안높임의 계칭을 썼음이 틀림없다.
이러한 문법적 형태는 17~18세기에 안높임을 나타내는 의문식에 많
이 쓰인 문법적 형태이다.

653. 올흔 디 도라가 일심을 가져 뉘읏고 ᄶᅵ다르면 곳 하늘 마음을
ᄉ못치리니 마음이 임의 ᄲᅧ 텬지를 디ᄒ게 되면 텬지의 싱긔
곳 니게 잇시리니 ᄯᅩ 엇지 ᄉ속의 잇지 못ᄒᄆᆯ 근심ᄒ리요?

(쥬셩연ᄉ묘 웅진경셔)

문장 653)나 654)에는 모두 의문대명사 《엇지》가 쓰인 것으로 보아 《-리요》는 《리고→리오→료/리요》의 어음변화과정을 거쳤음을 알 수 있다.

2. 《-료》:

654. 우리 오늘밤 어더 자라 가료? (蒙語老乞大 113 a4)

3. 《-랴》:

655. 네 불 펫기 아니 못ᄒ고 간대로 ᄇ람을 마시랴?

(蒙語老乞大 201 a5)

656. 後에ᄂ 하ᄂᆯ 命이 결연히 가디 아니미 업술 거시오 빅셩의 ᄆ음
이 결연히 가디아니미 업스리니 可히 경계티 아니며 可히 두립
디 아니랴? (御製訓書諺解)

657. 녯 나의 이 法을 믄허ᄇ리면 ᄒ갓 弊 빅셩의게 미츨쑨이 아니라
나라히 반ᄃ시 ᄯ라 亡ᄒ리니 可히 凜然티 아니며 可히 凜然티
아니랴? (御製訓書諺解)

○ 《-니》, 《-리》:

이러한 형태는 15~16세기에도 나타나던 안높임의 문법적 형태와 같은 형태이다.

658. 엄동이 디나거냐? 셜풍이 어듸 가니? (고산필 푼효음)

659. 이제는 긔운 엇더ᄒ니? (언람 30)

660. 이제 져제 갑슨 닷돈의 흔斤식이라 ᄒ니 므슴 헤아릴 곳이 이시리?

(蒙語老乞大 803 a3)

661. 부마의 병환은 졈졈 슬슬 날로 ᄒ리는 일은 업고 뎌리 고로이
알ᄒ니 이런 졀박히 민망 ᄀ박한 이리 어더 이시리? (언람 14)

662. 이말이 무신 말인고 마라 마라 못ᄒ리라. 안희 죽고 자식 일코
니 살아서 무엇ᄒ리? (《심청전》)

의문식에는 특수한 의문을 나타내는 계칭토도 나타나고 있다.

1. 《-쏘녀》 :

663. 仁宗이 굴ᄋ샤ᄃ 이번 가져오면 前例될 거신니 엇디 ᄒ᷆ᄅ밤 주
    리ᄅ 춤디 몬ᄒ야 無窮ᄒ 殺生을 열니오? 噫라, 녜ᄉ 사ᄅᆷ도 오
    히려 그러ᄒ거든 ᄒ믈며 빅셩의 父母된 者ㅣ쏘녀?

(御製訓書諺解)

문법적 형태 《-ㄹ가, -눈가, -온가, -올가, -고, -던고, -런고, -ㄴ다,
-눈다, -ㄹ다, -눈다, -뇨, -ᄂ뇨, -더뇨, -냐, -ᄂ냐, -더냐, -ㄹ소냐, -료,
-랴, -리(요)오, -니, -리, -쏘녀》 등에 의해 표현된 의문식은 안높임을
나타낸다.

2.3 명령식에 나타난 문법적 형태

명령을 나타내는 아주높임의 계칭은 전시기와 같이 문법적 형태
《-쇼셔》47)에 의해 표현되었다.

○ 《-쇼셔》 :

664. 이리 감격ᄒ 御意ㅣ시니 다시 술을 양이 업서이다. 홀리라도 수
    이 도라가게 ᄒ쇼셔. (捷解新語 三 21)
665. 나의 첩 두는거시 아즉 밧브지 아니ᄒ나 부인이 됴ᄒ 뜻으로 권
    ᄒ니 막기 어렵고 또ᄒ 교씨 그릿틋 아름답다 ᄒ니 부인의 뜻더
    로 ᄒ쇼셔. (《사씨남정기》) 한림-샤부인
666. 동싱은 본더 단뎡ᄒ 사ᄅᆷ이 아니라 두루 남의 집에 탁신ᄒ다가

---

47) 렴종률(1964) 《조선어문법구조사》 (고등교육출판사, p.368)에서는 존대어계를 이루는
   토들은 일정한 종결토의 중복과 관련되어 있다고 하면서 니+이다>니다, 쇼+셔> 쇼셔
   로 보고 있다. 이것은 결국 계칭적 구별이 없는 종결토우에 다시 일정한 토들이 첨가
   됨으로써 존경의 의미 뉘앙스를 획득해 나간 과정이라고 하였다.

용납지 못ᄒ고 낭픽ᄒ여 여긔신지 왓다ᄒ니 그 힝실을 가히 알지
라 샹공은 두시지 말고 보너쇼셔. (《사씨남정기》) 샤부인-한림

667. 이盞을 보쇼셔. 하 젹소이 너기오와 다 먹삼너이다.

(改修捷解新語 二 11)

668. 안히 잇스오니 判事네도 聞道ᄒ야 오쇼셔. (捷解新語 三 21)

669. 쇼인네는 본디 못 먹습건마는 감부ᄒ오매 먹기롤 과히 ᄒ엿스오
나 그만ᄒ야 마ᄅ쇼셔. (捷解新語 二 7)

문장 664)는 서술을 나타내는 가장높임의 문법적 형태 《-어이다》와
함께 쓰이면서 계칭의 조응을 이룬다. 문장 665), 666)에서 《샤부인》과
《한림》은 부부간이지만, 이 시기 상위계층에서 부부간에 가장높임의 말씨
를 썼음이 확인된다. 문장 667)은 가장높임의 계칭의 표현을 위한 문법적
형태 《-삼너이다》와 함께 쓰였고, 문장 668), 669)도 접속토에 문법적 형
태소 《-ᄉ오-》가 나타나고 있다.

670. 길동이 사례하고 쇽히여 이르대 상처를 보매 중상치 안이하엿스
니 먼져 내치할 약을 쓰고 후에 발근할 약을 쓰면 쾌차하리니
생각하쇼셔. (《홍길동전》)

671. 茶禮는 暫時之間이오니 나 계셔 진실로 견디기 어렵거든 몬져
니ᄅ실지라도 나의 어려오미 되니 아니케 ᄒ여 주쇼셔.

(改修捷解新語 一 45)

672. 茶禮는 明日이오니 미리 출혀 겨시다가 나실 양으로 ᄒ쇼셔.

(改修捷解新語 一 42)

673. 우리게 미ᄃ시는 일은 바눌귿 만ᄒ고 이러로셔 미들 일은 뫼ᄀᆺ
올거시니 ᄆᆞᄋᆞᆷ을 붓쳐 주쇼셔. (改修捷解新語 四 6)

674. 안히 잇스오니 대되 同道ᄒ여 오쇼셔. (改修捷解新語 三 18)

675. 삼뎐 셤기오믈 삼가고 조심하여 효셩을 힘 쓰시고 동궁 셤기오
믈 반드시 올흔 일노 돕습고 말ᄉᆞᆷ을 더욱 삼가 자국의 복을 닷
그쇼셔. (《한중록》)

위의 문장들은 말의 내용을 보나 문법적 형태소들의 쓰임으로 보나
가장높임의 계칭임을 알 수 있다.

명령을 나타내는 문법적 형태 《-쇼셔》의 어음변종들인 《-소셔, -소서》
등이 나타나고 있다.

> 676. 현충이 애걸왈 쇼쟝이 임의 잡히엿으니 잔명을 살녀주소서.
>
> > (《홍길동전》)
>
> 677. 천금을 주어 밤에 드러가 행하오면 상공이 알으시나 할일 업사
> 오리니 재삼 생각하소서. (《홍길동전》)
>
> 678. 인당수 용왕임은 인제숙을 밧삽기로 유리국 도화동의 사는 십어
> 세 된 효녀 심청을 제숙으로 드리오니 사회 용왕님이 고이고이
> 밧자옵소셔. 《심청전》
>
> 679. 문을 열고 나셔더니 발셔 션인드리 사립박긔셔 하는 말이 오날
> 이 힝션날이오니 슈이 가게 ᄒᆞ옵소셔. 《심청전》
>
> 680. 심청이 엿자오디 니가 불초녀식으로 아부지를 소겻소. 공양미
> 삼빅셕을 뉘라 나를 주겟소. 남경선인덜께 인당수 제숙으로 니
> 몸을 팔여 오날이 쩌나는 날이 오니 나를 망종 보옵소셔.
>
> > 《심청전》

명령식에는 문법적 형태 《-쇼, -셔, -소, -오》등 형태들도 나타나는
데, 이 문법적 형태는 《쇼셔→쇼+-셔→쇼(-소)//-셔》에서 온 것으로
보인다. 《-쇼셔》보다는 높임의 정도가 덜한 것으로 인식된다.

1. 《-쇼》:

> 681. 그러커니와 우리게 드시는 일을 봐눌 쓸만 ᄒᆞ고 이러로셔 미들
> 일은 뫼 곧줄거시니 ᄆᆞ음을 븥쳐 주쇼. (改修捷解新語 四 5)

2. 《-셔》:

682. 자네네 送使다히셔는 엇디 녀길디 모음의 걸리오니 자네네 送使
   의 드려가셔. (捷解新語 一 6)

3. 《-소》:

문법적 형태 《-소》의 앞에는 주체존칭토 《-시-》와 기능변동을 한
청자존칭토 《-습-》이 오는 경우가 많다. 그리고 이조 전반기에 나타나
던 높임의 계칭의 문법적 형태 《-쇼, -조》는 나타나지 않는다.

683. (客)요스이 비가 ᄂ더 보내려 싱각ᄒ오니 公木 五十束만 몬져
   드려주옵소.
   日本이면 이룰 가지고 ᄀ장 머검즉이 잘 달호련마는 엇디 예는
   달호기룰 잘 못ᄒ여 이러ᄒ니 허믈 마르시소. (捷解新語 二 9)
684. 下戶ㅣ 오니 마르쇼셔. 對馬셔도 자니는 上戶라 聞及ᄒ엿습더니
   斟酌 마옵소. (改修捷解新語 一 27)
685. (主)그리 니르심을 고지 듣디는 아니ᄒ옵니. 日本이면 이을 가디
   고 먹음즉이 쟝만ᄒ련마는 예는 쟝만ᄒ 양이 草草이 ᄒ야 이러
   ᄒ니 허믈 마르시소. (改修捷解新語 四 10)
686. 너일 나죄란 入館ᄒ여 보옵새이다.(主) 그리ᄒ옵소. 슈고ᄒ옵시니.
   　　　　　　　　　　　　　　　　　　　　(客) (捷解新語)

문장 686)은 문법적 형태 《-쇼셔》가 쓰이고, 문장 687), 688)에서 명령
을 나타내는 문법적 형태 《-소》와 서술을 나타내는 문법적 형태 《-니》
가 함께 쓰인 것으로 보아 이것들이 같은 높임의 계칭임을 더욱 시사해준
다.

687. 자니 보시ᄃ시 방새 파락ᄒ야 누추ᄒ니 一夜룰 계유 堪忍ᄒ엿스
   오니 큰 대열과 공석 五六枚만 몬져 드려주옵소.
   　　　　　　　　　　　　　　　　　　　(捷解新語 三 14)

688. 이는 내 스스로 솗는 말이어니와 자너네도 혜아려 보시소.

(捷解新語 一 32)

689. 이는 내 스스로 솗는 일이어니와 자너네도 잘 혜아려 보시소.

(改修捷解新語 一 49)

690. 正官끠 내게셔도 사룸 부리올거시니 자너도 小通事룰 보너여 보고 가읍소. (改修捷解新語 一 3)

691. 솗디 아닐 일이 엇마는 前規에 잇는 일이니 判事네 잘 드르로시소

(捷解新語 二 11)

692. 잔마다 다 먹고 몬져 聚ㅎ엳건마는 이도 쏘 먹스오니 자네너도 이제란 이그치 다 자읍소. (改修捷解新語 三 14)

문장 687)에 《자니 보시드시》와 같은 표현은 말을 듣는 상대방이 높임의 대상임을 나타낸다. 기타 문장 690), 691), 692)에는 높임을 나타내는 2인칭대명사 《자니》가 많이 쓰이고, 문장 693), 694)에는 높임을 위한 어휘 《솗-》과 문법적 형태소 《-숩-》이 쓰이고 있다.

이러한 문법적 형태들의 쓰임을 《첩해신어》에서 예를 더 든다면 아래와 같다.

693. 今日은 左之道理룰 正官도 혜아리셔 氣味됴케 지간ㅎ예 주읍소.

(改修捷解新語 四 5)

694. 그러면 明後日 早天부터 시작홀써시니 아모려나 看品坐의셔 드토지 아니케 지간ㅎ읍소. (改修捷解新語 三 39)

695. 對馬島셔도 자니 上口ㅣ신줄 聞及ㅎ엿스오니 斟酌마읍소.

(捷解新語 一 28)

696. 우리도 日記를 보고 솗스오니 이후란 이러티 아니케 니르읍소.

(捷解新語 二 12)

697. 그러커니와 게셔 힘뼈 이런 道理룰 東萊끠 엿즈와 니일부더 홀양으로 ㅎ읍소. (捷解新語 三 23)

4. 《-오》 :

698. 젼브터 드르니 병드르시다 듯고 근심ᄒᆞᄋᆞᆸ더니 어ᄃᆡ롤 알파ᄒᆞ시던고? ᄂᆞᆾ출 보오. 들제도 병빗치 겨시니 모로매 됴리ᄒᆞᄋᆞᆸ소.

(捷解新語 三 4)

문장 698)에서 높임을 나타내던 의문식토 《-시던고》, 명령식토 《-오》, 《-ᄋᆞᆸ소》가 함께 쓰였다. 이들은 같은 계칭에 속하는 문법적 형태들이다.

명령식은 상술한 문법적 형태 《-쇼셔, -쇼, -셔, -소, -오》 외에 《-라》에 의해서도 표현되는데 안높임을 나타낸다.

명령식 안높임의 문법적 형태 《-라》는 단어 《말다》의 뒤에서 그 어음변종으로 《-나》로 나타나고 있다.

1. 《-라》 :

699. 부인왈 ᄆᆡ파ㅣ 내뜻을 모르니 아모려나 말ᄒᆞ라.

(《사씨남정기》) 샤부인-매파

700. 이 ᄋᆞ희 얼골이 우리 션인과 ᄀᆞᆺᄐᆞ니 우리 집의 큰 보비라 ᄒᆞ고 유모를 명ᄒᆞ여 각별 보호ᄒᆞ라. (《사씨남정기》) 한림-하인

701. 보픿즁에 부인이 사ᄅᆞᆼᄒᆞ고 한림이 익어보던거슬 엇어오라.

(《사씨남정기》) 교녀-셜미

702. 만일 이 일을 셩ᄉᆞᄒᆞ면 천금을 앗기지 안코 보답ᄒᆞ터이니 의론ᄒᆞ여 보라. (《사씨남정기》) 교녀-람미

문장 699), 700), 701), 702)는 신분이 높은 사람이 신분이 낮은 사람에게 또는 같은 신분에 있는 사람들이 말할 때에 쓰는 말씨임이 나타난다.

703. 안히 계시면 오려ᄒᆞ여 案內솔오시ᄃᆞ라 니ᄅᆞ고 오라.

(捷解新語 一 2)

704. 쇼년 왈 내 발셔 잡고자 하나 용력잇는 사람을 엇지 못하엿더니 이데 그대를 맛낫스니 엇지 만행이 아니리오. 높은 바회 우에 올나 안즈며 일오대 그대 힘을 다하야 두 발로 나를 차 나리치라.
(《홍길동전》)

705. 샹이 ᄀᆞᆯᄋᆞ샤ᄃᆡ 쇼샹이 ᄀᆞᆺ 디낫거든 경 등이 ᄯᅩ 이런 말을 하니 내 놀랍고 피이 ᄒᆞ여 ᄒᆞ노라. 내비록 용티 못ᄒᆞ나 결연히 조졸리 업ᄉᆞ니 므로미 다시 번거히 말라. (《선조행장》)

706. 즈름이 니ᄅᆞ되 너희둘히 固執ᄒᆞ여 됴흠 사오나오믈 ᄃᆞ토디 말라.
(蒙語老乞大 803a1)

707. ᄉᆞ연이 만키가 공경ᄒᆞᄂᆞᆫ 도리에 가치 아니ᄒᆞ니 됴셕봉셔 회답의 소식만 알고 그 조희머리에 써 보내라. (《한중록》)

708. 증조모 니씨겨오셔 보오시고 긔대ᄒᆞ오셔 이 아ᄒᆡ 다ᄅᆞᆫ 아ᄒᆡ와 다ᄅᆞ니 잘 기르라. 《한중록》

709. 심봉사 ᄭᆞᆷᄶᆞᆨ 놀ᄂᆡ 아가아가 이게 웬 일이냐. 정신을 차려 말ᄒᆞ여라. 《심청전》

710. 녯날 강머리 능감ᄑᆞ던 사ᄅᆞᆷ이 그ᄃᆡ 숑뉴츈을 ᄌᆞ로 마시롸. 그ᄃᆡ가 실을 살와 ᄲᅧ 갑프믈 사므니 댱사뎡덕닌은 됴히 디내라.
(太平廣記諺解 卷之一 뎡덕닌뎐)

711. 湯ㅅ 盤銘의 ᄀᆞᆯ오ᄃᆡ 진실로 날애 新ᄒᆞ거든 나날 新ᄒᆞ며 ᄯᅩ 날로 新ᄒᆞ라. (大栗諺 5a′)

712. 滴水指 南針勢로ᄡᅥ ᄒᆞᆫ 거롬 믈너 가고 ᄯᅩ 滴水指 南針勢로ᄡᅥ ᄒᆞᆫ 거롬믈너가 原地에 셔라. (武藝圖譜通志諺解 長槍前譜)

713. 앏흘 向ᄒᆞ야 ᄒᆞᆫ 발 나아가며 ᄒᆞᆫ 거롬 ᄯᅱ여 左手 左脚으로 ᄒᆞᆫ 번 디ᄅᆞ고 즉시 夜叉探海勢ᄅᆞᆯ ᄒᆞ야 ᄆᆞᄎᆞ라. (武藝圖譜通志諺解 長槍前譜)

2. 《-나》 :

714. 부인 왈 낭ᄌᆞ의 거문고 곡됴ㅣ 아람다오나 낭ᄌᆞ와 정분이 형데 ᄀᆞᆺ고의ᄂᆞᆫ 부모 ᄀᆞᆺ기로 ᄒᆞᆫ 말을 ᄒᆞ고져 ᄒᆞᄂᆞ니 허물치 말나.
샤부인-교녀 (《사씨남정기》)

715. 슐을 나와 권하며 왈 그대는 부절업시 다니지 말고 쌜니 도라
가되 나를 보앗다 하면 반다시 죄책이 잇슬것이니 부대 이런
말을 내지 말나. (《홍길동전》)

716. 셰즈 셤길제 브드럽게 ᄒᆞ고 셩셩을 가비야이 말고 눈이 넘어도 궁
듕은 예스일 이니 모릭ᄂᆞᆫ쳬 ᄒᆞ야 아는 쇠을 뵈디 말나. 《한중록》
717. 모든 ᄉᆞ롬ᄃᆞ려 베퍼 일너 갈오되 입의 죄업을 짓지 말나.

(쥬싱연스묘 응진경)

이 시기 명령을 나타내는 안높임의 계칭에는 특수한 문법적 형태가
나타나고 있다.

1. 《-과댜》:

김정수(1983)에서는 이러한 문법적 형태를 시킴의 예사높임의 어형으
로 보았다.

718. 나셔 과연 몬져 니르실디라도 내 迷惑을 프르시과댜.

(捷解新語 一 39)

2.4. 권유식에 나타난 문법적 형태

1. 《-옵새이다》:

719. 너일 나죄란 入館ᄒᆞ여 보옵새이다. (主)

그리ᄒᆞ옵소. 슈고ᄒᆞ옵시니. (客) (捷解新語 一 20)

권유를 나타내는 아주높임의 계칭은 문법적 형태 《-옵새이다》에 의
해 표현되었다. 여기에서 《-옵새》는 17~18세기 높임의 계칭에 쓰이는

문법적 형태이고, 문법적 형태 《-이다》가 결합되므로 가장 높게 대우함을 나타낸다.

이 외에도 문법적 형태 《-옵새, -ㅂ시》에 의해 높임을 나타냈다.

1. 《-옵새》:

720. 의문 巡杯는 몬촌습거니와 하 섭섭ᄒ오매 쏘 한슌 돌니옵새.

(改修捷解新語 二 9)

721. 이저 正官끠 보오라 가오니 다시 보옵새. (改修捷解新語 一 15)

문장 720), 721)에는 문법적 형태소 《-습-, -오-》가 나타나는데, 이들과 조응을 이루면서 높임의 계칭을 이룬다.

2. 《-ㅂ시》:

722. 도사공 하는 말이 고사를 지닌후의 일기 순통ᄒ니 심낭자의 덕이 안이신가. 좌중이 일심이라 고사를 파ᄒ고 잔식 먹고 담비 한딕식 먹고 힝션ᄒᆸ시. 어 그러ᄒᆸ시. (《심청전》)

권유를 나타내는 높임의 계칭은 문법적 형태 《-옵새, -ㅂ시》에 의해 표현되었다.

권유식에는 또 현대조선어의 안높임 계칭을 나타내는 문법적 형태 《-자》와 그 어음변종 《-쟈》가 보인다.

1. 《-자》:

723. 포장왈 이 일이 가장 맹랑하니 타인에게 전설치 말나. 그러나 길동의 재조 불측하야 신출귀몰 하니 엇지 인녁으로써 잡으리오. 우리 그저 돌아가면 필경 죄를 면치 못하리니 아즉 슈월이 기다려 드러가자. (《홍길동전》)

2. 《-쟈》 :

724. 그러면 여러 날을 限ᄒ쟈. (蒙語老乞大 804 a6)

725. 이러ᄒ면 너 곳치 쓰쟈. (蒙語老乞大 812 b2)

726. 혼 미인이 또 닐오디 겻터 비 이시니 아니 우리말을 듯는가. 혼 미인이 또 닐오디 비록 태양의 션비 아니니 므어시 관겨ᄒ리오. 또 서르 닐오디 우리 각각 됴하ᄒ는 거슬 니르쟈.

(太平廣記諺解 卷之一 고옥뎐)

727. 세히 또 닐오디 너일 아젹의 우리 각각 므어슬 어더머글고? 졈 하야 보쟈. (太平廣記諺解 卷之一 고옥뎐)

제3절 17~18세기 문법적 형태에 표현된 계칭

17~18세기 계칭은 그 이전 시기와 비교해볼 때 가장높임과 안높임의 계칭에는 큰 변화가 없고 높임의 계칭형태에 조금 변화가 있었다. 객체 존칭을 나타내던 문법적 형태 《-습-/-줍-/-슙-》이 기능변동을 일으켜 청자존칭의 기능을 하게 되면서 《-니, -도쇠, -새, -대(디), -외, -쇠, -소》 등과 결합되어 본래의 높임에서 조금 더 높은 새로운 높임의 층으로 확립된다.

17~18세기의 사용된 예를 찾아보면 아래와 같다.

728. 너일 나죄란 入館ᄒ여 보옵새이다. (主)

그리ᄒ옵소. 슈고ᄒ옵시니. (客) (捷解新語 一 20)

729. 또 軍官 보내시더니 왓습던가? (主)

앗가 만낫습니. 먼디 극진이 軍官을 보내여 무르시니 감격ᄒ여 ᄒ옵니. (客)

730. 짐쟉이 계실꺼시니 니르옵소. 듯줍새. (捷解新語 五 8)

731. 나라 일을 힘쓰기는 대되 同前이오니 우리도 公木을 굴히여 자
    브면 혼가지옵도쇠. (主)

732. 오늘은 싱각밧긔 술술이 무츠니 大慶이옵도쇠.

(客) (捷解新語 四 5)

위의 대화는 《첩해신어》의 주인과 손님의 대화로서 술어에 붙는 다양한
문법적 형태 《-옵새이다》, 《-옵소, -옵늬, -옵시늬, -옵도쇠, -줍새》,
《-던가, -ㄹ고, -ㄴ가》 등에 의해 계칭적 구별이 나타나고 있다.

733. (客) 싱심이 나 어이 남가고 먹그리잇가? 눋출 보쇼셔. 먹으라
    니르신 잔마다 먹습고 正體업스건마는 이盞으란 御의 다 먹스
    오리이다.……奇 特혼 지간 아라 니르오니 우리도 듣고 구장 아
    롬다와 호늬이다. (改修捷解新語 三 17)

문장 733)에서 문법적 형태 《-스오리이다, -늬이다, -잇가, -쇼셔》
등에 의해 가장높임의 대우방식이 이루어졌다.

734. (主) 今日은 天氣도 됴화 말솜호오니 긷브 너기옵늬.
    (客) 그러하외. 正官은 對州로서 올격브터 東萊 극진호시다 듣줍
    고 언제 거너가 뵈올가 너기옵더니 今日은 마줌 연고 잇스와
    보옵디 몯호오니 진실로 섭섭이 너기옵늬. (改修捷解新語 二 6)

735. (客) 親히 보와 술올 일이 만컨마는 요스이는 일졀예는 오지 아
    니호시기예 구장 섭섭됴호고 노호와호옵늬.
    (主) 예서는 부르고 졔셔는 아니온다 닐러 다 노호여 호시건마
    는 내 혼몸으로 얻디 호올고 민망혼 일이옵도쇠.

(改修捷解新語 二 19)

위의 대화에서 높임의 계칭은 문법적 형태 《-옵니, -옵도쇠》에 의해 표현되었다.

736. 東萊가 요사이 病드러 계시더니 져기 하려 겨시오니 二三日內에
　　　홀양으로 흐오리. (改修捷解新語 一 42)

737. 네 이둘 금음끠 北京에 멋출짜 못멋출짜? (蒙語老乞大 102 a7)

738. 너는 朝鮮사롬이라 漢글을 비화 므슴 홀짜? (蒙語老乞大 106 b2)

위의 문장은 안높임의 계칭인데 문법적 형태 《-오리, -ㄹ 짜, -ㄹ 짜》 등이 나타나고 있다.

17~18세기 계칭에는 가장높임, 높임, 그리고 안높임이 있었다. 이 시기 우리말 계칭에 나타난 문법적 형태를 식에 함께 종합하면 [표:2]와 같다.

[표:2]

	서술	의문	명령	권유
가 장 높 임	-숩ᄂ(니)이다, -옵ᄂ(니)이다, -옵닝이다, -옵나이다, -스오리이다, -ᄂ니(닝)이다, -ᄂ(니)이다, -노이다, -리(릶)이다, -더이다, -도(로)소이다, -어이다, -오이다, -지(짏)이다(14)	-잇가, -ᄂ잇가, -ᄂ니(닝)잇가, -리잇가, -사오리잇(릿)가, -니잇고, -리잇고(7)	-쇼셔 (-소셔, -소서) (1)	-옵새 이다 (1)

높임	-습(으)+니, -으+도쇠, -으+새, -으+대(더), -스외, -외, -쇠(7)	-실가, -시눈고, -습(으)눈가, -습던가, -스올가, -조올손가, -스온고, -습(으)눈고, -으셔뇨, -오(10)	-쇼, -셔, -소, -오 (4)	-으새, -브시 (2)
안 높 임	-다, -(앗/엿/겟)다, -(도로)다, -거다, -라, -이라, -어라, -이니라, -(ㄴ, 더, 엇)니라, -리라, -더라, -노라, -마, -ㄴ니, -오리, -롸(21)	-ㄹ가, -눈가, -온가, -올가, -고, -던고, -런고, -ㄴ다, -눈다, -ㄹ다, -는다, -뇨, -ㄴ뇨, -더뇨, -냐, -ㄴ냐, -더냐, -ㄹ소냐, -됴, -랴, -리(요)오, -니, -리, -ᄯᅥ녀(24),	-라, -나, -과댜	-자, -쟈 (2)

여기서 문법적 형태 《-습ㄴ(니)이다, -으새이다, -스오리이다, -》를 가장높임의 계칭등급에 둔 근거는 형태소 분석을 하면, 《으새이다=(청자존칭형태소+(ㄴ,스,리)+청자존칭형태소+종결토)》처럼 청자존칭의 기능을 수행하는 문법적 형태소가 들어 있기 때문이다.

문법적 형태 《-습(으)니, -으도쇠, -으새, -으대(더), -스외, -외, -쇠》 등을 높임의 계칭으로 본 근거는 형태소 분석을 하면 《으시니=(청자존칭형태+주체존칭형태소+ㄴ+청자존칭형태소)》처럼 청자존칭의 기능을 수행하는 형태소를 가지고 있지만, 화석화된 청자존칭형태소가 식의 기능도 동시에 하기 때문에 문법적 기능이 많아져 청자를 존경하는 기능이 그만큼 줄어들었기 때문이다. 김태엽(1999)에서도 ‘x+이+Φ’과 같은 어미구조체로 이루어진 형태에 개재된 청자높임소는 듣는 사람을 높이는 기능과 문장을 끝맺는 기능을 동시에 수행해야 한다. 청자높임소가 갖는 이러한 2중적인 기능의 부담은 결국 본래 가지고 있던 청자를 높이는 기능이 낮아지게 된다. 이러한 결과는 종결어미의 형태를 이루는 어미구조체가 ‘x+이+Φ’와 같은 양식을 가지면 그 형태는 예사높임법을 실현하거나 그보다 조금 높은 높임법을 실현한다고 하였다.

　문법적 형태 《-다, -라, -던가 -ㄹ고 -ㄴ가, -자》를 안높임의 계칭으로 본 근거는 청자를 높이기 위한 문법적 형태소나 또는 이러한 문법적 형태소의 흔적이 없기 때문이다.

제4절　17~18세기 문헌과 전 시기 문헌의 비교

　언어의 구성요소인 어음, 문법, 어휘는 늘 변화과정에 있다. 어휘는 그 변화가 가장 빠르고 어음과 문법적 형태의 변화는 상대적으로 느리다. 그러나 언어의 변화는 고립적인 것이 아니고 서로 연계된 것으로서, 그 중 한 요소가 변화하면 잇달아 기타의 요소에도 변화를 가져오기 마련이다.

　근대조선어의 처음 단계인 17세기와 18세기는 우리말에서 음운변화가 가장 많이 일어난 시기라고 할 수 있다. 음운의 변화는 자연적으로 문법적 형태의 변화를 가져오기 마련이고, 문법적 형태의 변화는 또 계칭의 변화를 가져온다.

　첫째, 객체존칭의 문법적 형태 《-습-/-줍-/-습-》이 기능변동을 하여 청자존칭의 문법적 기능을 수행하면서[48] 그 위치가 종결토 쪽으로 옮겨져 가장높임의 새로운 문법적 형태 《-습니이다, -습ᄂ이다, -옵ᄂ이다, -ᄉ오리이다》가 생성되었다.

　　739. 과즐과 건믈과 머글거슬 다 머검즉이 쟝만ᄒ엿ᄉ오니 깃거ᄒ옵
　　　　ᄂ이다. (捷解新語 二. 9)

---

48) 최윤갑(1987:244)은 객체존칭과 청자존칭은 모두 1인칭의 대립면에 선 존칭이란 점에서는 공통성을 가지고 있는 것이다. 이로 하여 객체존칭이 청자존칭으로 옮겨질 수 있었다고 하였다.

여기서 《-습니이다, -습ᄂ이다, -옵ᄂ이다》 등은 17세기 이후 어음 변화 과정을 거쳐 현대조선어에서 가장높임을 나타내는 문법적 형태 《-ㅂ니다/습니다》로 되었다.

> 740. 놋츨 보쇼셔. 머그라 니ᄅ신 잔마다 먹습고 正體업슨건마는 이 盞으란 御意ᄀ티 다 먹ᄉ오리이다. (捷解新語 三 13) (ᄉ오--소)

가장높임의 문법적 형태 《-ᄉ오리이다》는 후시기에 구어체에서 적게 사용되고 문어체에서 많이 사용되면서 옛스러움을 나타냈다.

둘째, 형태소 결합에서 보면 기능변동을 가져온 청자존칭의 형태소 《-습-/-습/-줍-》 등이 가장높임을 나타내는 문법적 형태 《-ᄂ잇가》와 결합된 것은 하나도 찾아보기 어려운데, 이러한 결합은 18세기 이후의 일이다. 오직 《-리잇가》와 결합된 형태가 보인다.

> 741. 안즈라 니ᄅ시니 술울양도 업ᄉ 다 우리 이롤 禮에 삼ᄉ오리잇가? (改修捷解新語 三 14)

셋째, 자음 《ㅇ》는 16세기말부터 변화되기 시작하여 《ㅇ》로 되어 청자높임을 담당하던 문법적 형태 《-이-》가 《-이-》로 된다. 그리고 문법적 형태의 간소화를 거쳐 《-옵니이다》에서 《이다》가 떨어져 《-옵니》로 되고 문법적 형태 《-이-》의 흔적을 앞형태소에 남겨 놓는다. 이렇게 높임의 문법적 형태 《-습(옵)니, -옵도쇠, -옵새, -옵대(디), -ᄉ외, -외, -쇠》 등이 생성되었다.

> 742. 엇디 ᄒᆞᆫ디 일이 만하 問安도 ᄌ로 숣디 못ᄒᆞ니 일뎡 졍업슨 양으로 너기시ᄂᆞᆫ가 ᄆᆞ움의 걸리옵니. (捷解新語 二 17)

743. 건너신 날은 아줌 사오나온 브람의 다 無事히 渡海ᄒ시니 아롬
    답다 니르시ᄋᆞ닉. (捷解新語 二 1)
744. 하 니르시니 ᄒ나 먹ᄉ오리. 자닉 말은 對馬島 죠히 聞及ᄒ엳ᄃ
    시 잘 通ᄒ시니 긴비 너기ᄋᆞ딕. (改修捷解新語 一 28)

넷째, 17~18세기 문헌에도 명령을 나타내는 계칭으로는 문법적 형태
《-소》가 《-습-》과 함께 많이 쓰였는데, 이들은 이 시기 명령에만 쓰
이는 높임의 계칭에 속한다. 이들의 결합은 명령을 나타내는 문법적 형
태 《-소》의 기원은 기능변동을 한 문법적 형태소 《-습-》이 아니라
《-쇼셔》임을 말해 준다.

745. 어와 오놀은 右之道路룰 正官도 분별두셔 지간ᄒᆞ옵소.
    (捷解新語 四 3)
746. 이번은 두디 時分을 혜아려 됴홈 구줌을 군말업시 잡습소.
    (捷解新語 四 18)

다섯째, 이조 전반기까지만 해도 널리 쓰이던 가장높임의 계칭의 의
문을 나타내던 문법적 형태 《-잇고》와 높임 계칭의 의문을 나타내던
문법적 형태 《-고》는 잘 쓰이지 않고 있는 것이 특징적이다. 이는 1
7~18세기부터 이들의 기능이 약화되고 《-잇가》나 《-가》의 문법적 기능
이 확산되면서 문법적 형태의 단일화 과정을 겪고 있음을 설명하여 준다.
이것이 바로 언어학에서 말하는 노력경제의식의 반영이다.

여섯째, 문법적 형태의 쓰임에서 보면 《-게, -데, -세》형과 《-오,
-소》형의 문법적 형태는 하나의 일반적인 높임의 등급으로 쓰였는데,
전자는 주로 서술식과 권유식에, 후자는 명령식에 쓰였다.

747. 그리 니르심을 고지 듣디ᄂᆞ 아니ᄒᆞ옵닉. 日本이면 이을 가디고
    먹음즉이 쟝만ᄒᆞ련마ᄂᆞ 예ᄂᆞ 쟝만ᄒᆞᆫ 양이 草草이 ᄒᆞ야 이러ᄒᆞ니
    허믈 마르시소. (改修捷解新語 四 10)

문장 747)는 서술을 나타내던 높임의 계칭의 문법적 형태 《-옵니》
와 명령을 나타내는 문법적 형태 《-소》가 함께 사용되었는데, 이것은
같은 높임의 등급임을 시사해준다.

○ 서술식과 권유식:

奇特한 相指을 잘하더라 다 기리시니 우리 듣기도 더욱 긴부옵대.

(改修捷解新語 三 3)

날이 노파서 붇틀거술 ㅂ롬이 사오납기에 계요 이지야 왓숩니.

(改修捷解新語 一 16)

의문 巡杯는 몬쵼습거니와 하 섭섭하오매 쏘 한슌 돌니옵새.

(改修捷解新語 二 9)

○ 명령식:

正官끠 내게셔도 사롬 부리올거시니 자녀도 小通事롤 보너여 보고
가옵소. (改修捷解新語 一 3)

今日은 左之道理롤 正官도 혜아리셔 氣味됴케 지간하예 주옵소.

(改修捷解新語 四 5)

○ 의문식:

의문식에서는 높임의 계칭을 위한 문법적 형태가 따로 발달되지 않고
의문식 형태에 기능변동을 한 형태소 《-습-》과 그 변종들, 그리고 존
칭토 《-시-》를 결합하여 쓰는 방법으로 말을 듣는 상대방을 높여 주
었다.

日本 됴혼 술을 자시다가 이 술의 醉하실가? (改修捷解新語 三 24)
건믈도 두가지 不足하고 鷄子도 하나히 不足하고 졉시도 數內에 一
板不足하니 닏고 이러한가 우리가 그리코 쩌 軍官도 보내시더니 왓
습던가? (改修捷解新語 一 35)
쇼지 이러하오시매 광희 듯고 깃거 아녀 굴오디 엇디 달리 짓즈오실
쓰디업서 이말을 뻐 겨오신고? (《선조행장》)

일곱째, 전 시기에 쓰이지 않던 여러 가지 문법적 형태 《-리요, -옵셔뇨, -조올손가, -과댜, -롸》 등이 새로 나타나고 있다.

○ 류씨의 종스를 낫지 못ᄒ리니 그 환을 장찻 엇지ᄒ리요?

(《사씨남졍기》) 두부인-샤부인

촌날의 오래 안자 계셔 언머 슈고ᄒ옵셔뇨? (改修捷解新語 二 29)

내 말을 기리시니 긴부옵거니와 고지 듧돈아니ᄒ니 져기 아라 든ᄌ올손가? (改修捷解新語 一 29)

나셔 과연 몬져 니르실디라도 내 迷惑을 프르시과댜.

(捷解新語 一 39)

내 이둘 初ᄒ롯날 王京셔 ᄶ러나롸 (蒙語老乞大 101 b1)

참고문헌 : 1. 《몽어노걸대 (蒙語老乞大)》 1790년

2. 《첩해신어 (捷解新語)》 숙종2년 (1676년)

3. 《사씨남정기》 17세기 후반기 활동한 김만중이 지은 국문
소설 (조선어사강독자료)

4. 《홍길동전》 16세기말~17세기초에 활동한 허균이 지은
국문소설 (조선어사강독자료)

5. 《태평광기언해 (太平廣記諺解)》 16세기말~17세기전반기

6. 《선조행장 (先朝行狀)》 17세기중엽 (조선어사강독)

7. 《언해태산집요》 1608년(태산 31)

8. 《구황보유방》 1660년

9. 《친필언간총람》 1603년~1699년 략: (언람 30)

10. 《고산 친필 가첩》 1642년~1646년 략: (고산필 푼효음)

11. 《東國新續三綱行實圖 三綱烈女圖》 17세기

12. 《東國新續三綱行實圖 三綱忠臣圖》 17세기

13. 《개수첩해신어 (改修捷解新語)》 영조 24년 (1748년)

14. 《오륜효 (五倫孝, 02a′)》 18세기

15. 《쥬싱연수묘 웅진경》 18세기

16. 《심청전》 18세기

17. 《어제훈서언해 (御製訓書諺解)》 18세기

18. 《대학률곡선생언해 (大學栗曲先生諺解)》 18세기

19. 《武藝圖譜通志諺解》 18세기

20. 《恨中錄 (한중록)》 18세기말~19세기초

제5장 19세기 문헌에서 표현된 계칭

19세기는 조선사회가 급속히 변화, 발전하던 시기로서 조선어 역사에서 근대조선어 말기에 해당된다. 봉건적 신분제도가 점차 와해되고 봉건통치는 위기에 직면하였으며 자본주의 생산관계가 발생, 발전하였다. 이러한 전반 사회의 변화와 함께 이루어진 다양한 인간관계는 우리말로 된 여러 작품들에 반영되어 있다.

19세기의 문헌인 《구운몽(九雲夢)》, 《텬로력졍(天路歷程)》, 《춘향전(春香傳)》 등의 여러 대화자료를 중심으로 하여 다양한 인간관계를 반영하는 우리말의 내면구조인 계칭을 고찰하려 한다.

제1절 각이한 인간관계와 계칭형태

19세기에도 우리말의 계칭은 예전과 다름없이 종결술어에 붙는 다양한 문법형태들에 의해 표현되었다. 그러나 계칭은 단순한 언어적 행위가 아니고 사회적 인간관계를 바탕으로 이루어지기에 계칭과 함께 인간관계를 고찰하는 것도 큰 의의가 있다.

> 748. 왕이 잔을 들어 셩진계 삼비를 권ㅎ여 왈 이슐이 좃치못ㅎᄂ 인
> 간 슐과는 다른 지라 과인이 권하는 졍을 싱각ㅎ라.
> 셩진이 지비 왈 슐은 광약이라 불가의 큰 경계온이 감이 먹지
> 못하리이다. (九云夢 上 5)

위의 대화는 《왕》과 《셩진》의 대화로서 《셩진》은 《왕》을 가장 높게 대우하여 말하고 왕은 셩진을 대우하지 않는다. 이러한 상하 수직적 인간관계는 문법적 형태 《-리이다, -라》에 의해 표현된다.

> 749. ᄒ 션비 문 왈 내 냥쳥의 힝식을 보니 일정 과거를 보러 가시ᄂ
> 잇가?
> 생이 왈 과연 굿시나 보려 가거니와 오날 잔치ᄂ 혼갓 술만 먹
> 고 ᄃ알 일이 아니라 문장을 ᄃ토ᄂ 뜻스로쇼이다.
>
> (九雲夢 上 21)

위의 대화는 《션비》와 《생(셩진)》의 대화인데, 서로 모르는 사이이기에 서로간에 가장 높게 대우하여 말하면서 자신이 교양있는 사람임[49]을 나타낸다. 이러한 관계는 문법적 형태 《-잇가, -로쇼이다》에 의해 표현되었다.

> 750. 츈운이 시비들을 블너 왈 앞이 거문거 ᄐ던 녀관이 알음답다 ᄒ
> 더니 냥한림과 엇더ᄒ뇨?
> 다 니ᄅ더 그 녀관의 얼골이 심히 ᄭᅩ도소이다? (九雲夢 上 38)

---

49) 서정수(1997:14)에서는 대우법은 말을 듣는이나 그 밖의 인물에 대하여 상하관계나 친소감을 나타낼 뿐 아니라 말할이 자신의 인간적 품위를 보여 주는 구실이 있다고 지적하였다.

751. 일 쇼져 방의 와 문 왈 아춤의 엇던 녀관이 거문고를 가지고 와
   됴혼 쇼러를 튼다 호오매 병을 강인호야 왓습더니 무슴 연고로
   그 녀관이 슈이 가닛가? 쇼져 놋빗이 블그며 감안이 대답 왈
   내 몸 ᄀ지기를 법으로 호고 말솜을 례로 호여 나히 십뉵셰 되
   어시되 즁문 밧긔나 외인을 더 면치 아니 호엿더니 일로 애간사
   혼 사롬의게 평싱 싯지 못홀 욕을 먹으니 무슨 면목스로 너를
   더면 호리오? (九雲夢 上 36)

위의 대화는 《츈운(쇼져)》과 《시비》의 대화로서 《츈운》은 높은
신분이기에 《시비》들에 대해 안높여 말했다면, 《시비》는 《츈운》보
다 신분이 낮기 때문에 가장 높게 대우하여 말하였다. 이러한 상하 수
직적 신분관계는 문법적 형태 《-도소이다, -잇가, -리오, -뇨》 등에 의
해 계칭적 구별이 나타났다.

752. 부인 왈 엇던 사롬잇가?
   ᄉ되 왈 시방 쟝원혼 사롬의 셩은 냥씨오 닐올은 쇼유오 나혼십
   뉵셰오 회남ᄯᅡ 사롬이라. (九雲夢 上 37)

위의 대화는 《ᄉ도》와 《부인》의 대화로서 《ᄉ도》는 《부인》에게
안 높여 말하고, 《부인》은 《ᄉ도》를 가장 높게 대우하여 말하였다.
이러한 계칭은 문법적 형태 《-잇가, -라》에 의해 표현되었다.

753. 뉴모 왈 그 샹공 임의 비필을 졍호여시면 엇지 호리잇고?
   쇼져 왈 힝ㅎ야 비필ㅎ여시면 이 샹공의 쇼쳡되며 붓그럽지 아
   니ㅎ니라. (九雲夢 上 14)

위의 대화는 《뉴모》와 《쇼져》와의 대화로서 《뉴모》는 비록 연세
는 《쇼져》보다 많지만 신분적으로 낮기에 상대방을 가장 높게 대우하
여 말하였다. 조선사회는 계급사회이므로 다른 사람을 대함에 있어서

현대와는 달리 나이보다는 계급적 신분관계가 우위였다. 이러한 계칭은 문법적 형태 《-잇고, -니라》에 의해 표현되었다.

> 754. 미인 왈 쳡으 근본을 낭군 아눈지라 더러온 몸이 엇지 갓가릿
> 가? 처음의 낭군을 쇼기기는 놀녀실가 ᄒᆞ야 선여라 ᄒᆞ야 ᄒᆞ로
> 밤을 모셔더니 오날 소쳡의 무덤얼 ᄎᆞᄌᆞ와 겨계하고 술을 부어
> 스니 깊겁거니와 또 졔문지여 위로하시니 임ᄌᆞ업신 그 혼을 이
> 갓치 위로ᄒᆞ니 엇지 감격지 안 ᄒᆞ리요?...... 더로온 몸으로 다시
> 상공을 모시지 못ᄒᆞ리로소이다. (九雲夢 上 6)

위의 대화는 《미인》이 《상공》에게 하는 말로서 《미인》은 《상공》을 가장 높게 대우하여 말하였다. 이러한 계칭은 문법적 형태 《-잇가, -요, -로소이다》에 의해 구별되었다. 이러한 문법적 형태들은 동일한 계칭에 속하는 문법적 형태이다. 이 시기 문법적 형태 《-리요》는 가장높임의 계칭형태와 함께 쓰임을 볼 수 있다.

> 755. 문지기군이 왈 이 죄인은 어디 죄인이요?
> 역사 답 왈 뉴관대ᄉᆞ의 명으로 이 죄인을 자바 오노라.
> (九雲夢 上 10)

위의 대화는 《문지기군》과 《역사》와의 대화인데 문법적 형태를 《-요, -노라》로써 《문지 큰 군》은 《역사》에게 높여 말하고, 《역사》는 《문지기군》에게 안 높여서 말하였다.

> 756. 춘향어 모 엿자오되 귀중하신 도련임이 누지의 용임하시니 황공
> 감격하옵너다.
> 도련임이 그말 한마듸여 말궁기가 열이엿제 그럴이가 워 잇난가?
> 우연이 광한누의서 춘향을 잠간 보고 연연이 보너기로 탐화봉졉 취
> 한 마음오 날밤의 오난듯 션춘향의 모 보려왓건이 와 자네 짤 춘향

과 빅연 언약을 믲고자 하니 자녀의 마음이 엇더한가? (春香 上 22)

《춘향모》는 《이도령》보다 나이가 썩 이상이지만 계급적 신분이 다르기 때문에 《춘향모》가 《이도령》을 가장 높게 대접하여 말했다면 《이도령》은 안 높여서 말했다. 이것은 나이보다는 신분을 더 우위에 둔 계급사회의 인간들의 당시 봉건사회의 의식구조를 잘 반영하여 준다.

> 757. 이도령 하난 마리 성현도 불취 동성이라 일너쓰니 네셩은 무어
>   시며 나흔 몃살니요? 그말 반갑도다. 네 연셰 드러하니 날과 동
>   갑 이팔이라. 셩쑨을 드러보니 천정일시 분명ᄒ다. 이셩 시합
>   조혼 년분 평싱 동낙하여 보자. (春香 上 12)

문장 757)은 《이도령》이 《성춘향》에게 하는 말로서 안 높여서 말을 하고 있다.

> 758. 춘향의 모 문을 열고 방자 불너 뭇는 마리 뉘가 와야?
>   방즈 디답하되 사쑈 자제 도련임이 와겨시오?
>   춘향 모 그 말 듯고 상단아, 네 뒤 초당의 좌셕 등촉 신칙하여 보전하라.
>   (春香 上 14)

문장 758)에서 보면 《춘향모, 방즈, 상단》등은 같은 하위계층의 사람들이다. 계층이 같은 상황에서는 계칭에 우선적으로 관여되는 요소는 년령50)이라는 것을 알 수 있다.

---

50) 이경우(1990)는 조선시대는 유교적인 사회였으므로 남녀노소의 구별이 뚜렷했으므로, 그에 따라 사용되는 경어법의 등급도 달랐으리라고 예측할 수 있다고 하면서 연령도 경어법 사용에 있어서 중요한 관여적인 자질이라고 하였다.

759. 방지 나와 엿짜오되 져기 오난게 춘향의 모로소이다.
  져기 평안한가? 예 계우 지니옵니다. 오실 줄 진정 몰나 영졉이
  불민하온이다. 글헐이가 잇나? (春香 上 20)

위의 대화는 《방지, 이도령, 춘향모》의 대화이다. 《방지》와 《춘향모》는
낮은 신분에 있기 때문에 《이도령》에게 가장 높임의 말씨를 쓴다.

760. 도련임이 무어라 하시던야? 무어시라 하여요? 조금 안져짜 가것
  노라. 이러난 이젼역의 우리집 오시마 허옵쩨다. 그레 엇지 디답
  하여난야? 모른다 하엿지요. (春香 上)

《춘향모》와 《춘향》의 대화로서 춘향모는 춘향에게 안 높여서 말하고, 춘
향은 어머니에게 가장 높여서 말한다. 여기에서 보면 춘향은 어머니에게 비격식
체인 《해요체》를 써서 존경과 함께 친근감을 나타낸다.

이와 같이 《춘향전》에는 《이도령, 성춘향, 춘향모, 방지, 상단》 등 다양한
인물이 등장하는데 서로 다른 인간관계인 계급적 상하관계, 연령의 선후관계,
부모자식관계, 남녀관계에 따라 각이한 계칭들이 표현되고 있다.

가장높임의 계칭은 《-로소이다, -옵니다, -ㄴ이다, -옵쩨다, -온이다》, 높임
의 계칭은 《-오》, 안높임의 계칭은 《-다, -ㄴ가, -나, -라, -쟈, -난야》, 친밀
감을 나타내는 가장높임의 계칭은 《-여요, -지요》 등에 의해 표현되고 있다.

761. 효시가 긔독도드려 닐너 굴ᄋ디 그더가 본 거슬 긔억ᄒ느냐? 디
  답ᄒ디 긔억ᄒ겟슴느이다. 이런 거슬 보오니 ᄇ라는 것도 잇고
  무셥기도 ᄒ옵느이다. (텬로력뎡 권지샹)

762. 효시ㅣ 긔독도드려 닐ᄋ디 이 사롬의 환을 네 맛당히 긔억ᄒ고
  ᄒ샹 조심ᄒ라. 긔독도ㅣ 굴ᄋ디 이거시 참 두려운지라 하느님
  끠셔 나롤 도아 조심ᄒ고 일쎄게 ᄒ야 ᄒ샹 긔도ᄒ야 져 사롬
  ᄀᆺ치 죄롤 범ᄒ고 괴로움을 밧지 안케 ᄒ시기롤 ᄇ라느이다.

(텬로력뎡 권지샹)

위의 문장에서 보면 《효시》와 《긔독도》의 대화로서 《효시》는 《긔독도》에게 안 높여서 말하고, 《긔독도》는 《효시》에게 가장 높게 대우하여 말한다. 이러한 계칭은 문법적 형태 《-ᄂᆞ냐, -라, -슴ᄂᆞ이다, -옵ᄂᆞ이다, -ᄂᆞ이다》 등에 의해 표현되었다.

19세기 국문작품에 반영된 인간관계와 계칭관계 및 그 문법적 형태를 고찰하면 아래의 [표:3] 과 같다.

[표:3]

인간관계 \ 계칭관계	(대우하여 주는 사람)	(대우받는 사람)	문법적 형태
신분관계	백성→	←왕	-리이다 ⇔ -라
	시비→	←쇼져	-도소이다, -앗가 ⇔ -리오, -뇨
	유모→	←쇼져	-잇고 ⇔ -니라
	문지기→	←역사	-요 ⇔ -노라
	춘향모→	←이도령	-옵너다, -ㅂ 너다, -온이다 ⇔ -한가, -난다, -ㄴ가, -나
	긔독도→	←효시	-슴ᄂᆞ이다, -옵ᄂᆞ이다, -ᄂᆞ이다 ⇔ -ᄂᆞ냐, -라,
	방자→	←이도령	-로소이다 ⇔
연령관계	방자→	←춘향모	-오 ⇔ -야
	상단→	←춘향모	⇔ -라
	춘향→	←춘향모	-여요, -지요, -옵쎄다 ⇔ -던야, -노라, -다, -난야
남녀관계	미인→	←상공	-요, -잇가, -로소이다
	춘향→	←이도령	-요 ⇔ -도다, -이라, -자
	부인→	←사도	-잇가 ⇔ -라
모르는 사이	선비→	←생	-잇가 ⇔ -로쇼이다

제2절 식에 나타난 각종 문법적 형태

19세기 문헌에도 식에 각이한 문법적 형태가 나타났다. 식에 나타난 각이한 문법적 형태들을 고찰하여 보면 아래와 같다.

2.1 서술식에 나타난 문법적 형태

전 시기의 말하는 사람이 말을 듣는 사람을 가장 높게 대우할 때 쓰이던 문법적 형태 《-이다》는 어음변화를 거쳐 《-이다》로 되었지만, 그 기능에는 어떠한 변화도 없었다. 그리고 문법형태 《-이다》와 종결술어의 어간 사이에는 부동한 문법적 형태소가 개재하면서 여러 가지 문법적 의미를 나타냈으며, 또한 이러한 형태소들은 이 시기에 하나의 종결토로 통합되는 과정에 있었다.

1. 《-습ᄂ이다》 :
> 763. 은조라 ᄒᄂ는 사룸이 와셔 무르더 여긔셔 무엇ᄒᄂ냐? 디답ᄒ더
>   전도가 나룰 분부ᄒ야 이리로 향ᄒ야 저긔 좁은 문으로 가면
>   형벌을 피ᄒ 리라 ᄒ매 그리로 가다가 여긔 ᄲᅡ졋습ᄂ이다.
>
>   (텬로력뎡 권지샹)
> 764. 전도ㅣ 굴ᄋ더 네 이처럼 싱각ᄒ면 엇지ᄒ야 여긔 섯ᄂ냐? 디답
>   ᄒ더 어더로 갈 넌지 아지 못ᄒ겟습ᄂ이다. (텬로력뎡 권지샹)

문장에서 《은조》나 《젼도》는 《긔독도》보다 나이가 많거나 또는 신분적으로도 높은 사람이다.

서술식에서 말을 듣는 사람을 가장 높게 대우할 때 문법적 형태 《-습ᄂ이다》가 쓰였는데, 이는 17~18세기 문헌에도 나타났던 《-습ᄂ(니)이다》의 어음변화 형태이다. 이러한 형태는 19세기 이후 모음

《、》의 변화와 어음축약을 거쳐 《-습니다》로 되는데, 현대조선어의 가장높임의 계칭에 쓰이는 문법적 형태이다.

2. 《-옵니(ᄂᆞ이)다》 :

765. 근신이 괴독도ᄃᆞ려 무ᄅᆞᄃᆡ 어ᄃᆡ셔 왓스며 어ᄃᆡ로 가ᄂᆞ냐? 괴독도ㅣ이젼과 ᄀᆞᆺ치 ᄃᆡ답ᄒᆞᆫ데 근신이 ᄯᅩ 일홈을 뭇거눌 ᄃᆡ답ᄒᆞᄃᆡ 내 일홈은 괴독도로소이다. 듯ᄉᆞ온즉 이 산 쥬인끠셔 이 뎐을 지으시고 ᄒᆡᆼ인을 위ᄒᆞ야 보호ᄒᆞ며 구졔ᄒᆞᆫ다 ᄒᆞ오니 예셔 ᄒᆞ로 밤 쉬여 가랴 ᄒᆞ옵ᄂᆞ이다. (텬로력뎡 권지샹)

766. 져기 평안한가? 예, 계우 지너옵니다. 오실줄 진졍 몰나 영졉이 불민하온이다. 글헐이가 잇나? (春香 上 20)

문장 766)은 독립성분 《예》, 가장 높게 대우하는 문법적 형태 《-온이다》와 호응을 이루면서 말을 듣는 사람을 가장 높게 대우함을 나타내고, 문장 765)는 가장높임의 계칭형태 《-로소이다》와 함께 쓰이면서 말을 듣는 사람을 가장 높게 대우함을 나타내는데, 현대조선어에는 기도문과 같은데서 쓰이고 입말에서는 잘 쓰이지 않는다.

3. 《-ᄂᆞ(ᄂᆞᆫ)이다》 :

767. 쇼졔 보고 왈 츈운의 쟝셩ᄒᆞ야 족키 빅스를 당홀시라 화원에 보내예 한림을 셤기게 ᄒᆞ여 노친의 슈고를 덜가ᄒᆞᄂᆞ이다.

(九雲夢 上 40)

768. 방ᄌᆞ놈 숙여 엿ᄌᆞ오ᄃᆡ 경긔 이럭키로 일긔 쳥명초면 운뮈 ᄌᆞᄌᆞ지고 죵죵신션이 ᄂᆞ려와 노ᄂᆞ이다. (春香 上 21)

769. 통인이 아뢰되 져 어미는 기성이오나 츈향이는 도도하야 기성 구실마다하고 빅화초엽의 글ᄌᆞ도 싱각하고 여공 직질이며 문장을 겸젼하야 여렴쳐자와 다름이 업ᄂᆞ이다. (春香 上 9)

문장 767)은 하인이 주인에게 하는 말, 문장 768)은 방자가 이도령에게 하는 말, 문장 769)는 통인이 도령에게 하는 말이다. 위의 문장들을 보면 계급적 상하관계가 나타나는데, 낮은 신분에 있는 《하인, 시비, 방자, 통인》 등은 높은 신분에 있는 《주인, 도령, 주인집 딸》을 가장 높게 대우하였다.

> 770. 가빌남에 들어갈 쩌여 한 파총이 예수의게 나아와 구ㅎ여 갈오더 쥬아 너의 죵이 병들어 바람중ㅎ여 집에 누워 심히 달년ㅎ나이다. 예수일오샤더 너 가셔 곳치리라. (예수셩교젼셔)
> 771. 더답ㅎ여 갈오더 쥬 너 집에 님ㅎ시면 감당치 못ㅎ갓샤오니 오직 말흔 마지만 ㅎ시면 죵이 나을 거시 더기 나는 사롬의 권셰에 붓고 군사는 너게 붓터사니 명ㅎ여 힝ㅎ라 한즉 힝ㅎ고 오라 한즉 오고 죵이 로 이롤 힝ㅎ라 한즉 곳 힝ㅎ나이다.
> (예수셩교젼셔)
> 772. 한 션비 누아와 갈오더 션싱님 어디롤 가시던지 너 좃츠려 ㅎ나이다. 예수 일오샤더 여우도 궁기 잇고 시도 깃시 이사되 오직 인자는 멀이 둘 곳이 업다. (예수셩교젼셔)

위의 문장들은 《예수》와 《파죵, 션비》의 대화로서 《파죵》과 《션비》는 《예수》를 가장 높게 대우하여 말하였다.

> 773. 누가 날드려 저 압회 좁은 문으로 가면 짐을 버스리라 ㅎ기에 그리로 향ㅎ고 가느이다. (텬로력뎡 권지상)
> 774. 젼도ㅣ 굴ㅇ더 네 살기 어려오면 엇지ㅎ야 죽기롤 원치 아니ㅎ느냐? 더답ㅎ더 내 등에 잇는 짐이 나롤 죽게 홀 쑨 아니라 나롤 디옥에 싸지게 홀까 두려워ㅎ느이다. (텬로력뎡 권지상)

19세기 이전 문헌들에서 문법적 형태 《-이다》의 앞에 《-더-, -리-》를 쓰는 방법으로 과거나 미래 시태를 나타내던 것을 이 시기에도 시칭토 《-앗-/-엇-/-엿-, -겟-》 등이 확산되면서, 이것들이 그 기능을 감당하였다.

> 775. 무셔온 소리가 흥샹 내 귀에 들녀 굴ㅇ디 네가 만일 본향에 잇
> 스면 멸망홈을 면치 못ㅎ리라 ㅎ기에 뛰쳐나아 왓ㄴ이다.
>
> (텬로력뎡 권지샹)
>
> 776. 경견이 굴ㅇ디 그디가 고향을 쪄나셔 엇더케 이 길노 왓ㄴ냐?
> 긔독도 ㅣ굴ㅇ디 이거시 하ㄴ님의 쯧시니 그 째에 내가 멸망홈
> 을 무셔워 어디로 갈 줄을 몰낫더니 우연히 견도라 ㅎ는 사롬
> 이 와셔 내가 쩔며 우는 거술 보고 좁은 문으로 가라 ㄱ르치지
> 아니ㅎ엿스면 여긔 챠져 오지 못ㅎ엿겟ㄴ이다.
>
> (텬로력뎡 권지샹)
>
> 777. 헤롯 왕이 듯고 울울ㅎ니 오온 예루살임이 함끠 ㅎ여 이여 모단
> 졔사쟝과 민간 션비롤 모와 물으되 키리쓰토가 어니 곳에셔 낫
> 나뇨? 갈오디 유디 벳니임인 거시 션지 긔록한 바에 유디 벳니
> 임아 유디 도슈 즁에 너가 지극키 젹지 안은 거시 쟝차 도슈가
> 너게로 나 너의 이살일 빅셩을 치리라 ㅎ엿나이다.
>
> (예수셩교젼서)

4. 《-니이다》 :

> 778. 그 곳에 잇는 사롬들은 흥샹 쥬롤 찬미ㅎ야 크게 소리ㅎ야 굴ㅇ
> 디 거룩ㅎ다 거룩ㅎ다 거룩ㅎ다 ㅎ는 고로 그 사롬들과 ᄀᆞ치
> 작반ㅎ랴 홈이니이다. (텬로력뎡 권지샹)

5. 《-ㄴ니다》 :

이러한 문법적 형태는 《-ㄴ니이다》의 어음축약형태로서 높임의 정도에는 아무런 변화가 없이 말을 듣는 사람을 가장 높게 대우할 때 쓰였다.

> 779. 젹셩이 왈 나는 초야의 뭇치이셔 문견이 업습거니와 상공이 ㅂ

리지 아니ᄒ면 평싱 원인가 ᄒᄂ니다. (九雲夢 上 51)

780. 셔동이 고하여 왈 할님이 젹셩을 어진 션비라 ᄒ옵던이 비야히
로 셥ᄂ으 소늘 줍고 히롱ᄒᄂ니다. (九雲夢 上 52)

위의 문장들을 보면 접속토에 문법적 형태소 《-습-, -옵-》등이 쓰
이면서 말을 듣는 사람을 대우하여 말한다.

781. 싱이 왈 쇼지 엇지 ᄉ부의 말슴을 의심ᄒ리잇가만ᄂ 사ᄅᆷ의 소
견이 각각 다ᄅ오니 ᄉ부의 쇼견이 쇼ᄌᆞ와 둘올가 넘녀ᄒᄂ니다.

(九雲夢 上 30)

문장 781)은 《생(生)》이 《사부(師傅)》와 하는 말로서 앞부분의
《의심하리잇가》 라는 표현을 보아 가장 높여서 하는 말이다.

6. 《-더이다》 :

782. 시비 도라가 부인끠 고ᄒ여 왈 ᄌ쳥관의 엇던 녀관이 거문고를
ᄐ되 그 쇼리 진실노 들엄즉 ᄒ더이다. (九雲夢 上 32)

783. 셰지 ᄀᆯᄋᆞ디 누가 이 길노 가면 버스리라 ᄒ더냐? 디답ᄒ더 보
기에 미우 졈잔은 전도라 ᄒᄂ 사ᄅᆷ이 분부ᄒ더이다.

(텬로력뎡 권지샹)

784. 문 직힌 사ᄅᆷ드려 무러 ᄀᆯᄋᆞ디 시방 혹 지나가는 사ᄅᆷ이 잇셧ᄂ
냐? 디답ᄒ더 잇더이다. 긔독도ㅣ ᄀᆯᄋᆞ디 그 사ᄅᆷ의 일홈이 무
어시라 ᄒ더냐? 디답ᄒ더 진츙이라 ᄒ더이다. (텬로력뎡 권지샹)

문장 782)는 《시비》가 《부인》에게 하는 말로서, 여격토 《-끠》와
조응을 이루면서 말을 듣는 상대방을 가장 높게 대우하여 말한다. 문법
적 형태 《-이다》 앞에 개재된 문법적 형태소 《-더-》는 회상, 목격을
나타냈다.

785. 인지 굴ᄋ되 너를 ᄯᆞ로오며 도라가자 권ᄒᆞ던 이는 업더냐? 디
답ᄒᆞ되 잇ᄉᆞ니 고집과 이쳔이라 내가 그 말을 듯지 아니ᄒᆞ매 고
집이는 욕ᄒ고 도라가고 이쳔은 나를 ᄯᆞᆯ 조곰 오다가 도로 가
더이다. (텬로력뎡 권지샹)

786. 인지 굴ᄋ되 가련ᄒᆞ다 이쳔이여 텬당에 잇는 영광을 구ᄒᆞ다가
엇지 조고만 고란을 견듸지 못ᄒᆞᄂᆝ뇨? 이러ᄒᆞᆫ 복을 귀즁히 녁이
지 아니ᄒᆞᄂᆞᆫ도다. 긔독도ᅵ 굴ᄋ되 이쳔의 실졍은 말ᄒᆞ엿ᄉᆞ나 내
의 실졍을 말ᄒᆞᆯ진되 저보다 난 거 업ᄉᆞ니 저는 제 집으로 갓거
니와 나는 셰지의 말을 듯고 졍로ᄅᆞᆯ ᄇᆞ리고 죽을 길노 갓더이다.

(텬로력뎡 권지샹)

위의 두 대화를 보면, 문장 785)는 앞선 현재에 대한 회상을 나타내
고, 문장 786)은 과거에 대한 회상을 나타낸다. 전 시기에는 문법적 형태
《-더-》가 그 기능을 모두 맡았으나 시칭토가 생성되면서 그 기능을 분담
하였다.

7. 《-리이다》:

787. 셰지가 탄식ᄒᆞ며 가는 사람이 긔독도인 줄 알고 무ᄅᆞ되 그되가
이제 수고로온 모양으로 어듸를 가ᄂᆞ냐? 긔독도ᅵ 되답ᄒᆞ되 내
가 진실노곤고ᄒᆞᆫ 사람이니 내 ᄉᆡᆼ각에는 나보다 더 곤고ᄒᆞᆯ 사람
은 업술ᄯᆞᆺ ᄒᆞ지라 나더려 어듸로 가ᄂᆞ냐 무ᄅᆞ시니 내가 말ᄒᆞ리
이다. (텬로력뎡 권지샹)

788. 셰지 굴ᄋ되 내가 ᄀᆞᄅᆞ칠 말이 잇ᄉᆞ니 네가 듯겟ᄂᆞ냐? 되답ᄒᆞ되
조혼말노 권ᄒᆞ시겟다 ᄒᆞ오니 조혼 말이면 드ᄅᆞ리이다.

(텬로력뎡 권지샹) (위의 문장과 같이 셰지는 가장높임의 대상임)

말을 묻는 《셰지》는 《긔독도》가 존경해야 할 대상이다. 그것은
《무ᄅᆞ시니》라는 표현을 보아도 알 수 있다.

8. 《-로소이다》:

789. 네의 부모 구존한야? 편모 하나로소이다.

멋혀졔나 되년야? 육십당연 너의 모친 무남독여 나 혼나요.

(春香 上 13)

가장높임의 계칭을 나타내는 문법적 형태 《-로소이다》와 《-요》는 앞뒤 문장에서 조응을 이루면서 춘향이가 이몽룡을 가장 높게 대우함을 표현한다.

790. 통인이 살펴보고 엿자오되 다른 무엇 안이오라 이골 기싱 월미 쌀 춘향이란 게집 아히로소이다. (春香 上 10)

문장 790)은 《통인》이 새로 부임된 《사또》에게 가장 높게 대우하여 말한다.

791. 쇼졔 왈 쇼녀 욕 먹기는 붓그럽지 아니ᄒ오나 내 어지지 못ᄒ야 늠에게 소근거시 한이로소이다. (九雲夢 上 40)

문장 791)은 《쇼졔》가 자기 부모에게 하는 말로서 가장 높게 대우하여 말하였다.

792. 첩은 본디 동싱이 업ᄂᆞᆫ지라 첩이 과연 젹싱이료쇼이다.

(九雲夢 上 53)

793. 긔독도 ㅣ 굴ᄋᆞ디 싱각ᄒ나 미우 붓그러오니 단뎡코 도로 가기를 원치 아니ᄒ고 미우 조흔 곳을 구ᄒᄂ니 내의 원ᄒᄂ는 바는 텬국 이로소이다. 현지 굴ᄋᆞ디 그디가 이젼에 슉습혼 악혼 거시 엇지 지금 다 업셔졋스리오? (텬로력뎡 권지샹)

794. 인즉ㅣ 성경 말슴으로 닐너 굴ㅇ디 네 압회 열닌 문을 닷을 사
룸이 업다 ㅎ셧ㄴ니라. 긔독도ㅣ 굴ㅇ디 내가 지금 천만 다힝이
로소이다. (텬로력뎡 권지샹)

가장높임 계칭의 문법적 형태 《-이다》의 앞에는 문법적 형태소 《-로
소-》가 오면서 말하는 사람이 이야기 내용에 대한 자기 스스로의 감탄을
나타낸다. 이러한 형태는 이전 시기에 많이 쓰였지만, 19세기 이후에는 잘
쓰이지 않는다.

9. 《-지이다》 :

795. 쇼싱이 비샤 왈 쇼싱이 션싱을 만나옵기도 부친의 도라오심이오
또 션싱은 부친의 고인이 오니 엇지 부친과 드르잇가? ㅂ라건디
션싱을 뫼셔 져지되여지이다. (九雲夢 上 18)

문장 795)은 《쇼싱》이 늙은 《도사》에게 하는 말로서 문법적 형태
《-잇가》와 조응을 이루면서 가장높임의 계칭을 나타낸다. 현대조선어
의 《-고 싶습니다》와 같은 뜻으로 쓰인다. 이러한 형태는 반말을 나타
내는 문법적 형태 《-지》에 가장 높임을 나타내는 문법적 형태 《-이
다》가 붙어서 이루어진 것이다.

10. 《-어(여)이다》 :

이러한 가장높임의 계칭을 나타내는 문법적 형태는 동사 《ㅎ다》의
뒤에 오는 것이 보통이다.

796. 부인끠 고ㅎ야 왈 쇼졔 안의 계읍시니 무숨이 셥셥ㅎ여이다.

(九雲夢 上 33)

《쇼졔(딸)》가 《부인(어머니)》에게 하는 말로서 여격토 《-끠》와

조응을 이루면서 가장높임의 계칭을 나타낸다.

> 797. 쇼졔는 글 잘못ᄒ거니와 ᄒ물며 국외사ᄅᆷ이라 졔형으로 더부러
>   지조닷토어 미안ᄒ여이다. (九雲夢 上 22)

문장 797)은 《쇼졔》가 집에 온 손님에게 하는 말로서 손님을 가장 높게 대우함을 표현한다.

> 798. 아파륜을 쩔너 샹ᄒ게 ᄒ 후에야 얼골에 희식이 잇서 하늘을 우
>   러러보며 꿀ᄋ디 쥬여 나ᄅᆯ 구원ᄒ샤 ᄉᄌ 입에 버서 나게 ᄒ시
>   고 ᄯᅩ 아파륜을 이기게 ᄒ시니 그 은혜가 감샤ᄒ여이다.
>   (텬로력뎡 권지샹)

문장 798)은 하늘을 우러러 하느님께 감사의 말을 하는 것인데, 가장 높임의 계칭이 쓰였다.

> 799. 셩진이 크게 놀나 신을 벗고 뜰의 ᄂ려 복지ᄒ여 왈 소재 ᄉ부
>   를 셤긴지 십년이 너시되 죠곰도 불슌ᄒᆯ 공ᄒ 일이 업ᄉ오니
>   죄를 아지 못ᄒ어이다. (九雲夢 上 8)

문장은 《뜰의 ᄂ려 복지ᄒ여 왈》이라는 표현을 보아 가장높임의 대상에게 하는 말임을 나타낸다.

11. 《-요, -습더니요》 :

> 800. 팔션여 답비 왈 쳡등은 남악 위분닌으 시녀옵더니 부인으 명을
>   바다 연화주장 뉴관뎌사계 문안ᄒ옵고 도라오는 길으 이 다리
>   우으 잠간 쉬어습더니요. (九雲夢 上 6)

문장 800)은 팔션녀가 길을 비켜달라는 낯모를 남자에게 하는 말로서,

접속술어에 문법적 형태소 《-옵-》이 나타나는 것으로 보아 말을 듣는
상대방을 가장 높게 대우함을 나타낸다.

> 801. 츈향이 디답하되 나는 몰나요. (春香 上 14)
> 802. 도련임 먼져 올나가시면 나는 예셔 팔 것 팔고 추후에 올나갈거
>   시니 아무 걱정 마르시요. 니 말디로 흐엿스면 군속잔코 졸거시오.
>   (春香 上 37)

문장 801), 802)는 《춘향》이 아버지와 함께 서울로 가는 《이몽룡》
에게 하는 말이다.

> 803. 방지 엿즈오되 여보 도련임 천왕씨가 목쩍으로 왕이란 말은 들
>   어스되 쑥쩍으로 왕이란 말을 금시초문이요. (春香 上 15)
> 804. 잇디 쏫밧긔 방자 나와 도련임 사쪼계옵셔 부릅시오.
>   (春香 上 36)

문장 803), 804)는 《방자》가 《이도령》에게 하는 말이다. 나이는 비슷하
지만 신분적 차이 때문에 자기의 주인을 가장 높게 대우하여 말한다. 일반
적으로 처음으로는 여성들의 말에 많이 쓰였지만, 남성들도 이런 말씨를
쓰고 있다.

예문들에서의 《-요》는 《-오》의 어음변화형태일 것이다. 문법적 형
태 《-요》의 앞에 모음 《-ㅣ》가 나타나는 것을 보아 《-요》의 연원
은 《-오》인 것 같다.

12. 《-오이다》 :

> 805. 셰지 굴ᅌ디 쳐즈가 잇느냐? 디답흐디 잇지마는 내 짐 스닭에
>   젼과 ᄀᆞ치 흠끠 질거워홀 수가 업스니 업는 셈이오이다.
>   (텬로력뎡 권지샹)

가장높임의 계칭의 문법적 형태 《-이다》 앞에 온 형태소 《-오-》는 《-습-》의 어음변종이다.

서술식에 문법적 형태 《-습ᄂ이다, -옵너(ᄂ이)다, -ᄂ(는)이다, -더이다, -리이다, -니이다, -로소이다, -지이다, -어(여)이다, -요, -습더니요, -오이다》 등이 나타나는데, 이러한 문법적 형태에 의해 표현되는 말은 상대방을 가장 높게 대우할 때 쓴다.

동일한 계칭에 각이한 문법적 형태가 나타나는 것은 우리말에는 일단 일정한 존대등급이 선택된 다음 그 안에서 말할이의 친소관계나 시간관계 및 정감에 따라 임의로 한 표현형태를 선택할 수 있는 문체적 특성이 있다는 것을 설명하여 줌과 동시에 우리말의 표현 풍부성을 설명해준다.

이러한 문법적 형태에 대하여 형태소 분석을 하면, 《-이다》는 말을 듣는 사람을 가장 높게 대우할 때 쓰이는 문법적 형태이고, 《-어(여)-, -로소(료쇼)-》는 사실을 나타내며, 《-지-》는 소원을 나타내고, 《-니-, -더-, -리-》는 시간을 나타내는 형태소들이다. 여기에서 문법적 형태 《-습더니요, -오이다》는 이전 시기에 보이지 않던 형태소들의 결합이며, 《-요》는 19세기부터 새로 나타나기 시작한 친밀감을 나타내는 비격식체 가장높임을 나타내는 문법적 형태이다.

서술식은 이러한 문법적 형태 외에도 《-소, -오, -네, -제》등에 의해 표현된다.

806. 방지 듯다가 말을 하되 여보 하날임이 드르시면 쌈짝 놀너실 거 진말도 듯거소. (春香 上 15)

807. 방자놈 엿자오되 글공부 하시난 도령임이 경처 차져 부질업소.
(春香 上 4)

808. 이번는 아마도 이별 박그 슈가 업네. (春香 上 18)

809. 이왕의 이별리 될바는 가시난 도련임을 웨 조르잇가만 우선 각 갑하여 그러하졔. 닛 팔자야! 어만이 건는방으로 가옵소서. 닛일

은 이별리 될런가보. (春香 上 18)

문법적 형태 《-소, -오, -네, -졔》 등에 의해서도 말하는 사람이 말을 듣는 사람을 대우하여 말하는 계칭이 표현되었다.

문장의 내용을 보아도 《방자》가 이상분인 《춘향모》에게, 《방자》가 《이도령》에게, 《춘향》이 《어머니》에게 하는 말이기에 안높임은 아니고 가장높임과 다른 높임의 계칭이라는 것을 알 수 있다. 그러나 이러한 예는 가장높임이나 안높임처럼 그렇게 많이 나타나지 않고 있다.

서술식에는 상술한 문법적 형태 외에도 문법적 형태 《-다》와 《-라》가 나타나고, 그 앞에 각이한 문법적 형태소들이 개재하여 《-도다, -로다, -느니다, -노라, -(ᄂ)니라, -리라, -셰라, -구나,-지라, -리》와 같은 형태들이 나타나고 있으나, 이러한 문법적 형태들은 말을 듣는 상대를 대우하지 않는다.

○ 《-다》 :

810. 이이야 말마라 이리낫다. 사쏘 자졔 도련임이 광한누의 오셧따가 너노란 모양 보고 불너오란 영이 낫다. (春香 上 10)

811. 춘향이 디답ᄒ되 네 마리 당연ᄒ나 오나리 단오이리라. 비단 나 ᄹᅵᆫ이랴? 다른 집 처자들도 예와 함기 추천하여쓰되 글얼쏀 안이라 셜혹 니 말을 할지라도 니가 지금 시사가 아니여든 여럼 사람을 호러칙거로 부를이도 업고 부른더도 감이도 업다.

(春香 上 11)

위의 대화는 《춘향》과 《방자》가 하는 말로서 《방자》와 《춘향》은 나이도 비슷하고 신분도 같기 때문에 서로 안높임의 말씨를 썼다.

812. 예수 디답ᄒ여 갈오샤더 긔룩ᄒ여사되 사롭이 쩍만으로지 안코 오직 하나님의게로 나아온 말이 잇다. (예수셩교젼서)

문장 812)는 《예수》가 일반 백성들에게 하는 말로서 안 높여 말한다.

> 813. 춘향이 가 마부 불너 마부야 너가 문박그 나셜수가 업난턴니 말
> 을 붓드러 잠간 지쳐하여서라 도련임게 한말삼만 엿줄난다.
>
> (春香 上 45)

문장 813)은 《춘향》이 《마부》한테 하는 말로서 안높임의 계칭을
사용하였다.

> 814. 인이 굴ㅇ디 녯적에도 이런 사롬이 잇스니 희은은 제 동싱이 착
> 흔 일ᄒ는 거슬 미워ᄒ고 원망ᄒ엿스니 그디가 착흔 일 ᄒ는 거
> 슬 그디 쳐ᄌ가 만일 실혀ᄒ야 션홈과 원슈되면 구원을 엇지 못
> ᄒᄂ니 죄가 그 디의게 잇지 아니ᄒ겟다. (텬로력뎡 권지샹)
> 815. 양반의 자식이 부형짜라 하힝의 다화 방작첩하야 다려간단 마리
> 젼졍으 도고이 하고 조정으 드려 벼살도 못한다던구나. 불가불
> 이 벼리 될박그 수 업다. (春香 上 37)
> 816. 헤롯이 사사로히 박사롤 불너 자세히 별 나타는 쌔롤 힐문ᄒ고
> 보너여 벳니임에 가라 ᄒ며 일오디 너희 가셔 자세히 아희롤
> 차자 만닌 즉 니게 보ᄒ라 니도 쏘한 가 졀ᄒ갓다. 예수 일오샤
> 디 여우도 궁기 잇고 시도 깃시 이사되 오직 인자는 멀이 둘
> 곳이 업다. (예수셩교젼서)
> 817. 고집이 보고 굴ㅇ디 이런 밋치고 지흔 놈과 작반ᄒ지 안켓다.
>
> (텬로력뎡 권지샹)

안높임의 계칭의 문법적 형태 《-다》의 앞에는 문법적 형태소 《-도-,
-로-, -ᄂ니-》 등이 온다.

1. 《-도다》:

> 818. 디부인이 시비를 명ᄒ야 좌를 주고 왈 유연이 시비을 인ᄒ야 션

악쇼리를 듯고져 ㅎ야 쳥ㅎ엿습더니 과연 녀관을 보니 쳔상션녀
를 만난 듯ㅎ야 셰샹 ㅁ음이 다 업도다. (九雲夢 上 32)

819. 부인이 싱의 거문고를 취ㅎ야 듧의 노코 손으로 몬져 왈 이 지
목이 진실노 묘ㅎ도다. (九雲夢 上 33)

문장 818)은 대부인이 딸의 나이와 비슷한 자기 집 손님에게 하는 말
이고, 문장 819)는 대부인이 생에게 하는 말로서 안높임의 계칭을 쓴다.
《-도다》에 의해 이루어진 안높임의 계칭을 예로 더 들면 아래와 같
다.

820. 한림이 왈 듯던 말과 빅승ㅎ도다. 어제 말ㅎ던 젹싱의 무의잇다
ㅎ더니 그러ㅎ냐? 얼굴이 심히 又도다. (九雲夢 上 53)

821. 울며 즈칙ㅎ야 굴ㅇ디 쥬믜셔 덩즈롤 지으심은 원러 사롬을 쉬
이라 ㅎ심이오 잠자라 ㅎ심이 아니어놀 내가 잣스니 진실노 어
리셕도다. (텬로력뎡 권지샹)

문법적 형태 《-도다》의 어음변종으로 《-로다》가 있는데, 높임의
정도에는 아무런 변화가 없이 안높임을 나타낸다.

2. 《-로다》 :

822. 태휘 대회 왈 쇼화의 혼스를 졍치 못ㅎ야 일야 념녀하더니 냥쇼
유논진지 쇼화쳔졍 비필이로다. 내 냥샹셔를 보고 쳥코져ㅎ노라.

(九雲夢 上 55)

823. 넌도 나무집 귀한딸이로다. 쳔졍하신 연분으로 우리두 만나스니
만런낙을 일위 보다. (春香 上 13)

824. 샤되 반가옴을 니기지 못ㅎ야 왈 만리타국의 가 셩공ㅎ고 벼슬
을 돌고 오시니 우리집 복이로다. (九雲夢 上 54)

825. 춘향모 썩 나안자 졍실업계 말을 하되 꿈이라 하는거이 젼수이
허사가 안이로다. (春香 上 11)

826. 이 칙 샹하권은 신구약 리치롤 가지고 일판을 다 비스로 지엿스
니 가위 도리롤 통달흔 셩도ㅣ라 흐리로다. (텬로력뎡 셔문)

현대조선어에는 종결을 나타내는 문법적 형태 《-다》가 많이 쓰였으
나, 19세기와 그 이전 시기에는 《-다》와 함께 《-라》도 많이 쓰였다.
《-라》는 《-다》의 변종으로서 전 시기와 같이 그 앞에는 여러 가지
형태들이 온다.

○ 《-라》 :

827. 예수 일오샤더 삼가 사롬의게 고치 말고 다못 가제사의게 보이고
모쇼의 명한바 례물올 디려 뭇 사롬의게 간증올 삼으라 흐다라.

(예수셩교젼셔)

문장 827)은 《예수》가 일반백성에게 하는 말로서 안높임의 계칭을
쓴다.

828. 졍셩이 왈 형이 져 무덤을 아지 못흐리라. 옛 쟝여랑으 무덤이
라. 쟝여랑의 얼골과 지덕이 만고의 웃듬일넌이 느히 이십셰으
죽은미 홋스롬이 어러이 위로흐니 흔 준 슐노써 위흐미 엇더흐
뇨? (九雲夢 上 45)

형이라고 하지만 나이가 비슷하기에 안높임의 계칭을 썼고, 의문을
나타내는 안높임의 문법적 형태 《-뇨》도 함께 쓰인다.

829. 황졔 들으시고 긔특이 너겨 왈 냥쇼유는 진지 난양의 비필이라.

(九雲夢 上 55)

830. 헤롯이 죽으미 쥬의 사쟈 익굽에셔 요셥의게 현몽흐여 갈오더
닐어나 아히과 그 어맘을 다리고 이살일에 힝흐라. 흐문 아히
명을 히코져 흐던 사롬이 죽으미라. (예수셩교젼셔)

안높임의 계칭의 문법적 형태 《-라》의 앞에는 문법적 형태소 《-노-, -느니-, -라-, -셰-, -지-》 등이 온다.

1. 《-노라》 :

831. 부인이 왈 츈운의 얼골과 지최 무슴일을 못당ᄒ리오마는 츈운의 얼골과 지최 너와 진일이 업스니 몬져 한림을 셤기면 일졍권을 아일가 넘녀ᄒ노라. (九雲夢 上 40)

832. 마귀 ᄀᆞ온ᄃᆡ 네가 뎡령 내 빅셩이니 노아 주지 아니ᄒ리라. 네 나와 흠끠 도라 가면 내 나라에 잇는 조혼 물건을 다 주겟노라.

(텬로력뎡 권지샹)

833. 예수 듯고 긔긔히 치겨 좃는 쟈의게 갈오샤ᄃᆡ 너 실노 너희게 일오노니 이살일 가온ᄃᆡ 이 갓치 밋으물 만너지 못ᄒ엿노라.

(예수셩교젼셔)

문장 831)과 832)를 보면 말을 듣는 사람은 높임의 대상이 아닌 《너》 이기에 안높임의 계칭이다.

834. 긔독도ㅣ ᄀᆞ온ᄃᆡ 무슴 일이냐? 디답ᄒᄃᆡ 우리가 음에 가온ᄃᆡ 거의 니르러셔 요힝으로 우연히 압흘 ᄌᆞ셰히 슬펴 보고 위험ᄒ 곳신 줄 알고 급히 피ᄒ야 오노라. (텬로력뎡 권지샹)

835. 스되 왈 슬프다 낭낭이 십뉴셰 셔셩으로 만리밧긔 가니 노부의 불힝이로다. 내 느리고 병드러 됴졍의 돈의 참예치 못ᄒ나 샹소ᄒ야 ᄃᆞ트고쟈 ᄒ노라. (九雲夢 上 50)

2. 《-(느)니라》 :

836. 셩이 왈 쳡은 본ᄃᆡ 됴나라 쳔ᄒ 사롭이라 외로운 자최 구름ᄀᆞ치 동셔로 돈느더니 오늘날 부인을 뵈오니 하눌인가 ᄒ느니라.

(九雲夢 上 32)

837. 너희 사롭의 허물을 샤ᄒ면 하날기 잇는 아밤이 ᄯᆞ한 너희 허물

을 샤ᄒ고 너희가 사룸의 허믈올 샤치 안으면 너희 아밤이 ᄯ한
너희 허믈올 샤치 안나니라. (예수셩교젼셔)

문장 837)은 말을 듣는 상대는 《너희》기에 대우하지 않고 안 높여
서 말을 한다.

838. ᄉ디 왈 져 미인의 셩은 가시오 일홈은 츈운이라 한님이 공방의
    외로이 이심이 민망ᄒ야 츈운을 보내여 위로홈이니라.

    (九雲夢 上 49)

839. 너희 빌 쩌여 거즛 션ᄒᄂ 쟈 회당 삼거리에셔 빌기롤 죠와ᄒ여
    사룸의게 나타너임 ᄀᆺ치 말나.너 실노 너희게 일오나니 뎌 그
    갑푸믈 밧앗나니라. (예수셩교젼셔)

840. 긔독도ㅣ 굴ㅇ디 네가 미혹지 아니ᄒ 거슨 하ᄂ님의 은혜로다.
    셩경에 닐넛ᄉ디 쥬끠셔 미워ᄒᄂ 사룸은 필연 함졍에 ᄲ지ᄂ
    해롤 밧으리라 ᄒ엿ᄂ니라. (텬로력뎡 권지샹)

841. 향긔가 비숭하고 오러두어도 상치안이ᄒ니 슐을 다 쓴 후 다른
    죠흔 슐을 부어도 향긔가 위구ᄒ니라. (《규합총셔》)

3. 《-리라》 :

842. 도ᄉ 대희ᄒ야 왈 이졔 ᄒ 거문고와 ᄒ 통소로 네롤 주ᄂ니 일
    치말나 일후의 쏠째 이시리라. (九雲夢 上 18)

843. 죽기롤 무릅쓰고 패빅이 해ᄒ지는 못ᄒ고 놀내여 굴ㅇ디 너희롤
    불살와 죽이지 아니ᄒ면 너희가 죵시 회긔치 아니ᄒ리라.

    (텬로력뎡 권지샹)

문장 842)는 《늙은 도사》가 《젊은이》한테 하는 말이고, 문장 96)에
서 말을 듣는 사람은 《너희》기에 안높임의 계칭을 썼다.

4. 《-더라》:

844. 내가 저드려 닐ᄋ디 네가 이처럼 여러 말 ᄒ면 이는 하ᄂᆞ님끠
억지쓰는 모양이라 네게는 붓그러오나 내게는 영화로온 일이라
ᄒ니 제가 엇지ᄒᆞᆯ 수 업셔 가더라. (텬로력뎡 권지샹)

845. 긔독도ㅣ 골ᄋᄃᆡ 올타 거겸 짜에서 ᄯᅩ 무어슬 보앗ᄂᆞ냐? 진춤이
골ᄋ디 본 거슨업스나 ᄒᆞᆫ 태양이 잇셔 거겸을 지나 ᄯᅩ 음예 짜
으로 지나 가더라. (텬로력뎡 권지샹)

문법적 형태 《-더라》는 현대에도 많이 쓰이는 문법적 형태로서 이
시기는 하나의 토로 되어 목격을 나타낸다. 《-더라》의 어음변종으로서
《-러라》도 있었다.

5. 《-러라》:

846. 그 즁에 두어 사ᄅᆞᆷ은 말ᄒᆞ디 결단코 강권ᄒᆞ야 도로 오게 ᄒᆞ리라
ᄒᆞ니 ᄒᆞᆫ 사ᄅᆞᆷ의 일홈은 고집이오 한사ᄅᆞᆷ의 일홈은 이쳔이러라.

(텬로력뎡 권지샹)

6. 《-구나》:

문법적 형태 《-구나》는 감탄을 나타내는 안높임의 계칭토이다.

847. 춘향 기가막켜 하는 마리 우리 도련임이 가네가네 ᄒᆞ여도 거진
말노 알아던이 말타고 도라션이 차무로 가는구나. (春香 上 45)

848. 이놈 어디셔 장타령 하난놈의 말을 드럿구나. (春香 上 16)

7. 《-지라》:

849. 그 즁에 ᄒᆞᆫ 사ᄅᆞᆷ이 골ᄋ디 쥬끠셔 십ᄌᆞ가에 못박혀 죽으셧다가
다시 사신 후에 눈으로 보고 홈끠 말ᄒᆞ엿스니 그런 증거롤 보면
쥬끠셔 텬로로 가는 사ᄅᆞᆷ을 깃거ᄒᆞ시는 줄 알지니 텬하에 쥬ᄀᆞᆺ치
셰샹 사ᄅᆞᆷ을 ᄉᆞ랑ᄒᆞ시는 이가 업슬지라. (텬로력뎡 권지샹)

850. 긔독도ㅣ 골ㅇ디 이쳔이 이 길노 오다가 도라갓스니 쇽담에 닐ㅇ
기롤 개가 토ㅎ엿다가 다시 먹고 되아지가 제 몸을 졍히 씨셧다
가 쏘 진흙에 드러간다 홈 ᄀ흔지라 내가 처음에 싱각ㅎ디 졔가
구원을 엇엇다 ㅎ엿더니 이졔는 졔 성과 ᄀ치 멸망ㅎ올지라.

(텬로력뎡 권지샹)

○ 《-리》:

851. 슌도ㅣ 골ㅇ디 그디가 귀가 열여 눔의 말을 잘 밋고 무고히 나
롤 칙망ㅎ니 내 싱각건디 네가 쌍 파기ᄀ흔 사롬이니 셰샹에 네
ᄆ옴의 맛는 사롬이 업스리. (텬로력뎡 권지샹)

《-리》는 15~16세기에도 쓰이던 안높임의 계칭의 문법적 형태이다.

서술을 나타내는 안높임의 계칭은 문법적 형태 《-다, -도다, -로다, -라,
-노라, -(ᄂ)니라, -리라, -더라, -구나, -지라, -리》에 의해 표현되었다.

2.2 의문식에 나타난 문법적 형태

19세기에는 문법적 형태 《-잇가》의 사용이 확산되고 《-잇고》의
사용이 줄어들었으며, 또 문법적 형태 《-요》에 의한 계칭이 의문식에
나타난다. 그리고 어간과 《-잇가》의 사이에는 일정한 문법적 형태소가
개재하여 여러 가지 문법적 의미를 나타내고 있다.

○ 《-잇가》:

852. 츈운이 쇼 왈 쇼쳐는 녀관의 봉황곡을 듯고 샹여의 봉황곡이 아
니오 니 무슴 과히 싱각ㅎ시잇가? 녜 사롬이 쟝ᄀ온 대활 그림
자 보고 병들기와 ᄀ노소이다. (九雲夢 上 18)

의문을 나타내는 문법적 형태 《-잇가》는 서술식에서 가장 높게 대

우할 때 나타나던 문법적 형태 《-노소이다》와 함께 쓰였다.

> 853. 시비 하직ᄒ다가 문득 거문고 소뢰를 듯고 문 왈 내 일즉 부인
> 압픠셔 명금을 만히듯어ᄉ오디 이런 소리는 과연듯지 못ᄒ여ᄉ
> 오니 아지 못ᄭ어니와 어던 사람이잇가? (九雲夢 上 40)

접속토에 겸양을 나타내는 문법적 형태소 《-ᄉ오-》가 나타나는데,
이것은 말을 듣는 사람을 존중하는 높임의 계칭을 나타내는 문법적 형
태라는 것을 설명해준다.

문법적 형태 《-잇가》의 앞에는 여러 가지 문법적 형태소들이 나타난다.

1. 《-ㄴ잇가》 :

> 854. 셤월 눈믈을 흘이고 왈 산쳔초목이 다 환영ᄒ오니 쳡이 엇지 모
> 로잇가? 아지 못 하옵건이와 부인졍ᄒ여 게신잇가?
>
> (九雲夢 上 52)
> 855. 셩진이 답 왈 물은 깁숩고 다른 길이 업ᄉ오니 어디로 가라ᄅ신
> 잇가? (九雲夢 上 6)
> 856. 궤쟝을 부서시니 북걸부친이 어듸 잇ᄉ오며 긔쳐 엇더 ᄒ옴신잇
> 가? 원컨디 또 말ᄉᆷ을 앗기지 마옵쇼셔. (九雲夢 上 17)

문장 854)와 855)에는 문법적 형태소 《-옵-, -ᄉ오-》가 나타나고,
문장 856)은 명령을 나타내는 가장높임의 계칭형태 《-옵쇼셔》와 함께
쓰였다. 여기에서 《-ㄴ-》는 《-ᄂ-》와 같은 기능을 하고 있다.

2. 《-ᄂ(는)잇가》 :

> 857. 셩진이 이말ᄉᆷ을 듯고 간장이 쩌러지는 듯ᄒ지라 머리를 두드리
> 며 눈물을 흘리고 샤죄ᄒ야 왈 ᄉ부님 드르쇼셔. 녜적 아란존쟈
> 는 창가의가 창녀와 동포ᄒ여시되 셕가여러 오히려 죄ᄒ지 아니

하여 계시니 쇼지 비록 블근 흔죄 잇수오나 아란존의게 비호진대
오히려 경흐거늘 엇지 연화봉을 브리고 풍도로 가라흐시논잇가?

(九雲夢 上 9)

문장 857)은 《셩진이》가 《사부님》에게 하는 말로서 《사부님》이
라는 표현이 쓰이는 동시에 명령을 나타내는 가장높임의 문법적 형태
《-쇼셔》와 함께 쓰임으로 하여 가장높임의 계칭임을 나타낸다.

858. 할임 왈 션여는 무숨일노 요지의 무한한 결기를 바리고 이 순중
의 와외로이 머무논잇가? (九雲夢 上 43)

문장 858)은 《한림》이 산중에 외로이 있는 《션녀》에게 하는 말이다.

859. 긔독도ㅣ 무러 굴ㅇ디 웨 이처럼 지촉흐시ᄂ잇가?
인ᄌㅣ 굴ㅇ디 여긔셔 강도굴이 멀지 아니흔지라 마귀 님군 살
단이 여러 마졸들노 이문을 직혀 드러오는 사롬을 화살노 쏘라
흐매 혹 그살에 마자 죽으면 드러오지 못흐ᄂ니라.

(텬로력뎡 권지샹)

3. 《-습ᄂ잇가》:

860. 긔독도ㅣ 디답흐디 나는 짐을 진 불샹흔 사롬이라 쟝망셩에셔
순산으로 가셔 쟝리 형벌을 피흐고져흐더니 맛츰 엇던 사롬이
ᄀ른치디 이 문으로 드러가라 흐기에 왓스니 드러가게 흐겟습
ᄂ잇가? (텬로력뎡 권지샹)

이러한 가장높임의 문법적 형태는 19세기 이전의 문헌에는 보이지 않
던 형태로서 기능변동을 한 청자존칭토 《-습-》이 문법적 형태 《-ᄂ잇
가》와 결합된 형태이다. 이것은 19세기말 20세기초 문헌에 《-습닛가》

로 나타나는데, 이것은 현대조선어의 《-습니다》의 옛 형태로 된다. 그러나 이러한 결합형태의 사용은 그렇게 보편적이 되지 못했다. 《텬로력뎡 권지샹》에서 한 번 보일 뿐이다.

4. 《-니잇(닛)가》:

861. 내가 무러 골으디 존쟝은 누구시며 어느 곳에 계시닛가?
    노인이 디답ᄒ되 내 셩은 인이오 일홈은 구셩이오 별호는 로아
    담이오혼미향에 사노라.
    내가 또 무러 골으디 집에셔 먹는 거슨 무어시며 슈환은 멋치
    닛가?
    노인이 골으디 셰샹에 뎨일 먹기 조흔 거시 다 내 집에 잇고 슈
    환은 다 내 아돌이라. (텬로력뎡 권지샹)

위의 대화는 《내》가 《노인》에게 묻는 말로서 노인을 대접하여 가장 높게 대우한다. 여기에서 문법적 형태 《-닛가》는 《-니잇가》의 어음축약형으로서 높임의 정도에는 아무런 변화가 없다.

862. 경건이 골으디 그 사룸이 꿈 꾼 거슬 말ᄒ더니잇가? 긔독도ㅣ
    골으디 그 꿈이 뎨일 무셔온 꿈이라 내가 그 말 드롤 때에 일
    변 걱정스럽고 일변 깃부더이다. 경건이 골으디 효시의 집에셔
    또 다른 거슬 보앗느냐? 긔독도ㅣ 골으디 내가 그 일을 보고
    미우 깃거워 ᄒ엿스니 만일 압흐로 더 갈 길이 업더면 효시의
    집에셔 오래 류ᄒ랴 홀 번ᄒ엿ᄂ이다. (텬로력뎡 권지샹)

위의 대화는 《경건》과 《긔독도》의 대화인데 같은 인물에 각이한 계칭이 나타나고 있다. 이러한 현상은 대화에서 간혹 나타나는데 말을 듣는 대상은 같으나 말하는 당시 말하는 사람의 심리상태에 따라 나타나는 현상이다.

863. 진인 왈 상공이 비첩을 갓그이 ㅎ느니그? 할임 왈 업눈이다. 진
   인 왈 혹 고층을 지니다 슬험이 이눈잇그? 진인 왈 업노라. 진
   인 왈 몽중으게집을 궂츠ㅎ니잇그? (九雲夢 上 47)

864. 괴독도ㅣ 무러 굴오디 이거시 무슴 의스니잇가? 효시 굴오디 이
   불은 므옴 가온디 셩신이 감동홈을 비유홈이오 불을 쓰랴고 믈
   쑤리눈 거슨 마귀롤 비유홈이니 마귀가 아무리 쓰랴 홀지라도
   불이 더 붓는 고 로 네게 뵈혀 그루치노라.(텬로력뎡 권지샹)

865. 괴독도ㅣ 굴오디 이거시 무슴 뜻시닛가? 효시 굴오디 이거술 알
   고져홀진디 그 사롬의게 무러 보라. (텬로력뎡 권지샹)

문장 863)은 《-니잇가》 와 《-닛가》 가 동일한 계칭을 나타내는 문법
적 형태라는 것을 설명한다. 문장 864), 865)의 《괴독이》 가 《효시》 에게
하는 말에서도 이러한 문법적 형태가 함께 나타난다.

866. 텬문에 니르러 문 직힌 사롬드려 무르디 이거시 뉘 딕이니잇가?
   오늘밤에 쉬여 가기롤 쳥ㅎ느이다. 디답ㅎ디 이 딕은 이 산 쥬
   인끠셔 길가는 사롬을 위ㅎ야 보호ㅎ며 구졔ㅎ라고 지으신 집이
   로라. (텬로력뎡 권지샹)

문장 866)에서의 《-니잇가》 는 서술을 나타내는 가장높임의 계칭형
태 《-느이다》 와 조응을 이루었다.

5. 《-리(릿)잇가》 :

867. 싱이 이말듯고 이러나 지비하여 왈 졍쇼져를 보리라 ㅎ면 하눌
   이 아라 도올흘거시오 기프 쇠라도 들어가리니 무삼 일을 듯지
   아니 홀이잇가? (九雲夢 上 30)

문장 867)의 《이러나 지비하여 왈》 이라는 표현을 보아 가장높임의
계칭임을 나타낸다.

868. 한님 모옴이 활홍ᄒ야 사되끠 술와 왈 져 미인이 귀신이잇가?
　　 사롬이닛가? 귀신이면 엇지 ㅂ구듀의 나오릿가? (九雲夢 上 49)

　문장 868)의 《한림이 사되끠 술와 왈》 이라는 표현으로 보아 의문을
나타내는 가장높임의 계칭이다.

869. 젼도가 칙 혼 권을 주거놀 즈셰히 보니 쟝리 화롤 피ᄒ야 다라
　　 나라혼 말이어놀 젼도ᄃ려 공슌히 무러 ᄀᆞᆯ오디 어디로 다라나
　　 오릿가? (텬로력뎡 권지샹)
870. 낭싱이 다시 왈 쇼져 화음 짜회 진씨 녀ᄌ로 더부러 혼ᄉ를 의
　　 논하옵더니 난리예 분찬ᄒ여ᄉ오니 이 혼시 되릿가?

　　　　　　　　　　　　　　　　　　　　　　　　(九雲夢 上 18)

　문장 870)은 《낭생》 이 산중의 한 《늙은 도사》 에게 하는 말이다.
말하는 《낭생》 은 로인을 가장 높게 대접하여 말한다.

871. 미우 붓그럽다 ᄒ고 다시 젼도ᄃ려 무ᄅ디 내가 지금이라도 졍
　　 로로 도라가 좁은 문으로 가면 ㅂ랄 거시 잇스리잇가? 혹 거긔
　　 셔 막고 거두어 주지 아니ᄒ면 도로 오기가 붓그럽지 아니ᄒ리
　　 잇가? 셰지의게혹 흠미 근심시러오나 죄룰 샤ᄒ리잇가?

　　　　　　　　　　　　　　　　　　　　　　　(텬로력뎡 권지샹)
872. 츈랑이 우스며 왈 죽기도 죄치못ᄒ려든 쇼져의 말숨을 어이 좃
　　 지 아니 홀이잇가? (九雲夢 上 41)

6. 《-ᄉ오릿가》 :

873. ᄀᆞᆯ오디 저 압희 좁은 길을 보ᄂᆞ냐 그 길은 그디 갈 길이니 거룩
　　 ᄒ신 조샹들과 션지들과 긔독끠셔 그 ᄉ도들을 명ᄒ샤 창셜혼
　　 길이라 그 길이 미우 바ᄅᆞ니 그디는 갈지어다. 긔독도ㅣ 무러
　　 ᄀᆞᆯ오디 길 모로는 사롬이 가다가 잘못 들 길이 업ᄉ오릿가?

　　　　　　　　　　　　　　　　　　　　　　　(텬로력뎡 권지샹)

874. 내 무러 굴으디 얼마나 굿치 오래 잇스오릿가? (텬로력뎡 권지샹)

이러한 문법적 형태는 객체존칭으로부터 기능변동을 하여 청자존칭으로 된 문법적 형태 《-습-》의 어음변종 《-스오-》가 문법적 형태 《-릿가》와 결합된 형태이다.

○ 《-잇고》:

875. 뉴모 왈 이후의 어느되 노호야 무르시면 엇지 흐리잇고?

(九雲夢 上 14)

15~16세기에 많이 쓰이던 문법적 형태 《-잇고》는 17~18세기부터 적게 쓰이다가 19세기에는 그 쓰임이 더욱 줄어들고 이후에는 쓰이지 않는다.

○ 《-요》:

876. 낭싱 다시 불너 왈 쇼져는 진짜 사롬이오니 나는 쵸짜 사롬이라 산천언약호니 소식을 통키 어려운 지라 흐물며 오날일은 본지 업시니 싱각컨더 달빗셜 타 셔로 상더 하야 밍약을 졍호미 엇더 호요? (九雲夢 上 27)

《쇼져》가 《낭생》에게 하는 말로서 사랑하는 남녀사이, 여성은 남성을 친절하게 높여서 대접하여 이야기한다.

877. 여보, 도런임 인자 막하신 말삼 참말이요? 농말이요? 우리 두리 쳐음 만나 빅연 언약 미질격의 더부인 사쓰옵셔 시기시던 일리 온잇가? 빙자가 웬일이요? (春香 上 28)

문장 877)에 높임의 호칭어 《여보》와 의문을 나타내는 가장높임의 계칭형태 《-잇가》와 조응을 이루면서 가장 높게 대우함을 나타낸다.

878. 쏘 격벽부를 천자 일글시 하날천 짜지 방지듯고 여보, 도련임
    졉잔이천자는 웬 이리요? (春香 上 15)

문장 878)은 《방자》가 《이도령》에게 하는 말로서 머슴은 주인을
가장 높게 대우하여 말한다.

879. 니 쌀 춘향을 바리고 간다하니 무심 죄로 그러시오? (春香 上 40)

의문식에 나타난 가장높임의 문법적 형태 《-요》도 서술식에 나타나
는 《-요》처럼 《-오》의 어음변종인 것 같다.

의문식에는 문법적 형태 《-슴느잇가, -잇가, -ㄴ 잇가, -느(는)잇가, -니
잇(닛)가, -리(릿)가,-스오릿가, -잇고, -요》 등이 나타난다.
《-잇가, -잇고》는 전시기와 같이 의문을 나타내는 가장높임의 문법
적 형태이고, 《-느-, -니-, -는-, -ㄹ-, -리-》는 시간을 나타내는 문법
적 형태소이다. 그리고 15세기에 많이 쓰이던 의문을 나타내던 문법적
형태 《-잇고》는 18세기부터 잘 쓰이지 않다가 19세기에는 기본상 안
쓰인다. 그리고 여기서 《-요》는 친밀감과 함께 두루높임을 나타내는
문법적 형태의 시초이다.

문법적 형태 《-시랴오, -랴시오, -시리가, -소》에 의해서도 말을 듣
는 상대방을 대우하여 준다.

880. 춘향이 니다라 여보, 도련님 인제 가시면 언제 나오시랴오?
                                                    (春香 上 36)

문장은 《춘향》이 떠나가는 《이도령》에게 하는 말로서 말을 듣는
상대와 행동의 주체가 일치하다.

881. 내 쪼 무러 글으디 무슴 일을 식이고 무슴 공젼을 주랴시오?
노인이 글으디 내 식일 일은 미우 쾌락흔 일이오 공젼은 나의
셰간을 맛기랴ᄒ노라. (텬로력뎡 권지샹)

내가 나보다 나이가 많은 《노인》한테 하는 말이기에 안높임이 아니라 높임의 계칭이다.

882. 션여 답 왈 화상이 진실노 뉴관딩ᄉ의 졔ᄌ실진딘 반다시 신통
한 도슐이 잇슬거시니 엇지 이갓턴 조고만흔 물을 건너기을 염
어ᄒ시며 안여ᄌ로 더부러 길을 닷도시리가? (九雲夢 上 6)

션녀들이 낯모를 《화상》과 하는 말로서 안높임이 아닌 높임의 계칭을 위한 특수한 문법적 형태이다.

883. 흔림이 왈 내 녀진 션비를 엇지 몯ᄒ야 셰샹ᄉ를 의논치 못ᄒ더
니 그디를 만나니 엇지 즐겁지 아니 ᄒ리오? (九雲夢 上 51)

《한림》이 높임의 대상인 《그디》에게 하는 말로서 높임의 계칭을 썼다.

884. 경건이 글으디 써나 오다가 효시의 집을 찻지 아니ᄒ엿소?
괴독도ㅣ 글으디 그 일을 ᄒ나도 닛지 아니ᄒ엿ᄂ이다.

(텬로력뎡 권지샹)

현대조선어에 쓰이는 높임의 계칭형태 《-소》와 같은 기능을 하는 형태이다.

19세기에는 의문을 나타내는 높임의 계칭 《 -오, -소》체가 쓰이기 시작하였으며, 《-리오》도 의문식에서 높임을 나태내는 문법적 형태로 쓰인 일이 있다.

의문식에는 상술한 문법적 형태 외에 《-가, -고, -(야)냐, -뇨, -리오, -랴, -는다》 등이 나타난다.

1. 《-가》:

안높임의 문법적 형태 《-가》의 앞에는 부동한 형태소 《-ㄴ-, -는 (는)-, -던-, -ㄹ 손-》 등이 붙어 시간적 의미를 비롯한 여러 가지 문법적 의미를 나타내고 있다. 이러한 토들은 이 시기 하나의 웅근토로 되었다.

> 885. 이도령 일은 마리 금야의 하는 절차 본니 관청이 안이여던 어이 그리 구비한가? (春香 上 25)
>
> 886. 우리 션조 양반이 모도 망신하난계 아니라 우리 션조 양반이 모도 망신을 할 마리로시 무슨 마리 그리 찾든 마리 잇단 마린가?
>
> (春香 上 41)
>
> 887. 스되 왈 냥낭의 얼골이 어이 져대록 쵸추ᄒ뇨? 동의 말을 들으니 엇던 계집으로 더부러 ᄒᆞᆫ가지 잔다ᄒ니 그러ᄒ가?
>
> (九雲夢 上 10)
>
> 888. 내 읇펏거니와 무슴일노 찻는가? (九雲夢 上 14)
>
> 889. 춘향이 도련임 모신 계가 준 일년 되야스되 힝실 그르던가? 예 절리 그르던가? 침션이 그르던가? 언어가 불순턴가?
>
> (春香 上 40)
>
> 890. 월미 디답하되 천하 디셩 공부자도 이구산의 비르시고 졍나라 정자산은 우셩산의 비러나 계시고 아동방강신을 이를진디 명산 디천이 업슬손가? (春香 上 2)

2. 《-고》:

안높임의 문법적 형태 《-고》의 앞에는 부동한 형태소 《-는(는)-, -ㄹ-》 등이 붙어 시간적 의미를 비롯한 여러 가지 문법적 의미를 나타내고 있다.

891. 네 이 몹슬 연아 늘근 어미 엇절나고 몸을 이라 상하는아? 여보
도련임 남우싱쎄 갓탄 자식을 이지경이 웬이리요? 절곡한 우리
춘향 이통하여 죽거드면 혈혈단신 이 너 신셰 뉘를 믿고 사잔말
고? (春香 上 42)

892. 대시 합장ᄒᆞ야 샤례 왈 노승이 므슴 공덕이 잇관더 이러듯 샹션
의 셩궤를 밧는고? (九雲夢 上 4)

893. 대시 궤즈를 불너 왈 나는 늙고 병드러 산문 밧긔 나지 못ᄒᆞᆫ 년
지 십여년이니 너의 제즈 듕의 뉘 나를 위ᄒᆞ야 슈부의 드러가
뇽왕긔 회사ᄒᆞ고 도라올고? (九雲夢 上 3)

894. 도리켜 굴ᄋᆞ디 내가 쟝ᄎᆞᆺ 엇더케 ᄒᆞ여야 저 말이 내 몸에 밋지
아니홀고? (텬로력뎡 셔문)

의문을 나타내는 가장높임에 《-잇고》는 기본상 쓰이지 않고 《-잇
가》가 많이 쓰이나 말을 듣는 사람을 대우하지 않을 때에는 《-고》형
이 아직도 쓰이고 있다.

3. 《-나》:

895. 춘향도 미혼전이요 나도 마장전이라 피차 언약 이러ᄒᆞ고 육예난
못할망정 양반의 자식이 일구이언을 할이잇나? (春香 上 23)

《이도령》이 《춘향모》에게 하는 말이다. 《춘향모》는 《이도령》보
다 연령상으로는 이상이지만 계급적으로 보면 낮은 신분이기 때문에 안
높임의 계칭을 쓰고 있다. 이것이 바로 대우법의 기능에서 상하질서의
표출51)이다.

---

51) 《존대법연구》(서정수 1997년 한신문화사)에서는 대우법의 기능은 (가) 인간적 상
하질서의 표출, (나) 횡적 친소관계의 표현, 그리고 (다) 인간품위의 드러냄 등으로
갈라볼 수 있다고 하였다. 여기서의 상하질서의 표출이란, 말할이는 들을이 또는 그
밖의 화제 인물사이의 인간적 상하관계를 드러내는 것이라고 하였다.

4. 《-(야)냐》 :

이러한 문법적 형태는 19세기에 많이 쓰인 안높임 계칭의 문법적 형태이다.

> 896. 할임 다시 쇼미를 줍고 왈 스롬이 죽으면 귀신이 되고 환생ᄒ면 스롬이 되ᄂ이 그 근본은 한 가지라 유명은 달으ᄂ 영분을 이질 쇼냐? (九雲夢 上 46)
> 897. 마귀 굴ᄋ디 네가 네 쥬룰 셤김이 임의 신실치 못ᄒ엿스니 엇지 샹을 ᄇ라리오? 긔독도ㅣ 굴ᄋ디 무어시 신실치 못ᄒ냐?
>
> (텬로력뎡 권지샹)

안높임의 계칭토 《-(야)냐》의 앞에는 《-ᄂ-, -ᄂ/는-, -더-》등 문법적 형태들이 개재하여 각이한 문법적 의미를 나타낸다.

> 898. 네의 부모 구존한야? 편모 하나로소이다. 멋혀졔나 되넌야? 육십당연늬의 모친 무남독여 나흔나요. (春香 上 13)
> 899. 도련임 반만 웃고 춘향다려 문난 마리 곤지 안이하며 밥이나 잘 먹건야? (春香 上 11)

문장 898), 899)는 《이도령》과 《춘향》의 대화로서, 《이도령》은 《춘향》을 대우하여 말하지 않는다.

> 900. 방지 안으로 들어가되 춘향아 잠드런야? 춘향이 쌈짝 놀너여 네 엇지오냐? 춘향의 모 잠을 씌여 아가 무어슬 달나고 부르난야?
>
> (春香 上 19)

문장 900)은 《방자》와 《춘향모》가 《춘향》과 하는 대화로서 안높임의 계칭을 썼다.

901. 이자식 네모른다. 천왕씨 일만팔천셰를 살던 양반이라 이가 단단
호여 목덕을 잘 자셔건이 와 시속 션부더른 목쩍을 먹견는야?

(春香 上 15)

문장 901)은 《이도령》과 《방자》의 대화로서, 《이도령》은 《방자》
를 안 높여서 말을 한다. 이 외에도 예를 더 든다면 아래와 같다.

902. 싱이 문을 두드리며 불너 왈 계왕이잇느냐?......쥬인이 손을 기돌
녜야 올으냐 손이 쥬인을 기돌여야 올으냐? (九雲夢 上 24)

903. 긔독도ㅣ 굴으디 그디가 써나기 젼에 이쳔과 ᄀᆞᆺ치 말호지 아니
호엿느냐? 진츔이 굴으디 힝길에서 혼 번 맛낫스니 제가 붓그
러워 피호야 다른 길노 가기로 말호지 못호엿노라.

(텬로력뎡 권지샹)

904. 이여 불너 갈오디 하나님의 아달아, 우리가 네과 어드러기로 써
젼에 네 와셔 우리롤 달년케 호나냐? (예수셩교젼서)

905. 뎌 바리시과 삿두기 사롬이 만이 밧으려 오믈 보고 일오되 독샤
의 자식아 뉘가 너희로 쟝너의 노롤 피호라더냐?

(예수셩교젼서)

906. 긔독도ㅣ 굴으디 그 계집이 너롤 엇더케 괴이더냐? 그믈을 버셔
남이 만힝이로다. (텬로력뎡 권지샹)

5. 《-뇨》:

907. 연시 시비를 드리고 별당의 가 낭셩다려 문 왈 최부인계셔 블너
계시니 녀관은 본위호야 잠가보미 엇더호뇨? (九雲夢 上 32)

908. 염나대왕끠 뵈요디 대왕이 왈 화상의 몸은 비록 연화봉의이여
시나 화상 닐홈은 지장왕 향안젼의 겨셔시니 산통도슐로 쳔하
즁싱을 건질가 호엿더니 이제 무슴일로 이곳의 왓는요?

(九雲夢 上 10)

909. 스되 한림두려 왈 나는 팔지 긔구ᄒ야 아둘이 업고 다만 ᄯᆯ ᄌ
식이 이시되 혼쳐를 졍치 못ᄒ여 시니 한림이 내 자회 되미 엇
더 ᄒ뇨? (九雲夢 上 35)

《-뇨》는 《-냐》와 같은 안높임의 문법적 형태인데, 《어더, 엇더-,
뉘, 엇지, 웨》등 의문사를 가진 의문문에서 주로 쓰이고, 앞에 《-ᄂ-,
-ᄂ/는-》등 문법적 형태들이 개재하여 여러 가지 문법적 의미를 나타
낸다.

910. 넘왕이 ᄯᅩ 팔션녀 두려 므로되 남악산 승경이 엇더ᄒ관더 ᄇ리
고 이런더 와ᄂ뇨? (九雲夢 上 10)
911. 홀현 퉁쇼소리 들이거눌 하인을 블어 왈 이소리 어더셔 나ᄂ뇨?
(九雲夢 上 54)
912. 부인이 쇼져 침소의 가 시비두려 문 왈 츙낭의 병이 엇더ᄒ뇨?
(九雲夢 上 35)
913. 한림이 긱관의 머믈너 쇼년을 쳥ᄒ야 왈 내 쳔하를 두로 돈니며
보되 그더 ᄀᄐᆫ 니를 보지 못ᄒ엿니 셩명을 뉘라 ᄒᄂ뇨?
(九雲夢 上 51)

위의 문장들을 보면 《왕》이 《선녀》에게, 《주인》이 《하인》에게,
《어른》이 《소년》에게 하는 말로서 안높임의 계칭을 썼다. 이러한 형
태의 예를 더 든다면 아래와 같다.

914. 낭셩이 장안의 들러가 스쳐를 졍혼후에 쥬두려 문왈 ᄌ쳥관이
어더 잇ᄂ뇨? (九雲夢 上 28)
915. 긔독도ㅣ ᄀᆯᄋ더 나 구ᄒᄂ 거슬 내가 아ᄂ니 무거온 짐을 버스
면 편ᄒ겟노라. 셰지 ᄀᆯᄋ더 평안홈을 구ᄒ면 웨 험흔 길노 가
ᄂ뇨? (텬로력뎡 권지샹)

916. 예루살임에 닐으러 갈오디 나은 유더인의 왕이 어더 잇나뇨? 우
리가 동방에서 그 별을 본 고로 와서 절ᄒ려 ᄒ노라.

(예수성교전서)

6. 《-리오》:

917. 네 아모리ᄒ여도 죄치 못홀지라 엇지 날ᄀ톤 노부를 조ᄎ 속졀
업시 늙으리오? (九雲夢 上 18)

문장 917)에서 말을 듣는 사람은 말하는 노인보다 어린 사람이고, 또
《엇지》는 의문대명사이다. 이것은 《-리오》는 《-리고》의 어음변화
형태이며, 안높임을 나타내는 문법적 형태임을 설명해준다.

918. 스되 왈 엇지 연쇼 남ᄌ로 븬방 촛불만 벗삼게 ᄒ리오?

(九雲夢 上 41)

919. 한림이 쇼 왈 대장뷔 나라 희당ᄒ야 ᄉ셩을 도라보지 아니ᄒᄂ
니 엇지 ᄉ졍을 싱각ᄒ리오? (九雲夢 上 50)

920. 한님이 왈 진인의 말슴이 그러면 과연ᄒ거니와 쟝녀랑이 날과
정회심히 기프니 엇지 날을 해하리오? (九雲夢 上 47)

921. 할임이 왈 내 엇지 셤ᄂ을 의심ᄒ리요? 어진 사람을 일흐니 그
룻 츤리노라. (九雲夢 上 53)

문장 921)에서 《-리요》는 가장높임을 표현하는 문법적 형태가 아니
다. 안높임의 문법적 형태 《-노라》와 앞뒤 조응을 이루고 있는 데서
확인된다.

7. 《-랴》:

922. 니 마음디로 할진디는 육예를 힝할리니 그러털 못하고 기구녁
셔방으로 들고보니 이안이 원통하랴? (春香 上 25)

923. 나 올라간 뒤라도 창젼의 명월거든 쳘이샹사 부디마란 너을 두
고 가는 니가 일일평분십이시을 닌들 어이 무심하랴?

(春香 上 42)

924. 공중에 시룔 보라 시무지도 안코 거두지도 안코 곡간에 가젹도
안이흐되 다못 너희 텬부 가치나니 너희가 엇지 시보담 더 귀
치 안으랴? (예수셩교젼서)

문장 922), 923)은 《이도령》이 《춘향》 한테 하는 말로서 안 높여서
말을 한다. 문장 924)에는 안높임의 대명사 《너희》가 쓰이고 있다. 이
러한 형태를 더 고찰하면 아래와 같다.

925. 대쇠 대노흐야 왈 불가의 경계는 젼혀 닛고 인간 부귀를 싱각흐
니 그러하고 공부을 엇지 하랴? (九雲夢 上 9)

926. 연시 쇼 왈 노인의 눈이 아모리 붉지 못흔들 사롬 알기를 낭낭
만 못흐랴? (九雲夢 上 30)

927. 너희 사랑흐는 쟈롤 사랑흐면 무삼 갑푸미 이사랴 세관이 쪼한
이 갓지 안으랴? 너희 동싱게 만인 사흐면 무어시 넘지미 이사
랴 외방이 쪼한 이 갓치 아니랴? (예수셩교젼서)

8. 《-는다》:

928. 대시 크게 대로흐야 왈 셩진아 네죄를 아는다? (九雲夢 上 8)

의문을 나타내는 안높임의 계칭에는 문법적 형태 《-ㄴ가, -는(는)가,
-던가, -ㄹ손가, -고, -는(는)고, -ㄹ고, -나, -냐, -ㄴ냐, -는(는)냐, -소
냐, -더냐, -(으)냐, -뇨, -ㄴ뇨, -는뇨, -리오, -(으)랴, -는다》 등이 나
타난다. 19세기 문헌에는 전시기인 17~18세기에 일부 쓰이다가 쓰이지
않던 문법적 형태 《-는다》가 다시 나타나고 있다. 이것은 이러한 문법
적 형태의 불온정상을 보여 준다.

2.3 명령식에 나타난 문법적 형태

19세기 문헌에도 명령을 나타내는 가장높임의 계칭의 문법적 형태 《-쇼셔》의 사용이 줄어들지 않고 있다.

○ 《-쇼셔》:

929. 셤월이 왈 이 곳지 오리 류홀 곳지 아니오니 샹공은 가쇼셔. 이 후예 뫼샬 날이 잇스오니 ㅇ티즈를 위ㅎ야 쩌나지를 슬허 마른 쇼셔. 허믈머 쟉일 졔공즈이요 흔ㅁ옴이 업스리잇가?

(九雲夢 上 19)

문장 929)는 《셤월》이 《샹공》에게 하는 말로서 의문을 나타내는 가장 높임의 문법적 형태 《-리잇가》와 함께 쓰이면서 말을 듣는 《샹공》을 가장 높게 대우함을 나타낸다.

930. 한림이 왈 악쟝은 과이 넘녀치ㅁ로쇼셔. 연나라혼 솟터든 고기 오 궁긔든 기아미라 무슴 넘녀ㅎ릿가? (九雲夢 上 50)

문장은 《한림》이 《악쟝》에게 하는 말로서 의문을 나타내는 가장높임의 문법적 형태 《-릿가》와 함께 쓰이고 있다.

931. 이졔는 쇽졀업스니 싱각지말ㅇ시고 다룬더 구혼ㅎ쇼셔.

(九雲夢 上 26)

932. 부인 왈 이졔 블축혼 ㅉ희 가시니 엇지 슬프지 아니 ㅎ리오 ㅂ 라건대 슈이 셩공ㅎ고 도라소쇼셔. (九雲夢 上 50)

933. 니가 올나가드리도 도련임 큰딕으로 가셔 살수 업슬거시니 큰딕 각가이 조구만한 집방이나 두엇 되면 죡하오니 연탐ㅎ여사 두 쇼셔. (春香 上 37)

명령을 나타내는 가장높임의 문법적 형태 《-쇼셔》의 어음변종 《-소셔》가 나타나고 있다. 이것은 앞음절에서 먼저 단모음화되고, 그 후 뒤음절도 단모음화되어 지금의 《-소셔》로 된다.

> 934. 본문대로 번력ᄒᆞ는 즁에 미진혼 곳치 여간 잇스나 대강 요긴혼 뜻술 붉혓스니밋는 이는 이 칙을 서 보소셔. (텬로력뎡 셔문)
> 935. 젼도ㅣ 이 말을 맛초고 하늘을 향ᄒᆞ야 크게 불너 굴ᄋᆞ디 이 말을 증참ᄒᆞ야 주옵소셔. (텬로력뎡 권지샹)

문장 935)의 《하늘을 향하여 크게 블러》라는 표현으로 보아 가장높임의 계칭임을 나타낸다.

> 936. 긔독도ㅣ 효시ᄃᆞ려 무려 굴ᄋᆞ디 이 일을 명빅히 ᄀᆞ르쳐 주소셔. 효시 굴ᄋᆞ디ᄒᆞ나혼 셰샹 사롬의게 비유ᄒᆞᆷ이오 ᄒᆞ나혼 텬국 빅셩의게 비유ᄒᆞᆷ이니 급욕이 명년을 기ᄃᆞ리지 못ᄒᆞ고 지금 가지랴 ᄒᆞᆷ이 셰샹 사롬 의 욕심과 ᄀᆞᆺᄒᆞ니 목젼에 복을 엇으랴 ᄒᆞ면 ᄉᆞ후에 큰 복을 기ᄃᆞ리지 못ᄒᆞᄂᆞ니라. (텬로력뎡 권지샹)
> 937. 쏘 한 뎨자 갈오디 쥬 ᄂᆞ롤 용납ᄒᆞ여 먼져 가 아밤올 장ᄉᆞ케 ᄒᆞ소셔.
> 예수 갈오샤디 죽은 스롬올 맛져 죽은 스롬올 장ᄉᆞᄒᆞ고 너ᄂᆞ 나롤 좃추라. (예수셩교젼서)
> 938. 예수ᄂᆞ 자거날 뎨자 나아가 끠와 갈오디 쥬아 우리롤 구완ᄒᆞ소셔. 거의 망ᄒᆞ게 되ᄂᆞ이다. 예수 갈오샤디 젹게 밋ᄂᆞ 쟈야 엇지 무셔워 ᄒᆞ나냐? (예수셩교젼서)

문장 938)은 《제자》가 《예수》께 하는 말로서 가장높임의 계칭을 썼다.
문법적 형태 《-쇼셔》의 앞에는 기능변동을 한 문법적 형태소 《-옵-/-옵-》이 오는 경우가 많다.

939. 냥싱끠 고ᄒᆞ야 왈 셕반이 다되엿ᄉᆞ오니 힝ᄎᆞᄒᆞ옵쇼셔.

(九雲夢 上 14)

940. 예문에 ᄒᆞ여시되 남ᄌᆞ는 왼편으로 가고 여즌 올흔편으로 간다ᄒᆞ오
니 쳡등은 몬져와 안ᄌᆞᄉᆞ오니 원컨디 화상은 다른길을 구ᄒᆞ옵소셔.

(九雲夢 上 6)

941. 도련임 말삼은 잠시 춘향과 빅연가약 한단 말삼이오나 그런 말
삼 마르시고 노르시다가 가옵소셔. (春香 上 23)

942. 도련임 모시고 갈 후비사령이 나올격의 헐덕헐덕 드러오며 도련
임 어서 힝차ᄒᆞ옵소셔. 안으셔 야단낫소 사쏘계옵셔 도련임 어
디 가셔는야 하옵기여 소인이 엿잡기을 노던 친고 작별차로 문
박기 잠간 나가 겨시노라 하여 싸오니 어서 힝차 하옵소셔.

(春香 上 42)

943. 사롬의 일홈과 따 일홈은 춤으로 잇는 거시 아니라 명목만 빌어
다가 일홈을 지엿ᄉᆞ디 션ᄒᆞᆫ 사롬의 일홈은 션ᄒᆞ게 지코 악ᄒᆞᆫ 사
롬의 일홈은 악ᄒᆞ게 지코 조흔따 일홈은 조케 지코 흉흔 따 일
홈은 흉ᄒᆞ게 지서엿ᄉᆞ니 이 칙 보는 벗님네는 일홈을 보고 뜻슬
싱각ᄒᆞ옵소셔. (텬로력뎡 서문)

명령은 문법적 형태 《-쇼셔/-소셔/-옵쇼셔》에 의해 표현되는데,
《-쇼셔》는 15세기 이전시기로부터 19세기까지 오랫동안 쓰여온 가장
높임의 계칭의 문법적 형태이다. 현대조선어에도 가장높임의 계칭에서
예스러움을 나타내기 위하여 흔히 《-소셔》를 쓰고 있다.

명령식에는 가장 높게는 대우하지 않지만 말을 듣는 사람을 대우하여
주는 문법적 형태가 있었다.

1. 《-오, -소》:

944. 니 져를 조취 갓치 예길더니 염예 말고 미쟝젼도 염예 마소 디쟝
부먹난 마음 박디 힝실 잇슬손가? 헐락만 허여쥬소 (春香 上 24)

945. 춘향이 할길 업셔 여보 도련임 니손의 술리나 망종 잡수시오.
   힝찬 업시 가실 진된 너의 찬한길 마시소. 참 잘자리에 날본다
   잡수시오. 상단아, 찬합술병 너오너라. (春香 上 44)

문장 944)와 945)는 《춘향》이 《이도령》에게 하는 말로서 가장높임
의 계칭이 아니라 일반으로 높이는 경우이다. 높임의 계칭은 문법적 형
태 《-오, -소》에 의해 表現되었다.

2. 《-시요》:
이런 문법적 형태는 19세기 명령에 나타난 것은 《-시오》의 어음변종이다.

946. 니싱젼 심써 갈쳐 아무쪼록 본바다 힝하라고 돈싱기면 사모와
   셔손으로 만드러셔 눈의 익고 손의도 익키랴고 일시 반씨 노지
   안코 시긴바라 부족다 마른시고 구미디로 잡슈시오. (春香 上 25)

이것은 《춘향모》가 양반집 자식 《이도령》에게 하는 말로서 높여
대접하는 말씨이다.
이와 같이 명령을 나타나는 《-오, -소, -시요》는 높임을 나타내는
문법적 형태이다.

명령을 나타내는 안높임의 계칭에는 문법적 형태 《-라》와 이것의
어음변종인 《-나》가 나타난다. 문법적 형태 《-라》의 앞에는 여러 가
지 형태소들이 개재하여 부동한 문법적 의미를 나타내고 있다.

○ 〈-라〉:
947. 도쇠 왈 부즈간 지정이 즁흐나 션법이 다 묘시 보기 어려오니
   라. 쏘 샴산이 막연ᄒ고 십듀 묘묘 ᄒ니 네 부친의 거취을 어디
   가 추즈리오? 네 부질업시 슬허말고 예셔 뉴하야 평난ᄒ 후의
   ᄂ려가라. (九雲夢 上 17)

948. 도시 싱을 불너 왈 죽금은 평난ᄒᆞ고 과거ᄂᆞᆫ 명츈으로 퇴정ᄒᆞ여 난지라 대부인이 너를 보내고 쥬야 념녀ᄒᆞ시니 수이가라.

(九雲夢 上 19)

문장 947), 948)은 늙은 《도사》가 《젊은이》에게 하는 말로서 《-니라, -리오》와 조응을 이루면서 안높임의 계칭을 나타낸다. 안높임의 계칭에 쓰인 예를 더 찾아보면 아래와 같다.

949. 대식 왈 네 ᄆᆞ숨이 대변ᄒᆞ여시니 산즁의 잇셔도 공부를 일오지 못ᄒᆞᆯ 거시니 ᄉᆞ양치 말고 가라. 연화봉을 다시 싱각ᄒᆞᆯ진대 ᄎᆞᄌᆞᆯ 날이 이시리라. (九雲夢 上 9)
950. 용수를 막으면 간찰지 못허니 가온더로 굼글 졍히 ᄠᅳᆯ고 몬져 ᄡᅥ ᄒᆞ린거슬 ᄀᆞᄒᆞ로 부어가면 ᄠᅳ라. (《규합총서》)
951. ᄉᆞᆯ힌 물은 ᄒᆞᆫ더 버무리고 물을 ᄒᆞᆫ사발즈음 남겻다가 버무린 그릇 죄부싀여 다 부으라. (《규합총서》)
952. 사ᄯᅩ 더히ᄒᆞ야 허락ᄒᆞ고 말삼ᄒᆞ시되 남쥬풍물을 귀경ᄒᆞ고 도라오되 시졔을 싱각ᄒᆞ라. (春香 上 9)
953. 통인아 예져 건너 화류즁의 오락가락 힛뜩힛뜩 얼는얼는 져 무어신지 자셔이보와라. (春香 上 10)
954. 긔독도ㅣ ᄀᆞᆯᄋᆞ더 나ᄂᆞᆫ 그 뎡ᄌᆞ에 안져 잠간 쉬며 졸흠을 탐ᄒᆞ야 자다가 품 가온더 빙거ᄒᆞᄂᆞᆫ 문권을 일헛노라. 진츙이 ᄀᆞᆯᄋᆞ더 네 말을 긋치고 내 말을 드ᄅᆞᆫ 후에 다시 말ᄒᆞ라. (텬로력뎡 권지상)
955. 그 ᄣᅢ에 ᄯᅩ 빙거 잇ᄂᆞᆫ 문권을 주시며 닐ᄋᆞ샤더 길 갈 ᄣᅢ에 닑으면 ᄆᆞ옴이 평안ᄒᆞ리니 텬문에 니ᄅᆞ거든 이 문권을 드려 드러오ᄂᆞᆫ 증거를 삼으라. (텬로력뎡 권지상)
956. ᄯᅥᄂᆞᆫ 후에 쥬의 사쟈 요셉의게 ᄭᅮᆷ에 보이고 갈오더 닐어나 아히과 그어맘을 다리고 애굽에 도망ᄒᆞ여 거긔 잇다가 너 네게 일오기를 기다리라. (예수셩교전서)
957. 귀신이 청ᄒᆞ여 갈오더 만약 우리를 ᄶᅩᆺ가사면 우리를 보너여 더의 물이에 들게ᄒᆞ라. (예수셩교전서)

○ 《-나》 ;

이러한 형태는 명령을 나타내는 문법적 형태 《-라》의 어음변종으로서 동사 《말다》의 어간 뒤에 오는 것이 보통이다.

958. 도시 쇼 왈 네 혼스는 녀의 곳의 잇거니와 진씨 혼스는 어두은 밤マ투니 싱각지 말나. (九雲夢 上 18)

959. 도시 웃서 왈 네 부친이 앗가 ᄌ각봉의셔 날과 바둑두더니 어되로 간주를 알이오 얼굴이 아희 ᄌᄀ고 타반이 셰지 아니ᄒ여시니 그딕는 넘녀치 말나. (九雲夢 上 17)

문장 958), 959)는 《도시》가 《젊은이》에게 하는 말로서 《너》라는 대명사와 조응을 이루면서 안높임의 계칭을 나타낸다.

960. 쇼져 왈 이 쏘 내 당홀거시니 렴녀말나 (九雲夢 上 14)

961. 우몽은 말ᄒ더 내가 위험홈을 보지 못ᄒ엿노라 ᄒ고 희타는 말ᄒ더 좀더 자겟노라 ᄒ고 ᄌ시는 말ᄒ더 너는 네 일이나 간셥ᄒ지 내 일은 샹관 말나. (텬로력뎡 권지샹)

962. 쏘 말ᄒ여사되 근체를 사랑ᄒ며 원슈를 미워ᄒ다물 너희 들어사니 오직 나는 너희게 일오나니 너희 원슈를 사랑ᄒ며 너희를 군박ᄒ는 쟈를 빌나. (예수셩교젼서)

963. 고로 구제할 씨여 압폐셔 나발 불여 거즛 션ᄒ는 쟈 회당과 걸이에셔 힝ᄒ여 사롬의게 영화를 맛는 것 갓치 말나. 너 실노 너희게 일오나니 뎌 갑푸믈 밧앗나니라. (예수셩교젼서)

명령식에 나타난 문법적 형태 《-라, -나》 등은 안높임에 나타나고 있다.

2.4 권유식에 나타난 문법적 형태

1. 《-스이다》:

964. 뉴모 왈 예서 흑를 말슴 아니오니 긱졈으로 드러가스이다.

(九雲夢 上 14)

965. 차롤 더졉흐고 굴으더 져녁이 아직 못 되엿스니 ᄶ치 담론이나
흑스이다. (텬로력뎡 권지샹)

966. 경건이 굴으더 조흔 긔독도야 우리가 서로 친이훈 뜻스로 그더롤
머믈게 흑노니 길에서 본 모든 일을 주셰히 말흑야 우리의게도
혹 유익홈이 잇나 보스이다. 긔독도ㅣ 굴으더 이거시 나의 흑는
바니 여러분쎄서 이런 말슴 흑심을 내가 미우 조화흑느이다.

(텬로력뎡 권지샹)

권유식에 나타나는 문법적 형태 《-스이다》에 의해 말을 듣는 사람
을 가장 대우해준다. 전 시기인 17~18세기에 권유를 나타내는 가장높
임의 계칭에 《-새이다》가 쓰였다.

권유를 나타내는 《-자》는 이전에도 널리 쓰이던 안높임의 문법적
형태이다.

967. 네가 몰르면 쓰겄난야 잘가거라 금야의 상봉하자. (春香 上 14)

968. 이익 춘향아, 그러나 우리 두리 이술을 더례 술노 알고 묵자.
일비쥬 부어들고 네 닉말 드러셔라. (春香 上 25)

위의 두 문장은 《이몽룡》이 《춘향》한테 한 말로서 안높임의 계칭
을 썼다.

969. 고집이 굴으더 너ᄭ지 밋쳣느냐 저런 밋친 놈이 너롤 어디로 인
도홀지 누가 아느냐 도로 가자. (텬로력뎡 권지샹)

970. 내 불샹히 녁이노라. 진츔이 글ㅇ디 내 ㅁㅇ에도 그러ᄒ나 여긔
　　　오ᄂᆞᆫ거손 하ᄂᆞ님끠셔 미리 쟉뎡ᄒ신 연분이니 변기치 못ᄒᄂᆞ니
　　　라. 긔독도 글ㅇ디 지금은 이쳔의 일을 말홀 거시 업ᄉ니 우리
　　　일이나 말ᄒ자. (뎐로력뎡 권지샹)

　이와 같이 권유식에 문법적 형태 《-ᄉ이다》와 《-자》가 쓰이는데
말을 듣는 사람을 가장 높게 대우할 때 《-ᄉ이다》를 쓰고 안높일 때
는 《-자》를 썼다.

제3절　전 시기의 계칭형태와의 비교 및 계칭정립

　위에서 이미 19세기 문헌의 서술식, 의문식, 명령식, 권유식에 나타난 여
러 계칭형태를 둘러 보았다. 19세기는 우리말 계칭에 있어 전 시기에 비해
많은 변화를 가져와 20세기초의 계칭체계의 준비단계라고 말할 수 있다.

　첫째, 말을 하는 사람이 말을 듣는 존자를 가장 높여 줄 때 현대조선
어의 가장높임의 계칭형태인 《습니다, 습니까》의 이전단계인 《-ㅅㄴ
이다, -ㅅㄴ잇가》가 모두 나타난다.
　전 시기에 문헌에서 보이지 않던 문법적 형태 《-ㅅㄴ잇가》의 쓰임
이 처음으로 보인다.

971. 뜻술 내가 알겟노라 ᄒ고 효시ᄃ려 닐너 글ㅇ디 지금은 여긔서
　　　ᄶᅥ나 더 가겟슴ㄴ이다. (뎐로력뎡 권지샹)
972. 긔독도ㅣ 디답ᄒ디 나는 짐을 진 불샹ᄒ 사ᄅᆞᆷ이라 쟝망셩에서
　　　순산으로 가셔쟝리 형벌을 피ᄒ고져ᄒ더니 맛춤 엇던 사ᄅᆞᆷ이
　　　ᄀᄅ치디 이 문으로 드러가라 ᄒ기에 왓스니 드러가게 ᄒ겟슴
　　　ㄴ잇가? (뎐로력뎡 권지샹)

둘째, 이전 시기와는 달리 《-오, -소》형태가 하나의 계칭체계로 확립되었다. 하오체의 문법적 형태 《-오, -소》는 17세기에 명령식에서 첫 모습을 드러냈는데, 19세기 문헌에서는 명령식에는 물론 서술식, 의문식에서도 확고한 위치를 차지하게 되었다.

서술식:
    973. 방지 듯다가 말을 하되 여보 하날임이 드르시면 쌈짝 놀나실 거 진말도 듯거소. (春香 上 15)
    974. 방자놈 엿자오되 글공부 하시난 도령임이 경쳐차져 부질업소.

                                                (春香 上 4)
    975. 이왕의 이별리 될바는 가시난 도련임을 웨 조르잇가만 우선 각 갑하여 그러하졔. 니 팔자야 어만이 건는방으로 가옵소셔 너일은 이별리 될런가보. (春香 上 18)

서술을 나타내는 높임의 계칭은 문법적 형태 《-소, -오》에 의해 나타난다.

의문식:
    976. 춘향이 니다라 여보 도련님 인졔 가시면 언졔나 오시랴오?

                                                (春香 上 36)

의문을 나타내는 높임의 계칭은 문법적 형태 《-오》에 의해 나타난다.

명령식:
    977. 니 져를 조취 갓치 예길더니시 염예 말고 미쟝젼도 염예 마소. 디쟝부 먹난 마음 박디 흥실 잇슬손가 힐락만 허여쥬소

                                                (春香 上 24)

명령을 나타내는 높임의 계칭은 문법적 형태 《-소》에 의해 나타난다.

셋째, 현대조선어에서 친근함을 나타내면서 두루높임의 계칭을 나타
내는 문법적 형태 《-요》가 19세기 문헌에 나타난다. 그러나 그 당시는
《-오》의 흔적을 많이 보유하고 있다.

<u>서술식:</u>

978. 팔션여 답비 왈 쳡등은 남악 위분닌으 시녀옵더니 부인으 명을
바다 연화주장뉴관뎌사계 문안ᄒᆞ옵고 도라오는 길으 이 다리우
으 잠간 쉬어습더니요. (九雲夢 上 6)

979. 도련임 먼져 올나가시면 나는 예셔 팔겻 팔고 추후에 올나갈거시
니 아무 걱정마르시요. 너 말디로 ᄒᆞ엿스면 군속잔코 졸거시오.
(春香 上 37)

980. 잇디 쫏밧긔 방자 나와 도련임 사쏘계옵셔 부릅시오. (春香上36)

<u>의문식:</u>

981. 여보 도련임 인자 막하신 말삼 참말이요? 농말이요? 우리 두리
쳐음 만나 빅연 언약 미질젹의 디부인 사쏘옵셔 시기시던 일리
온잇가 빙자가 웬일이요? (春香 上 28)

982. 쏘 격벽부를 쳔자 일글시 하날쳔 싸지 방지 듯고 여보 도련임
졈잔이 쳔자는 웬이리요? (春香 上 15)

<u>명령식:</u>

983. 너싱젼 심써 갈쳐 아무쏘록 본바다 힝하라고 돈싱기면 사모와
셔손으로 만드러셔 눈의 익고 손의도 익키랴고 일시 반씨 노지
안코 시간바라 부죡다 마르시고 구미디로 잡슈시오. (春香 上 25)

상술한 문중의 인간관계로 보아도 《-요》가 높임을 나타내는 형태임
을 알 수 있다. 문법적 형태 《-요》의 앞에는 《-이》가 많이 오는데,
이것은 《-이오》의 어음변종이다.

넷째, 17~18세기에 서술과 명령에 주로 쓰이던 높임의 계칭형태 《-게, -세, -네, -쇠》의 사용이 축소되고 있다.

19세기 문헌자료에는 《이번은 아마도 이별 박그 슈가 업네. (春香 上 18)》라는 구절이 한 번 나타나고 있을 뿐이다.

총적으로 전 시기와 비교해볼 때, 19세기는 《-오, -소》형태에 의한 높임의 계칭정립과 특수한 두루높임의 계칭인 《-요체》가 생성되는 시기라고 할 수 있다. 19세기 계칭을 가장높임, 높임, 안높임으로 종합할 수 있다. 19세기의 계칭을 서법과 함께 종합하면 [표:4]와 같다.

[표:4]

	서술	의문	명령	권유
가 장 높 임	-솜ᄂ이다, -옵너(ᄂ이)다, -ᄂ(논)이다, -더이다, -로소이다, -스이다,-지이다, -어(여)이다, -니이다, -리이다, -오이다,요, -솝더니요(12)	-솜ᄂ잇가, -잇가, -ㄴ 잇가, -ᄂ(논)잇가, -니잇(닛)가,-리(릿)가, -스오릿가, -잇고, -요(9)	-쇼셔 (1)	-스이다 (1)
높 임	-오, -소, -네, -졔(4)	-랴시오, -시랴오, -시리가, -소(4)	-소,-오, -시오(3)	
안 높 임	-다, -도다, -로다, -라,-노라, -(ᄂ)니라, -리라, -더라, -구나, -지라, -리(11)	-ㄴ 가, -논(는)가,-던가, -ㄹ 손가, -고,-논(는)고, -ㄹ 고, -나, -냐, -ᄂ냐, -논(는)냐, -소냐,-더냐, -(으)냐, -뇨, -ᄂ뇨, -논뇨, -리오, -(으)랴, -논다(20)	-라, -나 (2)	-자 (1)

참고문헌 :

1. 《구운몽 (九云夢)》 : (完板 1862, 연변대학도서관 소장)

2. 《춘향전》 : 《 렬녀춘향수절가 》 (전주토판 19세기초기
   전주에서 간행 연변대학도서관 소장)

3. 《텬로력뎡》 : 《21세기세종계획1차년도말뭉치구축 》
   (파리동양어학교 소장본 [국립중앙도서관
   마이크로필름], 전자파일, 역사자료 : 19세기
   언해/번역자료, 종교서류)에서 수집한 자료이다.

4. 《예수셩교전서》 : 《21세기세종계획1차년도말뭉치구축 》
   ([국립중앙도서관마이크로필름], 전자파일,
   역사자료 : 19세기 언해 / 번역자료, 종교서류)
   에서 수집한 자료이다.

5. 《규합총서》 : 1869년 (고종6년) 목판본으로 간행.
   《 조선어사강독 (김일성종합대학출판사), 1994 》

제6장 19세기말~20세기초 문헌에서
표현된 계칭

　　조선사회는 19세기말~20세기초[52]에 앞 시기의 신분제도의 잔재를
지닌 채 현대사회로 전환하게 되였는데, 이 시기의 시대적 면모가 언어
생활에 반영되지 않을 수 없었다. 이 시기는 현대조선어의 형성시기라
고 보아도 무방하다. 이 시기 인간들의 사회적 관계는 이전 시대와 별
로 큰 차이가 없었는바 신분에 따라 상위계층(양반), 중간계층(중인, 상
인), 하위계칭(노비)으로 나누어져 있었고, 또 혈연관계도 여러 형태였으
므로 이에 따른 계칭도 다양하[53]였다.

　　이 시기는 1906년 이인직의 《혈의루》를 시발로 신소설이 와짝 융성
하던 때이다. 소설에서의 대화체는 실제의 구두어와는 일정한 거리가

---

52) 《한국문화사대계》(Ⅴ) (언어, 문학사(상) p.578)에서는 이 시기를 개화후기라고
　　불렀다. 개화후기는 다른 나라의 선례와 다름없이 현대화과정으로서의 언문일치
　　운동이 하나의 불가피한 기본운동으로 일어나게 되었다고 하였다.
53) 성기철(1999;93)은 기본적으로 모든 언어의 대우현상이란 그 언어사회와 긴밀한
　　연관을 가지는 것이지만, 특히 한국어와 같이 대우법이 발달한 경우에는 대우법과
　　사회현상과의 관련성이 더욱 큰 것으로 이해된다고 하였다.

있을 것이나 그 당시의 구두어에 접근할 수 있는 여타의 자료들이 없는 상황에서 신소설보다 더 좋은 자료들은 없다.

그럼 아래 개화후기의 신소설에 나타난 대화자료를 중심으로 계칭을 정립하고 전 시기와 다른 양상을 고찰하려 한다.

제1절 식에 나타난 각종 문법적 형태

계칭은 문법적 형태에 의해 이루어지는 문법적 범주이기에 우선 이 시기 우리말 문장에 나타나는 계칭형태를 고찰하고, 이를 근거로 하여 개화후기의 전반적인 계칭체계를 정립하는 것이 바람직하다.

1.1 서술식에 나타난 문법적 형태

서술식에는 우선 문법적 형태 《-ㅂ(웁)니다, -웁니다, -습니다/슴니다/ㅂ니다, -답니다, -습듸다, -랍니다, -오(외)다, -ㄴ이다, 소이다, -여이다, -ㅂ데다, -올시다, -습니다그려, -ㅂ데다그려, -십니다그려, -올시다그려》 등이 나타나고 있다.

1. 《-ㅂ(웁)니다》:

984. 싱등은 상민이기로 이것을 주의ᄒ와 엿주어 보웁니다.

(숑뢰금 45) 근암-군수

985. 힝차만 모시고 가더러도 그 선가는 주셔야 합니다.

(명월뎡 89) 사공-허원

이러한 형태는 17세기부터 쓰이던 가장높임의 계칭형태 《-웁ᄂ(니)이다》와 같은 형태이다. 낮은 신분에 있는 화자가 높은 신분에 있는 청자에게 사용한 계칭이다.

2. 《-옵니다》 :

986. 젠득 무얼 압닛가마는 다른 념녀는 업논데 다만 신랑의 나이 만
은거슬 조금 념녀ᄒ옵니다. (힝낙도11) 림씨-조모

문장 986)은 《림씨》와 그의 《조모》 사이의 대화로서 《-옵니다》는
의문을 나타내는 가장높임의 문법적 형태 《-ㅂ닛가》와 함께 말을 듣
는 사람을 가장 높게 대우한다. 《-옵니다》는 19세기 서술식에 나타나
는 가장높임의 문법적 형태 《-옵닉(ᄂ이)다》의 어음변종이다.

3. 《-습니다/슴니다/ㅂ니다》 :

987. 어머님 미우 느저졋습니다. (두견성 上 59) 혜경-시어머니

988. 잠간 엿주어 볼 말숨이 잇슴니다. (송뢰금 54) 부인-총사원

989. 처음 뵙습니다마는 성화는 익숙히 드럿습니다.

(현미경 69) 시골생원-박참위

990. 그런데 그 처녀는 이상혼 처녀람니다. (힝낙도 4) 농부-신병사

991. 아버지게서 황숑혼 말삼도 하십니다. (현미경 213) 빙심-아버지

위의 말들은 어른이나 자기보다 높은 계층에게 하는 말로서 가장높임
의 계칭을 썼다. 이러한 문법적 형태는 17세기부터 있는 《-습ᄂ(닉)이
다, -옵ᄂ(닉)이다》의 어음변화과정을 거쳐 이루어진 형태들인데, 이
시기에 상술한 문법적 형태 《-옵ᄂ(닉)이다》도 나타나는 것으로 보아
아직 어음변화과정에 있는 것으로 보인다.

문장 992), 993)은 가장높임의 대상에게 어떤 사실을 전달함을 나타낸
다. 이러한 의미의 형태는 현대조선어의 가장높임의 문법적 형태와 완
전히 같은 형태이다.

994. 작은 아씨 효성을 하ᄂ님이 감동ᄒ셔서 북실나으리마님 빅골을

다힝이 차졌습듸다. (현미경 182) 만득-어미니

995. 주ㅅ장의 쇼원셩취는 신긔홀쑨아니라 이샹흔 연분입데다.

(명월뎡 32) 려관주인-허주사

문장 994), 995)에서 보이는 《-습듸다, -ㅂ 데다》는 가장높임의 대상에게 전에 목격했던 어떤 사실을 서술할 때 쓰이는 문법적 형태이다.

4. 《-오이(외)다》:

996. 오눌은 죠곰도 피곤치 안이 ㅎ오이다.

(두견셩 上 12) 혜경-남편봉남

997. 어머니 잠시 눈치를 보니ㅅ 이곳에 일보는 사람은 그런 쥬션을 못홀듯 ㅎ외다. (숑뢰금 53) 계옥-어머니

998. 날리게서 이지셧스면 졔가 아마 말슴을 잘못ㅎ엿나보외다.

(숑뢰금 93) 기생롱매-우초

문장 996), 997)은 남편이나 어머니에게 하는 말이고, 문장 998)은 자기보다 높은 신분의 사람에게 하는 말로서 상대방을 가장 높게 대우하는 말씨이다. 이것이 가장 높은 계칭으로 되는 것은 문법적 형태 《-이다》가 있기 때문이다. 문법적 형태 《-외다》는 《-오이다》의 어음축약형태이며, 높임의 정도에는 아무런 변화가 없이 모두 말을 듣는 사람을 가장 높게 대우한다.

문법적 형태 《-이다》와 결합된 형태들은 이외에도 다음과 같은 것들이 있는데 이들은 전 시기에도 나타나던 가장높임의 계칭의 문법적 형태이다.

999. 그런거슬 성각흔즉 셰상에 저처럼 유복흔쟈가 으마 업것소이다.

(죽서루 5) 김명운-리- 츈쳔

1000. 그토록치는 안치요믄 참 칭찬ㅎ심을 업ㅅ와 감샤하여이다.

(죽서루 41) 리발사-만홍

1001. 뎌의 왼집 원수도 갑고 각하의 은덕을 갑기는 싱스라도 亽양치
아니ᄒᄂ이다. (명월뎡 89) 채홍-변시복
1002. 령감게셔 그쳐럼 미안훈 하교를 ᄒ시니 시싱의 실정을 고ᄒ오
리다. (현미경 102) 박참위-리협판

특수한 가장높임의 계칭으로서 체언을 긍정할 때에는 《-올시다》,부
정할 때는 《-가/이 아니 올시다》라는 표현으로 듣는 사람을 가장 높게
대우한다.

1003. 저의들의 신세로는 썩 쉬운 돈이 아니올시다.
(동각한매 13) 권첨지-최동식부인

가장높임의 계칭을 나타내는 문법적 형태에 다른 문법적 형태들이 결
합되는 2차적 결합형태들54)이 나타나 말하는 사람이 화제에 대한 단정
과 확신을 나타낸다.

1004. 규수가 셔울오ᄂ길에 총마져 죽은줄은 아시겟습니다그려.
(현미경 107) 권중심-리협판
1005. 좌우간 셩냥을 쓰러내여 발판에다 그어들고 그 불빗으로 인력
거스군의 얼골을 본즉 이왕 부리든 하인입데다그려.
(두견셩 下 87) 박월사-혜경
1006. 아-리쥬ᄉ장 올나오심니다그려. (송뢰금 96) 김온셩-근암
1007. 참 우순 사람이올시다그려. (죽서루 9) 미셤-리원경

상술한 문법적 형태들에 의해 이루어진 계칭은 말하는 사람이 말을
듣는 사람에 대해 가장 높게 대우함을 나타낸다.

---

54) 이경우(1998)《최근세국어 경어법 연구》(태학사 p.84)에서 이러한 형태로 이루어
진 경어법을 따로 감탄법에 나타나는 상대경어법에서 설명하였다.

이 시기 현대조선어의 문법적 형태 《-오, -소》 이루어진 계칭이 많이 나타나고 있다. 이경우(1998:p.43)에서 현대조선어에서의 하오체와 하게체는 거의 사용되지 않는 경어법인데 최근세조선어, 즉 20세기초기에는 상당히 활발히 사용된 경어법이었다고 하였다.

1. 《-오》:

1008. 여보 마누라. 마누라도 옥희를 친딸로 아오.

(현미경 86) 리협찬-김씨

1009. 그런 어리무던흔 말을 홀지라도 나는 몰라오.

(동각한매 53) 마누라-권첨지

1010. 집을 써느는지 희가 바괴어 구츄가 당전흐니 신상태평흐시며 계아 남미도 춤실 흔지 넘넘 간절흐오. (송뢰금 10) 김쥬사-부인

1011. 우리 령감이 남의집 사니들쳐럼 의혹이 만커나 다심스럽지는 안이 흐시다오. (산천쵸목 14) 강릉집-신마마

1012. 마누라님 붓두막 윈편에 써노흔 그릇은 작은 아씨 잡슈실 것이오. (현미경 189) 쏘쇠어미-삼할멈

문장 1008), 1009), 1010)은 부부간에 하는 대화이고, 문장 1011)은 동네 안로인들끼리, 문장 1012)는 하위계층이 상위계층에게 하는 말이다. 모두 일반적으로 높여주는 말씨이다. 아래의 예문들을 통해서 《-오》가 청자를 대우하는 말씨임을 알 수 있다. 여기에서 말을 듣는 사람은 모두 어른이다.

1013. 이 고튼 붉근 ᄆᆞᆷ 참 ᄆᆞᆷ을 가져 쇼져를 익중흐오.

(죽서루 25) 하만홍-쇼져

1014. 달리 양젼흔곳에 편안히 살님홀데로 보니랴고 이려는것이오.

(두견성 上 29) 강과천-덧니

1015. 날 ᄀᆞᆺᄐᆞᆫ 친척을 두는 날이면 졸느러가셔 죽을 지경일터이오.

(동각한매 65) 권첨지-박도남

1016. 이것저것 다 보기 실커도ᄒ고 쏘 한편은 집일을 싱각ᄒ서 오신
      것신가보. (송뢰금 13) 계옥-부인
1017. 엇던 스룸이 편지 한 장을 쥬며 이딕 딕감끠 밧치라고 ᄒ기에
      바다가지고 왓스니 부딕 어서 밧쳐주오.

                              (현미경 138) 삼할멈-빅션달

2. 《-소》:

문법적 형태 《-소》는 《-오》와 같은 계칭을 나타내는 문법적 형태
로서 서술식에서 페음절 아래에 쓰였다.

1018. 나는 날만 붉거던 제편지를 가지고 박참령의게 가서 져잇는곳
      을 발오말ᄒ고돌오 디려오도록 ᄒ겟소.

                              (산천초목 55) 령감-마누라
1019. 그리ᄒ실뜻ᄒ오니 나도 일희일비 ᄒ는곳이 잇소.

                              (명월뎡 34) 허원-채홍
1020. 나는 경찰셔에 드러가셔 이 연유로 정ᄒ야 집이나 내집 도로되
      게 ᄒ겟소. (명월뎡 112) 장덕-려관주인
1021. 령감이 아모리 나를 조르신디도 쏘 ᄒ가지 안이 될 곡절이 잇
      소. (산천초목 8) 신마마-릿시죵

위의 문장들을 보면 남편이 아내에게, 서로 모르는 사이에 또는 어른
들끼리 하는 말로서 말을 듣는 상대방을 일정하게 높여 주는 문법적 형
태이다. 이러한 형태들을 더 보이면 아래와 같다.

1022. ᄋ모리 말숨ᄒ셔도 이번은 도로혀 용서ᄒ셔야 ᄒ겟소.

                              (죽서루 7) 최로인-명훈
1023. 이다음브터는 결단코 용서홀슈가 업쇼.

                              (두견성 상 17) 혜경-죠졍위

1024. 령감이 만일 사직을 안이ᄒ면 늬가 비록 용렬ᄒ나 면관쥬본이
　　　라도 드리겟소. (현미경 75) 법무대신-리협판
1025. 아모리 싱각ᄒ여도 이러케 밧게 홀수 업소.
　　　　　　　　　　　　　　　　　(송뢰금 67) 박사과-박부

일반적인 높임의 문법적 형태 《-오, -소》형 뒤에 《-구려》가 첨가
되면서 새롭게 알게된 사실에 대하여 어느 정도의 감탄의 느낌을 나타
내는데 상대방에 대한 대우의 정도에는 아무런 변화가 없다.

1026. 령감이 인제보닛가 우거지갓흔 쩨군이오구랴.
　　　　　　　　　　　　　　　　　(산천초목 11) 신마마-리시죵
1027. 늬가 강릉집을 흔번 상죵곳 못ᄒ면 이팔청츈에 원혼이될 모양
　　　이오구려. (산천초목 9) 리시죵-신마마
1028. 엇더케 ᄒ시던지 지시ᄒᄂᆞᆫ대로 ᄒ면 고만이겟소그려.
　　　　　　　　　　　　　　　　　(명월뎡 22) 조장-려관집주인
1029. 글셰 가자기도 쩍ᄒ고 안이 가기도 어렵소구려.
　　　　　　　　　　　　　　　　　(산천초목 50) 령감-마누라
1030. 계관이 업고 돈이 업스면 당시 영웅호걸이라도 별수가 업쇼구
　　　려. (두견성 상 16) 조정위-혜경
1031. 이곳에 와서 이런 ᄉ정을 속둘것업시 부탁ᄒ엿더니 이상야릇ᄒᆫ
　　　년놈의 게속을 번ᄒ엿소그려. (명월뎡 80) 허원-채홍
1032. 북실 진사님이 그동안에 하셰를 ᄒ셧소구려.
　　　　　　　　　　　　　　　　　(현미경 82) 김씨-리협판

서술식에서 문법적 형태 《-오, -소, -오구려, -오구랴, -소구려, -쇼
구려》 55) 등에 의해 표현되는 계칭은 일반적인 높임의 계칭으로 보아진

---

55) 신창순(1984:238)은 이러한 형태를 평서·의문·명령형어미로 두루 쓰는 예대말이
　　라 하면서, 이것은 엄격한 뜻으로는 예대말이라기보다 손아래이나 말을 아주 놓아

다. 성기철(1999:94)은 20세기초의 《하오체》는 현재와는 달리 명실공히 제약없는 합쇼체에 훨씬 접근되어 있는 존대의 화계였음을 말해준다고 하였다.

서술식에는 또 문법적 형태 《-네, -로세, -ㄹ세, -ㄹ셰, -나베, -데, -네그려, -데그려 》등에 의해 표현되는 계칭도 있었다. 이러한 형태는 17~18세기에 주로 서술식이나 권유식에 쓰인 것으로서, 그 당시 높임의 계칭형태들이었는데 19세기 문헌에는 잘 나타나지 않다가, 이 시기에 다시 쓰이고 있다.

1. 《-네》 :

1033. 에그 암만히도 야속ㅎ셔 못살겟네. (현미경 174) 옥희-쏘봉어미

1034. 어머니는 줌으시고 안이 ㅎ시고 공연히 오셔서 슈션을 쓰시네.
(산쳔초목 79) 강릉집-어머니

1035. 그런 노릇은 평싱에 ㅎ번이나 ㅎ지 두번도 못ㅎ겟네.
(힝낙도 16) 금돌-간난어미

위의 문장들을 보면 말을 듣는 사람은 나이가 있는 이상분들로서 가장 높이지는 않아도 일반으로 높여야 할 대상이다.

1036. 그런 수정이 잇서소. 요시히 니가 아럿네. (죽서루 79) 원쥰-친구

문장 1036)에서 높임의 계칭형태 《-소》와 함께 쓰이고 있다. 문장 1037)에서 아내가 남편에게 하는 말에도 이러한 형태가 쓰였다.

1037. 험담도 몹시 하시네. (두견셩 상6) 혜경이-남편

_____

서 말할 수 없는 경우라든가 예대말을 쓰기는 거북하나 그렇다고 말을 놓아 할 수도 없는 경우 같을 때 쓰이는 것이라고 하였다.

《-네》에 의해 나타나는 계칭을 예로 더 든다면 아래와 같다. 《-네》에 대하여 허웅(1995:525)은 들을이를 약간 대우하는데 쓰이며, 풀이시 아래 갈래를 가려잡지 않고 두루 쓰인다고 하였다.

1038. 니가 힘마다 여긔를 단녀도 모로고 단녓네.
(행락도 4) 영감-농군

1039. 그 손님이면 나도 각금 보앗네. (죽서루 제1 16) 덕이-길이

1040. 년전에 지무서는 긔셩군쳥으로 인계되고 벼술이 길에 올나 올써네. 우리 상도 집씬지 반이 흐여 지금 시동셔 살림흐네.
우주사- 허원 (명월뎡 10)

1041. 허-금년에는 일기가 미우 온화흐야 가을 하기에 더단이 편리 흐겟네. (힝낙도 4) 령감-농군

1042. 덕령감이 보시면 큰야단이 나네. (현미경 97) 김씨-한계집

1043. 그런 사롬은 쳔에 하나 만에 하나도 업겟네.
(힝낙도 16) 동네사람들끼리

2. 《-세》:

1044. 그러도 헛써르게 되면 열 번이라도 쏘 쩔어 죽일터일세.
(행락도 67) 금돌-간난어미

1045. 다만 하로라도 쏘리를 펴고 자네인가 살아보앗으면 시퍼 흐는 말일세. (산쳔초목 74) 강릉집-쥐불어미

위의 문장들을 보면 말을 듣는 사람은 나이가 있는 이상분들로서 가장 높이지는 않아도 일반으로 높여야 할 대상이다.

1046. 보이는것은 다만 흐눌의 달빗이오 바다에 물셜뿐이로세.
(두견성 下 2) 젊은 사관들끼리

1047. 손슈 밥지어 먹기를 시작흐얏더니 그런지 이숨일을 지닌뒤 일

일세. (죽서루 제 115) 림태석-친구

1048. 치믄 즈네들 저주져ᄒ고 잘도 ᄉ믈상에 발거희한흔 일일세.

(죽서루 17)길이-덕이

1049. 졔 맛디로 사는 세상일셰. 허원-우주사 (명월뎡 8)

3. 《-베》:

1050. 구럭이 무셔워 장 못 담으기로 남의 말 무셔워셔 아모 노릇도
못ᄒ나베. (산천초목 21) 신마마-강릉집

1051. 아마 그 마님이 오실쩌가 되얏나베. (두견성 下 79) 혜경-유모로파

4. 《-데》:

1052. 그런더 ᄒ이칼ᄂ란 이러타 ᄒ데. (죽서루 1.18) 덕이-길이

1053. 것보고도 속도 알겟듸. (명월뎡 7) 우주사-친구허원

상술한 문법적 형태에 《-구려》가 덧붙어서 2차적 결합형태를 이루
었다.

1054. 너는 계집이라면 졔 정신업시 구네그려. (명월뎡 7) 우주사-허원

1055. 여보게, 할멈 금돌이가 이익를 ᄯᅡ라오다가 갓네그려.

(행락도 57) 림씨-할멈

1056. 리참쟝딕 로부인게셔 나ᄃ려 곳와달나고 ᄒ얏네그랴.

(두견성 下 31) 간과천-슉자

1057. 허 그러닛가 즈네는 니딜녀가 되네그려.

리협판-권중심 (현미경 11)

1058. 억그젹게 신문을 보니가 황희도 근방에서 아스짐 시른 비가 송
이찌 업셔졋다구 ᄒ엿데그려. (명월뎡 93) 허원-사공

이러한 문법적 형태들은 이 시기 문헌에서 상위층이 중간계층에게 사용하고, 상전이 나이가 든 하인에게 안높임의 계칭의 대신에 사용하며, 중간계층의 남편이 아내에게도 사용하였다. 그리고 중간계층이 하위계층의 성인에게도 이러한 계칭을 사용하였다. 주로 성인끼리 사용되는 용법이며 말을 듣는 상대방을 일반으로 대우할 때 쓰이는 계칭이다.

서술식을 나타내는 문법적 형태 《-네, -로세, -ㄹ 세, -ㄹ 셰, -나베, -데, -네그려, -데그려》56) 등에 의해 이루어지는 계칭도 17~18세기와 같이 높임의 계칭이다.

서술식은 문법적 형태 《-다, -라, -구나, -마》 등에 의해서도 표현되는데, 이런 형태들 앞에는 여러 가지 문법적 형태소들이 개재된다.

○ 《-다》 :

1059. 나는 무에무엔지 엇더커면 됴홀지 몰으겟다. (행낙도) 조모-손녀

1060. 너희들은 아비 흐는디로 순종만흐렷다. (명월령 50) 부친-취홍

1061. 아이고 셩가시게도 군다. (두견성 上 42) 옥경-의일

문장 1059)를 보면 어린 손녀에게 하는 말이고, 문장 1060)은 부친이 자기 딸에게 하는 말이며, 문장 1061)은 나이가 비슷한 아이들끼리 하는 대화로서 안높임의 계칭을 썼다. 여기에서 어린 손녀에게 하는 말 또는 나이가 비슷한 아이들이 하는 말이라고 하여 말을 듣는 상대방을 낮춘다고 생각한다면 틀린 인식이다.

---

56) 김영희(1996)《문법론에서 본 상대높임법의 문제》(한글 223호 p.174)에서 하네체는 손위 사람인 말할이가 손아래 사람인 들을이를 높여서 대우하는 표현이므로 하오체보다 낮은 등급으로 기술해야 한다고 하면서 높임가운데서 합니다체는 1등급, 하오체는 2등급, 하네체는 3등급으로 규정할 수 있음을 뜻한다고 하였다.

1062. 오냐. 네 말을 드르니 니 가슴이 조금 식연ᄒ다.

(향락도) 림씨-민득

1063. 네가 혼ᄌ 말ᄒᄂ거슬 ᄌ셰이 들엇다. (행낙도) 금돌-간부놈

　문장 1062), 1063)에 독립어 《오냐》, 2인칭대명사 《네》라는 표현이 있는데 이들은 서로 조응을 이루면서 말을 듣는 상대방을 안높여 말한다. 이러한 형태들은 이시기 많이 나타나고있다.

1064. 이제 나다려 셕왕ᄉ가서 이삼일 놀다 온다더니 거기 간나보다.

(송뢰금 5) 박사과-부인

1065. 아마 일년이 되도록 소식이 업슬격에는 무슨 연고가 게신것 ᄀ다.

(송뢰금) 부인-녀아

1066. 일홈을 말슴ᄒ지 안코 가버리신다홈은 실쑤의 말이지만 그러ᄒᆫ 주졔와는 다른 긔상이로다. (동각셜매 50) 주인박도남-복룡

1067. 쌍오든놈들 다 이 압흐로 오렷다. 썩 오렷다. 하나씩 말 홀렷다. (명월령 94) 허원-사공

○ 《 -라》 :

1068. 이째에 용위의 쳥년으로 ᄒ여곰 실업의 표준을 셰우면 젼국에 영향이 바람이러나ᄃᆺ 할지라. (송뢰금 106) 로인-근암

1069. 이왕브터 그러케 근력이 됴으섯ᄂ니라.

(두견성 上 60) 로부인-혜경

　위의 문장들은 노인이 아랫사람에게 대접하지 않고 하는 말로서 안높임의 계칭이다.

1070. 그는 그러ᄒ지마는 셰상에 뜻ᄀ지 안인 것은 사셰니라.

(숑뢰금 20) 박사과-계옥

1071. 남의 말ᄒ기 됴하ᄒ는 사롬들이 그런 말들을 잘ᄒ나니라.

림씨-만득 (행낙도)

1072. 엇쩌기로 졔집 방구셕에서 갓처사는 것은 반셰상도 못된느니라.

(명월뎡 27) 리벌감-채홍

1073. 으 너ᄒ고 무슨 할리약이가 잇다나보더라.

(두견셩 上 60) 로부인-봉남

1074. 이후브터 나도 죽어서 환호ᄒ 셰음 잡고 평싱힘을 다ᄒ야 벌고 버러드려서 ᄒ로라도 얼는 너를 더리라오리라.

(동각셜매 19) 권쳡지-ᄯᆞᆯ

1075. 만힝으로 자녀간나면 나의 혈육이나 끼치고져 ᄒ노라.

(명월뎡 15) 허원-허주사

○ 《-구나》 :

서술을 나타내는 안높임의 계칭형태 《-구나》는 새로 알게 된 어떤 사실에 대해 어느 정도 감탄의 느낌을 가지고 있음을 나타낸다. 이러한 형태는 다른 문법적 형태와 결합하여 2차적 결합형태를 이루지만 단독 으로도 쓰인다.

1076. 으-대감끠셔ᄒ신 편지구나. (두견셩 上 3) 부인-주인집 하인

문장 1076)은 높은 신분에 있는 사람이 낮은 신분에 있는 하인에게 하는 말로서 안높임의 계칭을 쓰고 있다. 이러한 형태들을 찾아보면 아 래와 같다.

1077. 이이 봉남아 나도 원긔가 쇠약ᄒᆞ얏구나.

(두견셩 上 117) 로부인-봉남

1078. 그러고보면 학교에서는 우등을 ᄒᆞ엿다마는 셰상마귀시험에는
쩌러졋구나. (명월뎡 47) 치홍-삼순

1079. 신람의 나이ᄀ 하도 만으닛가 어이업어 말이 안나가는구나.

(행낙도) 조모-손녀

1080. 아 의일인가 한동안 보지 못ᄒᆞ얏더니 ᄯᅩ 젹지 안케 컷구나.

(두견셩 上 42)

위의 예들은 안높임의 계칭을 나타내는 문법적 형태이다. 문법적 형
태 《-구나》의 어음변종으로 《-고나》도 나타나고 있다.

1081. 그리ᄒᆞ고 참 마님ᄭᅴ ᄌᆞ셰ᄒᆞᆫ 말슴을 듯고보니 정말 면싀가 업고
나. (동각셜매 17) 권첨지-ᄯᅡᆯ

1082. 벌서 글억졀억 준 일년이 도얏고나. (송뢰금) 부인-녀아

1083. 이 북량이 조코나. 후면에 층디도 잇고 오동나무입사귀 아주
푸르고 반송가지 느러졋고나. (명월뎡 4) 허원-ᄭᅩᆯ이

○ 《-마》:
문법적 형태 《-마》는 어떤 일에 대한 약속을 나타낸다.

1084. 내 잠간 건일다 들어오마. (송뢰금 3) 부인-녀아

1085. 가만이 잇거라. 가게하마. (송뢰금 6) 박사과-계옥

1086. 너의 의복은 집에 가서 곳 뎐담을 ᄎᆞ져서 흠ᄭᅴ 네 모를 주어세
로너마. (동각셜매 20) 권첨지-ᄯᅡᆯ

1087. 너가 결심ᄒᆞ고 네게 팔십량 돈을 주마.

(동각셜매 33) 권첨지-아이

상술한 바와 같이 서술식을 나타내는 안높임의 계칭은 문법적 형태 《-다, -로다, -ㄹ 지라, -니라, -ᄂ니라, -더라, -리라, -노라, -구나, -는구나, -마》에 의해 표현되었다. 이러한 형태들에는 높임을 나타내는 문법적 형태소이거나 또는 그러한 문법적 형태소들의 흔적이 없기 때문에 안높임의 계칭으로 된다.

1.2 의문식에 나타난 문법적 형태

의문식에는 문법적 형태 《-ㅂ닛가/-습닛가, -습더닛가, -닛가, -릿가》 등이 나타나고 있다.

1. 《-ㅂ닛가/-습닛가(ㅁ닛가/습닛가)》 :

1088. 무슴 큰 일이 잇습닛가? 채홍-부친 (명월뎡 49)

1089. 춤 말하기 어려운 말이오나 돈 좀 쥐여쥬지 안켓습닛가?

(죽서루 7.13) 김명훈-최로인

1090. 이럭이 잇지 못ᄒ고 쫏기여 나기밧게 더ᄒ겟습닛가?

(현미경 172) 또복어미-상전옥희

1091. 빅일쟝 보이시렵닛가? (숑뢰금 44) 근암이-군수

1092. 셜마 맛나보실 날이 잇지 업슬나구 그리ᄒ심닛가?

(산천초목 73) 쥐불어머니-상전인 강릉집

문장에서 말을 듣는 사람이 말을 하는 사람보다 나이나 신분이 위일 때, 즉 노인, 부친, 상전에게 이러한 문법적 형태를 사용하여 말을 듣는 사람을 가장 높게 대우했다. 문법적 형태 《-ㅂ닛가/-습닛가》는 19세기 의문식에 나타난 문법적 형태 《-습ᄂ잇가》의 어음변화형태이고 현대 조선어의 《-ㅂ니까/-습니까》의 옛 형태이다.

2. 《-(더, ᄂ, 오)닛가》 :

1093. 의원도 낫는다고 말ᄒ지 안습더닛가? (두견성 上 108) 봉남-부인

1094. 사람실은거슨 빅년 원수라는디 나고 무슨 전싱에 업원이 잇습더닛가? (산천초목 10) 강릉집-박참령

1095. 여보 령감 너가 언졔라고 령감신청 아니 드룹더닛가?

(산천초목 10) 산마마-리시종

1096. 리분디사 덕국군함이 뵈이ᄂ닛가? (두견성 下 38) 슈군아이-봉남

1097. 미쟝이 두령의 권첨지 령감딕이 여긔오닛가?

(동각한매 56) 손님-권첨지

1098. 엇더케 말슴이오닛ᄭ? (숑뢰금 17) 부인-박사과

문법적 형태 《-닛가》와 어간 사이에는 문법적 형태소 《-습더-, -ᄂ-, -오-》가 개재하여 시태를 비롯한 여러 가지 의미를 나타낸다. 여기에서 《-닛가》는 《-니잇가》가 줄어든 형태이고, 《-더-, -ᄂ-》는 시간 형태이며, 《-오-》는 《-습-》의 이형태이다.

3. 《-(오, 사오)릿가》 :

1099. 그리 이 편지는 그디 하인쳥에 넌짓이 쥬고오릿가?

(현미경 136) 삼할멈-옥희

1100. 하느님끠셔 굽어 살피옵소셔. 이 일신러두ᄉ는 누를 밋어사오릿ᄭ? (숑뢰금 75) 계옥이독백

문장 1099)에서 말을 듣는 사람은 존경의 대상 《그디》[57]이다. 문장 1100)에서 《-릿가》는 가장높임의 계칭형태 《-옵소셔》와 함께 쓰였다.

---

57) 김의수(2001)의 《대우표시 어휘의 사적연구》에서 2인칭대명사 《그디》가 중세에는 존대, 근대에는 자네와 함께 비존대로 쓰였다고 하면서, 이 시기에 대해서는 설명이 없다. 보다시피 현대에는 높임으로 쓰였음이 확인된다.

모두 가장높임의 계칭을 나타낸다.

의문식에 나타나는 문법적 형태 《-ㅂ닛가/-습닛가, -습더닛가, -ㄴ닛가, -오닛가, -릿가, -오릿가》 등에 의해 표현되는 계칭은 가장높임의 계칭이다. 가장높임 계칭의 표현을 위한 문법적 형태 《-ㅂ닛가, -습(습)닛가 》는 19세기말~20세기초부터 쓰이고, 그 후 어음변화를 거쳐 현대조선어의 《-습니까/ㅂ니까》로 된다. 이 시기에 《-잇고》형의 의문문이 완전히 쓰이지 않고 있다.

문법적 형태 《-오, -소, -데》에 의해서도 의문을 나타냈다.

○ 《-오》 :

1101. 여보, 작은 아씨 늙은 사람을 웨 이라 괴롭게 구오?

(현미경 133) 삼할멈-옥희

1102. 여보, 리협판 그리 너어됴가 과격흔단말이오?

(현미경 74) 법무대신-리협판

문장 1101), 1102)는 호칭어 《여보》가 쓰였는데, 이것은 말을 듣는 사람을 대우함을 나타냄과 동시에 문법적 형태 《-오》도 높임의 계칭 형태임을 시사해준다.

1103. 그런더 죠정위쯰셔는 엇의를 가시오? (두견셩 上 93) 츈자-죠정위

문장 1103)은 말을 듣는 상대 《죠정위》는 높임의 대상이다. 그것은 위격형태 《-쯰셔》가 나타나고 있기 때문이다.

1104. 어머니 이러케흐면 무엇이 시원흐오? (송뢰금 12) 계옥-부인

1105. 왜 아모 말슴도 안이 흐시오? (송뢰금 2) 딸-김쥬사부인

1106. 웬 손님이기에 이다지 쉬쉬흔단말이오? (명월뎡 21) 조장-려관쥬인

위의 문장들을 보아도 말을 듣는 사람은 나이가 많은 이상분이기에 높여주어야 할 대상이다. 문법적 형태 《-오》가 19세기부터 높임의 의문으로 쓰이다가 이 시기에는 더욱 확산되었음을 알 수 있다.

1107. 아즉 미혼전 규슈로 방장 니집에 잇는데 사외가 무슨 사외란 말이오? (현미경 107) 리협판-권중심

1108. 그ᄯᆞ짓 남의 아희들이야 아모러케 흉을 보면 엇더오? 글씨 쓴 것을 좀보시려오? (힝락도 37) 만득-림씨

1109. 아모리 박절ᄒᆞᆫ들 사셰가 그런것을 엇지ᄒᆞ오?

(숑뢰금 67) 박부-박사과

1110. 우리네야 슈단 한나 가지고 힝셰ᄒᆞ는 것이 안이오?

죠정위-강과천(두견셩 上 28)

1111. 나는 비록 상고에 집일망졍 지산이 넉넉ᄒᆞ니 허물치 아니ᄒᆞ시면 나와 니외가 되는 것이 엇더ᄒᆞ오? (명월뎡 62) 변시복-치홍

1112. 요시 셰상에 별별 긔막힐 일이 모다 잇는더 나갓흔의 아쥬미가 무슨 관계가 잇단말이오? (산쳔쵸목 9) 신마마-리시죵

문법적 형태 《-오》의 앞에는 주체존칭토 《-시-》가 오면서 말을 듣는 주체를 더욱 존중하여 준다. 김정수(1984)는 이러한 높임을 덧높임이라고 하였다.

1113. 쓸여온 지가 얼마나 되야 식엇다고 이리ᄒᆞ시오?

(산쳔초목 79) 강릉집-마누라

1114. 그러면 당신은 누구시시오? (현미경 35) 그녀자-빙주

1115. 령감 엇의가 편치못ᄒᆞ시오? (현미경 155) 김씨-리협판

1116. 여보 작은 아씨 늇짓은 웨 그리 ᄒᆞ시오? (현미경 155) 숩홀멈-옥희

1117. 글세 갓탄 아버지 아들인데 웨 뉘 ᄌᆞ식인지 몰은다 ᄒᆞ시오?

(힝락도 41) 만득-원식

1118. 그런데 아주먼이 웨 그러케 긔식이 둣치 못ᄒ시오?

(두견성 下 20) 혜경-청자

같은 높임의 계칭형태로 《-소》가 있었는데, 일반적으로 페음절 아래에서 쓰인 것으로 보인다.

1119. 글쎄말이오. 그마님 첫날 오실 쩌에야 누ᄀ 이런줄 알앳겟소?

(행락도 15) 하인들끼리

○ 《-소》, 《-쇼》 :

1120. 령감 오늘은 엇지히여 사회를 고리늣게 ᄒ셧소?

(현미경 81) 리협판부인-리협판

1121. 그런 것도 안이지마는 ᄋ희들을 사랑ᄒ는데 밧게 더잇소?

(두견성 上 37) 부쟝-부인

1122. 에그 어머니도 남들이 눈으로 보고 둣는데 웨 말들이 업겟소?

(행락도 39) 만득-림씨

1123. 어머니 너가 어서 글 잘 비와가지고 큰 어룬이 되면 어머니가
무슨 근심을 ᄒ시겟소? (행락도 37) 만득-림씨

위의 예들은 가정에서 부부간에 또는 아들이 어머니에게 하는 말로서 말을 듣는 존자를 대우하여 준다.

1124. 여보 허암대스 이집은 무엇을 모셧소?

(송뢰금 30) 겸동모-허암대사

1125. 여보 나으리 나를 몰으시겟쇼? (현미경 252) 살방마마-김감역

1126. 당신이 긔용 우리집 일을 더강 짐작ᄒ니 말이지 진즉 셔울로
갓더면 무슨 걱정이 잇셧겟소? (현미경 38) 옥희-빙쥬

문장 1124), 1125)는 호칭어 《여보》가 쓰였고, 문장 1126)은 높임의 2인칭대명사 《당신》 58)이 쓰임으로 하여 높임의 계칭임을 설명하여 준다.

1127. 어제브터 급훈 보발과 급훈 교군이 지니기기로 무슴 일인가 ᄒ야 지금도 말들을 ᄒ고 잇거니와 ᄌ세혼 일을 아럿소?

(죽서루 3) 셔생-황화장사

1128. 교육은 무슨 교육을 바닷으며 졸업은 무슨 졸업을 ᄒ얏소?

(현미경 74) 법무디신-리협판

위의 문장을 보아도 사회에서 어른들 사이에 쓰인 높임의 계칭임을 알 수 있다.

1129. 집안에 사업ᄒ는 사람들이 되게 ᄒ면 고싱혼 바람이 잇지 안겟소?

(송뢰금 37) 한아이-여러농민

1130. 우리네 외입ᄒ던녕 마암을 잡으면 뎡력부인이 되겟소?

(산쳔초목 11) 신마마-리시죵

1131. 나는 이곳 풍속 모르지마는 웬 충절이 그다지 만소?

(명월뎡 25) 조장-김씨

1132. 리졍위령감끠서 한번 착수ᄒ야 보셧으면 엇덧소?

(두견셩 上 75) 강과쳔-리봉남

1133. 웨 나는 춤말 남의 아희갓치 옷도 훈번 아니 희쥬고 아바지 닙 돈 옷ᄭ지 다 가져 오섯소? (행락도 41) 만득-원식

○ 《-데(듸)》 :

1134. 그러 김감역 그 량반이 너게 표적이 잇고 업는 것을 엇더케 아신다듸? (현미경 250) 삼살방마마-딸 빙심

58) 김의수(2001) 《대우표시어휘의사적연구》에서 2인칭대명사 《당신》을 존대로 보았다.

1135. 이 스롬아 안 그리ᄒ데? (명월뎡 10) 우주사-친구인 허원

○ 《-이》:

1136. 여보게. 목전에 덕국을 노아두고 한가스럽게 뎜심을 먹는 자네
들이 비스심도 무던ᄒ이. (두견셩 下 39) 젊은 사관끼리

1137. 압스다 듯기가 실여 못 견듸겟더니 인지 좀 조용ᄒ이.

(숑뢰금 46) 우초-친구허원

의문을 나타내는 높임의 계칭은 문법적 형태 《-오, -소, -쇼, -데, -이》
등에 의해 표현된다.

의문식은 이러한 문법적 형태 외에 《-ㄴ가, -던가, -ㄴ고, -ㄹ고, -나,
-너, -노, -누, -냐, -느냐, -나냐, -는냐, -드냐, -랴》 등에 의해서도 표
현되었다.

1138. 여보게 뎌긔 드러가다가 세치집 조고만 초가집에 큰 쳐녀 하나
ᄒ고 고불 할멈 하나 잇는 집이 뉘집인고?

(행락도 4) 령감-농군

1139. 그러면 인제는 엇더케 ᄒ여야 올흘고? (숑뢰금 70) 부인-계옥

1140. 이거 무얼 이럭케 만히 가져왓나?

(두견셩 下 122) 로부인 -강과천

1141. 그러케 큰 처녀를 두고 웨 사위를 하나 어더 집을 의탁ᄒ엿시
면 됴흘터인데 아직 처녀듸로 두엇노? (행락도 4) 령감-농군

1142. 혼히 연국쟝이ᄂ 직담터에서 드른 일은 잇으나 더혜 너는 엇지
ᄒ 일이냐? (동합설매 11) 권쳡지-아이

1143. 산스도야지를 잡으셧다드냐? (두견셩 上 60) 로부인-혜경

1144. 너희들이 그 무에라 ᄒ늬. 무례치 아니ᄒ냐?

(죽서루 3) 리원경-민셤, 순이

위의 문장들은 나이 많은 사람이 나이 어린 청자에게 하는 말로서 안
높임의 계칭을 썼다.

1145. 그러기에 지금 이숨월이십일쎄인디 살구꼿이 겨오 되지 안나?

부인-로파(두견셩 上 3)

1146. 검둥어멈 자녀? (숑뢰금 29) 부인-검둥모

1147. 앗가 그 집에서 보앗슬말이면 그 사람이 엇의로 갓단 말인가?

(산천초목 28) 박참령-쑤장

위의 문장들은 신분이 높은 사람이 신분이 낮은 사람에게 하는 말로
서 안높임을 나타낸다. 이러한 예를 더 들면 아래와 같다.

1148. 계집사내가 혼번 눈이 마진이삼에 담을 쒸어넘던가 울을 쒸어
넘던가? (산천초목 28) 신마마-리시죵

1149. 일본으로 도주라 ᄒ엿으니 웬 ᄯᆞᆰ인고? (숑뢰금 51) 부인-계옥

1150. 제 하라비 보다도 나이 만은 령감을 무에 그리 다졍ᄒᆞ야 춤말
슬퍼할고? (행락도 35) 원식-장손모

1151. 그러나 방학도 추추 여일이 쥬러져 가니 되도록 잘 ᄌᆞ미 잇게
지내고 ᄯᅩ 잘총명지지를 기르지 아니랴나?

(죽서루 6) 박원쥰-김명훈

1152. 그런데 금방 산아희가 나갓는대 엇더케 뎌 모양으로 죽엇노?

(행락도 43) 림씨-늙은 할멈

1153. 그러치만 사롬을 누가 아누? (행락도 58) 림씨-할멈

1154. 뎌스람이 웬 눈뎅업는 시컴흔 로인을 디리고 오며 나를 드러가
지도 말나구 ᄒᆞ누? 림씨독백 (행락도 127)

1155. 쟝손이는 너보다 격은 아희구 ᄯᅩ 족하가 아니냐?

(행낙도 24) 신병사-만득

1156. 지금 감출것은 무엇이냐? (두견셩 上 31) 덧니-덩회

1157. 이성에도 정훈 려관이잇느냐? (뎡월뎡 3) 허원-인력거군

1158. 아모리 칠십에 나은 즈식인들 너즈식이 아니겟느냐?

(뎡월뎡 20) 신병사-아들

1159. 무슨 일로 밤에 왓는냐? (동합설매 8) 최동식부인-쳥순

1160. 그러면 악마님엇의 각째마다 등불을 어떤 년이 들고 단녜나냐?

(산쳔초목 39) 박찬령-졍월

1161. 애 이곳에서 흐눈것 갓흐랴? (숑뢰금 24) 부인-계옥

의문식에서 문법적 형태 《-ㄴ가, -던가, -ㄴ고, -ㄹ고, -나, -너, -노, -누, -냐, -느냐, -나냐, -는냐, -드냐, -랴》 등에 의해 표현되는 계칭은 안높임이다.

1.3 명령식에 나타난 문법적 형태

명령식에는 《-소셔, -ㅂ시(샤)사, -ㅂ시오/-십시오》 등 문법적 형태들이 나타나고 있다.

○ 《-소셔》:

1162. 술도 아사짐 흐류흐도록 잡수시지 마읍소셔.

(명월뎡 51) 채홍이-부친

1163. 나를 고공자리 갓튼 것에 부텨쥬서서 아못됴록 량친이 지니가 도록 보와주소셔. (동각한매 9) 쳥순이-최동식부인

《-소셔》는 전 시기에 있었던 명령을 나타내는 가장높임의 문법적 형태 《-쇼셔》의 어음탈락 형태이다. 이러한 현상은 19세기말에도 많이 나타났다.

○ 《-ㅂ 시사(샤)》 :

    1164. 에그 하느님 어서 죽여줍시사. (현미경 47) 빙주독백

    1165. 부친의 돈을 쉬여줍시사. (동각한매 4) 청순이-최동식부인

    1166. 사토님 살녀줍시샤. (힝낙도 133) 간난어멈-수사

위의 형태들은 가장높임을 나타내는 문법적 형태인데 전 시기에는 보이지 않던 문법적 형태이다.

○ 《ㅂ 시오/십시오》 :

    1167. 물쎄 되엿스니 오릅시오. (명월뎡 90) 사공-허원

    1168. 마님 사롬 살녀 줍시오. (행락도 77) 간난어멈-상전인 원식처

    1169. 마님쎄서도 아모죠록 왕림을 희주십시오.

                                    (두견성 下 124) 강과천-로부인

    1170. 에그 아버지 갈졔 가더러도 좀 안지시기나 흐십시오.

                                    (산천초목 64) 강릉집-부친

이러한 문법적 형태는 전 시기 문헌에 나타나지 않던 형태이다. 처음 《-시-》는 주체존칭을 나타내는 형태소로서 명령식에서 청자와 행동의 주체가 일치하기에 이러한 형태가 나타날 수 있다. 이 경우(1998;71)는 최근세조선어시대에는 현대보다 존경의 선어말어미가 결합되지 않은 《-ㅂ 시오》의 형태가 많이 사용되었다고 하였다.

이와 같이 문법적 형태 《-소셔, -ㅂ 시(샤)사, -ㅂ 시오/-십시오》 등에 의해 형성된 계칭은 가장높임의 계칭이다.

문법적 형태 《-오, -소》도 말을 듣는 사람을 일반으로 대우하여 준다.

○ 《-오, -소》 :

1171. 여러분은 모아 이말을 설파한 후 곳 지금으로 이스를 식힐터이
   오니 그리 알아주시오. (힝락도 33) 원식-동네사람

1172. 이리 오시오. 뎌놈들이 다 그놈들이 오니 아라추리시오.
   (명월뎡 94) 채홍-허원

1173. 그뎌 넘녀는 두 번도 말고 어서 가셔 디리고 오오.
   (산천초목 63) 박참령-마누라

1174. 글셰 아버지 내 말삼 좀 드르시오. (산천초목 66) 강릉집-령감

1175. 아쥬머니 쏘 혼번만 더 힘을쎠 쥬시오.
   (산천초목 28) 리시죵-신마마

1176. 너 공부 잘할게 넘녀마오. (힝락도 37) 만득-림씨

위의 문장들은 말을 하는 사람이 말을 듣는 사람을 대우하여 말한 것
이다. 말을 듣는 상대방은 《동네사람들, 아버지, 아쥬머니, 그대》 등이
다.

1177. 뎌 만득이를 잘 길러 주식의 낙이나 보는 거시 됴흘터이니 편
   흐도록 흐오. (힝락도 29) 신병사-림씨

1178. 이이 술 한잔 다오. 어서 한잔 다오. (현미경 7) 정승지-녀아

1179. 무어 언문 편지야, 그러면 어서 이리 다오.
   (현미경 140) 정디신-별비

1180. 여보 부인 죽어도 우리는 원망흐지마오. (힝락도 111) 한금-림씨

1181. 원식이ㄱ 아조 도라보지 아니흐거든 이 그림을 한 댱을 잘 간
   딕흐엿다ㄱ 쓰게 흐시오. (힝락도 31) 신병사-림씨

1182. 무슨 홀 말슴이 잇거든 말흐오. (명월뎡 60) 치홍-삼순

문법적 형태 《-오》의 앞에는 주체존칭토 《-시-》가 오는 일이 많
다. 이러한 형태가 옴으로 하여 말을 듣는 주체를 조금 높여 준다.

1183. 부디 허물 마시오. (죽서루 5) 미섭-리원경

1184. 저는 여기서 죽겠스니 부디 당신은 엇핏 이 자리를 써느가시오.

(동각한매 30) 아이-권첨지

1185. 형님 돈은 니가 드릴 것이니 구경표를 너 것까지 형님이 좀 사
쥬시오. (산천초목 15) 강릉집-신마마

1186. 엇소. 이 돈 가지고 식전 희장거리 사오시오.

(명월덩 83) 허원-김덕

1187. 올히 안으로 급데되 밧치시고 귀동아기 나흐시고 장차 부자가
되셔서 잘 사시오. (현미경 134) 슘할멈-옥희

문법적 형태 《-소》는 《-오》와 같은 높임의 계칭이다. 그러나 명령
식에서의 《-소》는 서술식이나 의문식과는 달리 개음절 아래에 쓰였다.

1188. 자 마누라도 한 잔 잡수소. (두견성 下 1) 김좌천-슉자

1189. 내가 아는 술집이 잇서 미리 부탁흐엿스니 흔 분식 날산라오소

(명월덩 96) 허원-사공들

1190. 거긔서 와달날든지 엇졀는지 그것도 디답을 알고 와쥬소.

(죽서루 13) 원쥰-덕이

1191. 거든 잘 버러서 흐로밧비 돈을 맛길 싱각을 니소.

최동식부인-권첨지 (동각한매 14)

시킴을 나타내는 높음의 계칭에는 문법적 형태 《-오, -소》와 함께
《-게》 그리고 이의 2차적 결합형태들이 있었다.

○ 《-게》 :

1192. 할멈 이리로 갓가히 안쎄. (두견성 上 3) 부인-로파

1193. 할멈 마님됴셥 잘히 드리게. (두견성 上 128) 봉남-로파

1194. 강과천 자네는 샹관업는 일이닛가 가만이 잇게.

(두견성 上 80) 봉남-강과천

1195. 나를 남편으로 의지홀 마음이 잇거든 오늘부터 그 노릇을 닷감
아 바리게. (현미경 255) (김감역-소실삼살방마마)

위의 문장들을 보면 젊은이가 늙은 노파에게, 상위계층이 중간계층에
게, 자기 소실에게 하는 말로서 말을 듣는 사람을 일정하게 높여 준다.
허웅(1995)에서 명령에 쓰이는 《-게/-게나》는 《-어라, -으라》보다 들
을이를 좀더 대우하는 뜻을 가진다고 하였다.

1196. 그후는 셔셔히 원산으로 도라가셔 포와 소식을 긔다리게.

(숑뢰금 84) 충사원-계옥

1197. 냉역 무심히 보왓스니 무심코 난일 말ㅎ게.

(숑뢰금 91) 우초-룡민

1198. 신랑은 닐세. 듬미만ㅎ게. (행락도 6) 령감-농군

1199. 위션술이나 흔병ㅎ고 안쥬나 흔샹 츠려다주게.

(행락도 70) 원식-간난어미

1200. 시슴스러이 그런 말을 괸히 이야기ㅎ기로 쓸데 없지 아닌가?
그만 두게. (죽서루 7) 백원준-리태석

명령을 나타내는 문법적 형태 《-게》의 뒤에 《-나, -라, -그랴, -구려》
가 첨가되어 완곡한 명령을 나타낸다.

1201. 할멈 이 방으로 건너오게나. (행락도 57) 립씨-늙은 할멈

1202. 나갓치 할턱 업는 자는 홀슈 업지마는 리졍위 자네가 한 번 ㅎ
여 보게 그려. (두견성 上 75) 강과천-리졍위

1203. 우리 갓치 먹고 쏘 먹게 그랴. (산천초목 78) 박참령-강릉집

1204. 그러면 오날이라도 삼천양료만 밧아 니오게구려.

(행락도 53) 금돌-간난어멈

명령식에는 가장높임과 높임을 나타내는 문법적 형태 외에 안높임의 문법적 형태들도 있었다.

○ ⟨-(아, 어, 거, 나) 라⟩ :

1205. 애 젹은디로 앗가사온 고기로 육회 좀 징여 드려라.
(송뢰금 18) 부인-계옥

1206. 이이 인력거 거긔 얼풋노아라. (산천초목 6) 리시홍-인력거군

1207. 에구 글이고 무에고 긔만 두어라. (행락도 23) 신원식-쟝손

1208. 계옥아 심화도 나고 마음도 불평ᄒ니 네 그 거문고나 한 번 뜻
어라. (송뢰금 22) 박사과-계옥

1209. 근슈야, 쥬막에 나려가서 교군 한 치 엇고 교군질 ᄒᆯ 놈을 쟝
뎡으로 쓥아 네 놈만 다리고 오너라. (현미경 63) 박참위-근슈

1210. 자 인졔 그런 잉약이는 그만 둘지어라. (두견성 上 102) 봉남-혜경

1211. 옷들 박구어 닙고 어셔 자거라. (두견성 60) 로부인-혜경, 봉남

위의 문장들의 전후 조응을 보면 안높임의 계칭을 나타내는 문법적 형태임이 확실하다.

1212. ᄆᆞ음을 좀 크게 먹어라. (두견성 上 31) 덧니-뎡회

1213. 이담은 아모리 쓰오쟈고 희도 쓰오지 말고 ᄀᆞ치 딜리고 비와라.
(행락도 24) 신병사-만득

1214. 안져라. 심은ᄒ더니 너이 아기 좀 ᄒ여라. (뎡월뎡 5) 우쥬사-허원

1215. 우리들은 방금 가려거니와 너도 얼핏 심부름을 맛치고 오느라.
(죽서루 제1 14) 림틱셕-남북덕이

○ ⟨-다고⟩ / ⟨-라고⟩ / ⟨-렴으나⟩ :

문법적 형태 ⟨-다고/ -렴으나⟩ 는 ⟨-라⟩ 보다는 정도가 덜한 명령 (청구)을 나타낸다.

1216. 이이이이 모다 이것을 보아다고. (동각설매 43) 쥬인박도남-봉룡

1217. 여긔 부산서 선수가 와잇스니 쥬전ᄒᆞ야 올닐까고 말ᄒᆞ야 보아
다고. (죽서루 제3 13) 원쥰-덕이

1218. 어허 잠간 쳥순이를 불너다고. (동각설매 16) 춍식부인-아이

1219. 위션위션 그것몬 먼저 가져가라고. (죽서루 제33) 리발사-쳥순

1220. 가보렴으나. 너의 아버지의 신셰를 못니저서 그런는 것인가 보
구나. (두견성 上 61) 로부인-봉남

1221. 이아 내 ᄯᅩᆯ아 나다려 어미라 ᄒᆞ려무나. 의심말고 내가 가라치
는디로 ᄒᆞ려무나. 김덕-최홍 (명월뎡 31)

명령식에 나타난 문법적 형태 《-라, -아라, -어라, -거라, -여라, -ᄂ
라, -다고, -렴으나(려무나), -라고》 등은 안높임을 나타낸다.

1.4 권유식에 나타난 문법적 형태

권유식은 우선 문법적 형태 《-ㅂ시다, -십시다》에 의해 표현되었다.
이러한 형태는 현대조선어의 가장높임의 계칭형태와 완전히 일치한다.

1222. 누님 작뎡ᄒᆞᆫ 것 드러봅시다. (명월뎡 21) 상순이-채홍

1223. 자-이 역시 자션 사업이니 괴로워 마시고 갓치 좀 가십시다.
(현미경 70) 박참위-시골생원 권봉규

1224. 그러면 유모의 일은 그럭케 작뎡ᄒᆞ고 아무쏘록 규각안나게 그
러케 ᄒᆞᆸ시다. (두견성 上 43) 왕부장-처의 동생 쳥자

1225. 나는 출가도 안이ᄒᆞ고 집에서 부모님 뫼시고 잇슬터이니 평싱
을 이ᄀᆞᆺ치 지ᄂᆞ십시다. (행락도 122) 왕부장-처의 동생 쳥자

전 시기에 권유식을 나타내던 가장높임의 계칭형태 《-ᅌᅵᆸ새이다, -시이
다》는 보이지 않는다. 19세기말~20세기초에 나타난 문법적 형태 《-ㅂ

시다》는 《-옵새이다》의 어음축약형태이고, 《-십시다》는 《-시-(주체
존칭토)+-ㅂ 시다》의 결합형태이다.

이 시기 권유식에는 상술한 문법적 형태 외에 《-세, -셰》등이 나타
나는데, 이러한 형태도 말을 듣는 사람을 대우하면서 권유하는 계칭형태
이다.

> 1226. 러년구월이 되야 즈네가 돈을 가저 오게 되면 곳 집으로 보니
> 게 ㅎ세. (동각설매 14) 최동식부인-권첩지
>
> 1227. 걱정 말고 밥이나 먹세. (행낙도 65) 금돌-간난어미
>
> 1228. 옥경이 우리는 어느쎄까지던지 서로 쩌나지 말고 함께 사러 보
> 세. (두견성 上 92) 혜경-무경
>
> 1229. 나ㅎ고 즁리로 나려가세. (송뢰금 98) 우초-근암

위의 문장들을 보면 나이가 많은 어른에게, 또는 친척간 혹은 친구사
이라도 서로 대접할 때 이러한 말씨를 쓴다.

> 1230. 게다가 단지 ㅎ야 보기만 ㅎ야셔는 무지미ㅎ니 턱ㅎ기로 ㅎ세.
> (죽석루 20) 원쥰-틱셕
>
> 1231. 그러면 그리ㅎ기로 덩ㅎ고저 인제브터 숡쟌이나 버리세.
> (죽서루 5) 원쥰-틱셕
>
> 1232. 우리게 당치안 일은 샹관을 말고 갈길이나 밧비 가세.
> (현미경 197) 나무장사들-최싱원
>
> 1233. 차라리 우리가 이던 말을 잇밧게 니지 말세. (현미경) 동네사람들

권유식에는 안높임을 나타내는 문법적 형태 《-자, -쟈》도 있었다.

1234. 어서 쌜니 가자. 시간 늣겟다. (명월뎡 17) 허원-인력거군

1235. 좌우간 너의 부친을 부르러 보니자.

(동각설매 5) 최동식부인-쳥슌

1236. 나즁에 비로 갈째는 엇지던지 아즉은 려관을 정ᄒ고 잇자.

(숑뢰금 53) 부인-계옥

문장 1234)는 신분이 높은 사람이 낮은 사람에게 하는 말로서 안높임의 계칭을 쓰고, 문장 1235)와 1236)은 이상분이 나이가 어린 아랫사람에게 한 말로서 안높임의 계칭을 썼다.

1237. 죵용흔 곳에 간이 네 거문고도 익힐겸 가지고 가자.

(숑뢰금 23) 박사과-계옥

1238. 기셩이라고는 말 내이지 아니 ᄒ엿스니 이럿케 ᄒ자.

(명월뎡 32) 김덕-치홍

1239. 우리 남미는 극간ᄒ야 교육밧은 ᄌ식들의 효도를 본다ᄒ시게 ᄒ자. (명월뎡 45) 치홍-상슌

1240. 왕수는 하여힛던지 다시 이런 일 업시 자미 잇게 살아보자.

(산쳔초목 68) 박참령-강릉집

1241. 져건너 산속에 가셔 은신할곳을 찾져보자.

(현미경 35) 빙쥬-녀자

1242. 자셰흔 말은 요다음에 완완히 이야기 ᄒ쟈.

(죽서루 11) 리츈쳔-김명훈

1243. 뎌긔셔 의원이 기다리가도ᄒ고 어듭기 젼에 가는 것이 됴흐니 곳 이번 챠로 가쟈. (두견성 下 2) 쳥자-혜경

제2절 새로운 계칭형태의 확산

19세기말~20세기초의 문헌에는 이전 시기에 적게 쓰였던 특수한 안높임계칭형태와 높임의 《해요체》[59]가 나타나고 있다.

여기에서 말하는 특수한 안높임의 계칭이란 서로 매우 친하거나 존대 관계가 분명하지 않을 때 격식을 차리지 않으며 가볍게 안높여서 쓰는 말씨이다. 신창순(1984:255)은 이러한 형태로 이루어진 말씨를 반말이라 하면서 어떤 대우를 할 지 갈피 잡기 어려운 경우에 쓰는 말씨이므로 일상적인 말씨도 아니고 흔히 들을 수 있는 말씨도 아니었으며, 근대사회로 들어서면서 한 동네, 한 고장, 한 집안 사람들이 아닌 타지, 객지 사람들과 접촉하는 기회가 늘어남에 따라 이 반말이 편리한 것으로 이용되어 일상적인 말로 쓰이게 된 것이고, 또 그에 따라 문말형식도 그런대로 굳어져서 대개 《-어, -지》와 같은 어미로 마무리짓게 되었다고 하였다.

전 시기에 이러한 계칭에 나타난 문법적 형태로는 《-니, -리, -지》 등을 들 수 있었다. 이러한 계칭의 등급에 대해서는 학자들마다 견해를 달리 하는데, 낮춤으로 보거나 《해라체》와 《하게체》의 사이로 보거나 또는 《하게체》와 《하오체》의 사이 혹은 《해요체》와 함께 비격식체로 보는 견해도 있다. 본고에서는 특수한 안높임의 계칭이라 한다.

---

59) 성기철(1999) 《20세기한국어 대우법의 사회언어학적변천》에서 결국 해체와 해요체는 각각 두루낮춤과 두루높임의 특성을 가진 화계로 이해된다고 하면서, 이 두 화계는 앞서 본 네 화계와 동렬에 서는 화계가 아니다고 하였다. 이들 두 화계는 독자적으로 높임과 낮춤의 대조를 이루는 화계기때문에 해요체의 높임을 기준으로 볼 때에는 반말이 단순한 낮춤이 아니라 안높임의 특성을 가지게 된다고 하였다.

2.1. 특수한 안높임의 계칭형태:

2.1.1 서술식:

1. 《-리》:

1244. 그 날리씨서도 지금 곳 오시면 그 째와 다르리.

(숑뢰금 93) 우초-롱미

2. 《-지》:

1245. 무슨 병원이나 약이나 잇서야 살녀닐 싱의를 회보지.

(현미경 56) 소대장-순검

1246. 만식 당혜신고 쑹 밥기가 예스의 일이지.

(산천초목 75) 박참령-강릉집

1247. 여보 본전 쎄고 리남으면 고만이지.

(명월덩 21) 려관주인-기생조합소조장

3. 《-아/-어/-야/-여》:

1248. 요스꽃튼 볏치면 도리혀 뜰에 나와서 흐여달느는것시 시원흐야

됴아. (죽서루 4.20) 만홍-리발사

1249. 그더신 니가 살퓌흐면 주네들이 말흐는디로 순종하지아.

(죽서루 1.22) 원준이-친구

1250. 이것이 니가 언니 먹어보라고 그런디 너무 싀여서 돗치 안어.

(두견성 上 88) 무경이-혜경

1251. 엄바야 나는 오날 우리 학교 진급식에 리빈중 한 부인이 축스

홀 쌔에 엇지돗 턴지 흔가지 쟉졍흔 일이 잇셔.

(명월덩 43) 채홍-상순

1252. 그러나 주네 곳치 오희흐야션 못쎠. (죽서루 1.6) 백원준-감명훈

1253. 딕단히 치레ᄒ얏스니 역시 산ᄉ보라도 ᄒᄂ는 것시지야.

(죽서루 3.10) 림태석-하인매섬

1254. 이년이 과부복도 틱여나지를 안이 ᄒ게야.

(산쳔초목 73) 강릉집-쥐불어미

1255. 이 딕이 바로 변서방의 본실이야. (명월뎡 66) 로파-채홍

1256. 아니 셰상일이라 ᄒᄂ는 것시 그만 ᄒ야서는 ᄯ긋나는 것시 아니여.

(동각한매 11) 권쳠지-길가의 아이

1257. 그리ᄒ고 그역 계집을 손ᄉ속에 너으라고 ᄒ이지여.

(죽서루 2.3) 두 친구사이

4. 《-구먼》 :

1258. 그런딕 그가 이왕 엇의셔 여러번 보던 얼골 갓구먼.

(산쳔초목 19) 산마마-강릉집

1259. 공연히 쓸딕업는 말을 ᄒᄂ는구먼. (두견성 上 28) 감과천-덧니

1260. 필경 자네가 ᄯ쓴짓을 하다가 들켜서 코를 베온 거시로구먼.

(행락도 100) 장손어멈-간난어멈

문법적 형태 《-구먼》은 새롭게 알게 된 어떤 사실에 대한 감탄을 나타낸다.

이 외에 《-는구, -지고, -러군, -로군, -든걸, -ㄹ 걸》 등 형태들에 의해서도 안높임을 표현하였다.

1261. 웅 긔명ᄒᆫ 스룹이라 증거는 ᄆᆞ우 잘 찾는구.

(현미경 79) 법부대신-하급 리협판

1262. 하여간 오날은 단뎡코 쇼져를 맛ᄂᆞ서 나의 심ᄉ를 말ᄒ고 묘하게 그 무흔ᄒᆫ 귀염을 밧도록 ᄒ야 보고지고. (죽서루 1.24) 하만홍독백

1263. 그것 큰 일 닐 자식이러군. (횡낙도 41) 원식-동생만득

1264. 엇잰든지 올나가 져희 말 드러보아 가며 홀ㅅ게로곤.

(송뢰금 16) 박사과독백

1265. 고발을 ᄒᆞ느니ᄒᆞᆫ 것을 겨우 결말은 디엿지마는 딘단히 힘드

덧든걸. (두견성 上 26) 강과천-조정위

1266. 즉시 나려가셔 마쥬막 영결이나 ᄒᆞ고 올나 왓슬걸.

(현미경 83) 리협판독백

2.1.2 의문식:

1. 《-니》:

1267. 너갓치 의리부동ᄒᆞᆫ 것은 지고 너가 이 세상에 낫을 들고 살아

무엇ᄒᆞ니? (산천초목 65) 령감-강릉집

2. 《-지》:

1268. 네가 리참판딕에서 장긔를 두엇지?

(동각한매 44) 주인 박도남-하인 복룡

1269. 아마 나보다 삼년위이지? (두견성 上 60) 로부인-며느리

3. 《-아/ -어/ -야/ -여》:

1270. 어제밤에 부정동 우물에서 몸을 ᄲᅡ지랴 ᄒᆞ얏지아?

(동각한매 59) 권첨지-상점집의 하인아이

1271. ᄒᆞᆫ 남편만 바라고 잇ᄂᆞᆫ 실업의 쓸년이 어듸 잇서?

(명월뎡 29) 취련-채홍

1272. 어리석은 년 살녀주어 버린 뒤에야 엇지 홀수 잇서?

(동각한매 53) 권첨지-마누라

1273. 이것은 쏘 무엇니야? (산천초목 23) 신마마-뿌이

1274. 죠런 망헌년 싱트집이 무에야? (힝낙도 100) 장손모-하녀

1275. 여긔 가지고 왓셔? (두견성 上 78) 조정위-리정위

1276. 날마다 마마님만 엇의 가시랴면 의례히 등불을 들고 압셔 가던
년이 몰은다고 해? (산천초목 39) 하인들끼리

1277. 흐기야 무얼해? (송뢰금 3) 부인-딸 계옥

1278. 쏠년 혼스는 엇더케해? (명월뎡 48) 채홍어머니-남편

1279. 권첨지 겨우 십륙이느 십칠세 되는 쏠에게 걱정을 식키고 즈네
마음은 엇더흐여? (동각한매 9) 최동식부인-권첨지

1280. 이것을 어듸로 놀스것이여? (죽석루 4.9) 길이-청순

4. 《-나/ -나구/ ㄴ구》 :

1281. 에그 고것만 안이면 그까짓 것은 말고 집안 것은 모다 쥬고도
늬가 살임에 썻다흐면 그만이지 안나?

(현미경 171) 옥희-하녀 또복어머니

1282. 압다 여북 슈당이 업스면 즈식이 부모의 말을 안듯개 흐여 둘
나구? (두견성 下 3) 강과천-안해숙자

1283. 헛불셔 져리다가 잡히면 엇지 혼돈말인구?

(현미경 95) 리협판-박총순

5. 《-느, -늬》 :

1284. 그러코 보면 쳡용쳐에 등달것 무엇 잇겟느?

(뎡월뎡 15) 허원-인력거군

1285. 너는 직취흐는 것이 무엇시 낫다고 흐야 됴혼를 니기엇느?

(뎡월뎡 44) 치홍-상순

1286. 우리가 미인열지 흐자는 영업인더 누구를 어굴흐게 홀나구 이
리흐늬? (뎡월뎡 28)부장-치홍

6. 《-담》 :

1287. 사름은 처도 그럿케 몹시 친담? (힝낙도 109) 두 성년남자

1288. 이런졔 아오님 구경 좀 식이랴고 오날 오고 릭일 쏘 온담?

(산천초목 14) 신마마-강릉집

의문식을 나타내는 특수한 안높임의 계칭은 문법적 형태 《-니, -지, -아/-어/-야/-여, -나, -나구, -ㄴ구, -느, -늬, -듸, -데, -담》에 의해 표현되었다.

2.1.3 명령식:

1. 《-지》 :

1289. 진작 그러흐시지. (산천초목 29) 리시종-신마마

1290. 웨 그리 **총총**흐셔오. 줌으시고 가시지.

(두견성 下 20) 혜경이-이모

1291. 치홍이도 시작만 흐여보지. (명월뎡 29) 기생취란-채홍

2. 《-아/-어/-여》 :

1292. 스롬이어든 나를 죽이고 귀신이어든 나를 잡아가아.

(현미경 31) 옥희-빙주

1293. 죠런 도달스러운 년 보아. (산천초목 39) 하인들끼리

1294. 거기 좀 숨어. (동각한매 56) 권첨지-마누라

1295. 쟈 얼푼 이야기 흐여. (동각한매 25) 권첨지-길가아이

1296. 그런 말을 그만 두고 어셔 뎡회를 그 집으로 보닐 도리나 싱각
    흐여. (두견성 下 2) 강과천-숙자

명령을 나타내는 특수한 안높임의 계칭은 문법적 형태 《-지, -아, -어, -여》등에 의해 표현되었다.

특수한 높임의 계칭인 《해요체》는 위에서 이야기한 특수한 안높임의 계칭형태에 《-요》가 결합된 형태들이다. 이것은 중세조선어나 근대조선어에서 가장높임의 계칭을 나타내는 문법적 형태 《-이다》가 여러 문법적 형태에 수의적으로 결합하여 말하는 사람이 말을 듣는 사람을 가장 높게 대우하던 형식과 마찬가지이다. 《해체》에 《-요》가 붙으며 높임의 계칭형태가 되고 붙지 않으면 안높임의 계칭형태가 된다.

이러한 계칭은 격식을 차리지 않고 친절감을 나타내면서 말을 듣는 사람을 가장 높게 대우하는 문법적 형태이다. 이 계칭형태는 19세기 《춘향전》에는 불완전한 어음변화 형태로 나타났다면, 이 시기에는 하나의 완전한 체계를 이루었다.

2.2.1 서술식:

1. 《-지요》:

1297. 아니지요. 제 밋천이 업셔 젹은 비 부리지요.

(명월뎡 92) 사공-손님허원

1298. 나는 향상 ㅇ희들은 꾸짓기만 ㅎ니 마음사는 자는 나 ㅎ나뿐이지요. (두견성 上 37) 부인-남편왕부장

위의 문장은 낮은 신분의 사공이 손님에게, 아내가 남편에게 친절하게 대하는 가장높임의 말씨이다. 이것은 반말형태 《-지》에 《-요》가 첨가된 형태이다.

2. 《-아요/-어요/-여요/-야요》:

1299. 이것시 셔울셔 온 편지인가 보아요. (두견성 上 3) 하녀-상전혜경

1300. 단지 동학구들에게 침범을 당흐지 안인 죄야요.
　　　　　　　　　　(현미경 179) 리협판-상급인 법부대신
1301. 오리 안이 토보아서 안이 되어요. (송뢰금 22) 계옥-어머니
1302. 쏘쇠어미는 슈구뭄밧게를 여러번 단겨보와서 그 근쳐 발스가
　　　익다고 빙쥬가 다리고 나갓셔요. (현미경 235) 옥희-작은 어머니
1303. 아부지 나는 오늘은 침일은 잘 흐엿다고 션싱이 칭찬하셔요.
　　　　　　　　　　　　(두견셩 上 35) 녀학도-아버지
1304. 아모리 흐야도 솜씨 됴케 되지 못흐여요.
　　　　　　　　　　　　(죽서루 4.5) 리발사-손님 만홍
1305. 아마 폐벙이 되얏나 보아요. (두견셩 上 96) 춘자-조졍위

　이러한 문법적 형태는 신분이 낮은 사람이 자기 상전에게 또는 손님에게, 가정에 이상분에게 하는 대화로서 말을 듣는 상대를 두루 높게 대우하여 주었다.

　서술식에는 상술한 문법적 형태 외에 《-더요, -드리요, -는대요, -을걸요, -든게요그래》 등 형태들도 있었다.

1306. 이번은 상양히셔 만히 잡으셧디요. (두견셩 上 59) 혜경-시어머니
1307. 빙쥬는 교군아울러 갓곳이 업드리요.
　　　　　　　　　　(현미경 234) 옥희-작은 아버지
1308. 셔방님과 따님끠셔 오날밤으로 곳 업시스면 됴켓다고 하시는데요.
　　　　　　　　　　(힝낙도 65) 간난어멈-남편금돌
1309. 아편 닷당아치만 사셔 슈구문밧게 나가는 눌 음식에 타서 먹여스면 죽는 줄도 몰으고 죽을걸요.
　　　　　　　　　　(현미경 179) 쏘복어미-상전인 옥희
1310. 필경 우리집 근쳐 동리에서 살앗든게요그려. (현미경 38) 옥희-빙주

서술식을 나타내는 높임의 계칭에는 문법적 형태 《-지요,-아요/-어요/-여요/-야요, -디요, -드리요, -을걸요, -든게요그래》등이 쓰였다. 예문들을 보면 두루 높임과 함께 가정적이고 여성적인 분위기를 자아낸다.

2.2.2 의문식:

1. 《-지요》:

　　1311. 니가 넘어 소견업시 구럿더니 분흐셔서 인제 드러오시지요?

　　　　　　　　　　　　　(산천초목 75) 소실 강릉집-박참령

　　1312. 져익를 다래다가 며누리를 숨앗스면 됴켓소이다마는 령감쎄셔
　　　　　허락을 흐실는지요? (현미경 72) 권봉규-박참위

문장 1311), 1312)는 낮은 신분이 높은 신분에게, 아래 사람이 윗사람에게 하는 특수한 높임의 계칭형태이다.

2. 《-어요/-야요/-여요》:

　　1313. 그런 더러운 것을 잇디 그냥 두어요?

　　　　　　　　　　　　　　　(두견성 上 18) 혜경이-남편인 봉남

　　1314. 그런 악흔 말을 히서 남을 긔막혀 죽으라고 흐는 것슬 가만 두
　　　　　어요? (힝낙도 48) 만득-어머니

　　1315. 팔자에 업는 싱과부 노릇을 흐야 기밥에 도토리가 되어요?

　　　　　　　　　　　　　　　(산천초목 65) 강릉집-아버지

　　1316. 그러흐옵거니와 어듸서 오서요? (동각한매 51) 권첨지-손님

　　1317. 수는 무슨 수야요? (명월뎡 64) 변집-로파

　　1318. 그 속종은 말흘 것 업다흐면서 도로 간다흐여요? (명월뎡 14)

　　1319. 알면 웨 몰은다고 해요? (현미경 56) 빙주-소대장

3. 《-나(느)요》:

1320. 무경이도 잘 잇나요? (두견성 上 39) 춘자-청자

1321. 그러케 쩌려 쥬닛가 굿치 쓰왓지 누가 쓰오기 됴와ㅎ느요?

(횡낙도 24) 만득-아버지

4. 《-는가요》:

1322. 미일 학교에 단이는가요?

(두견성 上 42) 이모인 청자-조카아이 의일

의문을 나타내는 두루높임의 계칭은 문법적 형태 《-지요, -는지요, -아요, -어요, -여요, -야요, -나요, -느요, -는가요》 등에 의해 표현되었다.

2.2.3 명령식:

명령을 나타내는 해요체는 문법적 형태 《-지요, -셔요》에 의해 표현되었다.

○ 《-지요, -셔요》:

1323. 아모 관계 말으시고 어셔 드러가 구경을 ㅎ시지요.

(산천초목 17) 표파는 사람-신마마

1324. 윗듯잡고 고사를 어셔 지너시지요.

(산천초목 83) 쥐불어미-상전인 강릉집

1325. 리일 서울을 가셔요. (두견성 上 100) 혜경-남편인 봉남

1326. 어머니 평양성중에 지너던 말슴이나 ㅎ셔요.

(송뢰금 33) 계옥-어머니

총적으로 19세기말~20세기초에는 전 시기 없었던 새로운 문법적 형태에 의해 말을 하는 사람이 말을 듣는 사람을 대우하여 주거나 대우하지 않는 특수한 계칭형태가 있었다.

제3절 19세기말~20세기초 문법적 형태에 표현된 계칭

위에서 이미 19세기말~20세기초기 문헌을 대상으로 식에 나타난 여러 문법적 형태를 고찰하였다. 그것을 결론적으로 말하면 아래와 같다.

첫째, 이전 시기에는 전 시기에 보기 어려웠던 특수한 계칭형태인 안높임과 두루높임이 쓰였다.

안높임의 계칭은 말을 하는 사람이 말을 듣는 사람을 어떻게 존대할 것인가를 확정하기 어려울 때 또는 격식을 차리지 않고 상대방에게 말을 할 때 많이 쓰는 말씨이다.

안높임의 계칭은 서술식에 나타나는 문법적 형태 《-듸, -는구, -지고, -러군, -로군, -든걸, -ㄹ 걸, -아, -어, -야, -여》, 의문식에 나타내는 문법적 형태 《-나, -나구, -ㄴ구, -느, -늬, -드, -담, -어, -야, -여》, 명령식에 나타내는 문법적 형태 《-아, -어, -여, -지》 등이 나타났는데 전 시기에는 볼 수 없었던 문법적 형태들이다.

두루높임의 계칭은 안높임의 계칭형태에 《-요》가 첨가되면서 여러 가지 문법적 형태들을 이루었다. 이러한 계칭은 19세기부터 쓰이기 시작한 것인데 어음변화의 일종으로 쓰이다가 이 시기에는 사회의 인간관계의 변화로 격식을 차리지 않고 상대방을 대우하여 줄 때 친절감을 나타낼 때 많이 쓰였다.

둘째, 이 시기 가장높임 계칭의 문법적 형태는 전 시기와 다른 변화형태를 보여주고 있다.

1327. 어머니 잠시 눈치를 보니싼 이곳에 일보는 사람은 그런 쥬션을
    못홀 듯 하외다. (숑뢰금 53)---계옥이가 어머니에게 하는 말
1328. 젠득 무얼 압닛가마는 다른 넘녀는 업는데 다만 신랑의 나이
    만은거슬 조금 넘녀호옵니다.
                              (힁락도 11)---림씨가 조모에게 하는 말
1329. 작은 아씨 효성을 하느님이 감동호셔셔 북실나으리마님 빅골을
    다힝이 차졌습듸다.
                    (현미경 182)---만득이가 어머니 림씨에게 하는 말
1330. 미쟝이 두령의 권첩지령감딕이 여괴오닛가.
                    (동각한매 56)---손님이 권첨지에게 하는 말

    위의 예문에서의 높임의 대상은 상전, 주인, 이상분이거나 부모이다.
따라서 문법적 형태 《-외다, -옵니다, -습듸다, -습닛가》로써 말을 듣
는 사람을 가장 높게 대우하여 주었다.
    15세기부터 쓰이던 가장높임의 계칭형태 《-잇가》와 《-시오》가 기
능변동을 한 청자존칭의 문법적 형태 《-습-》과 결합한 것이다. 이것은
현대조선어에 와서 가장높임의 문법적 형태 《-습니까/-ㅂ니까, -ㅂ시오》
로 되었다.

1331. 이럭이 잇지 못호고 쫏기여 나기밧게 더 호겟습닛가?
                    (현미경 172)---또복어미가 상전인 옥희에게 하는 말
1332. 마님쎄서도 아모죠록 왕림을 회주십시오.
                    (두견성 下 124)---강과천이 로부인에게 하는 말

    문법적 형태 《-습닛가》는 이전 시기에 없었던 특수한 문법적 형태
이다. 기능변동을 한 문법적 형태소 《-습-》이 의문을 나타내는 가장높
임의 형태 《-닛가》와의 완전한 결합을 19세기말~20세기초로 잡는다.
서술식에서의 결합은 17세기의 문헌에서 이미 보였다.

셋째, 가장높임보다 정도가 낮은 높임의 계칭이 이 시기에 잘 쓰이고 있으나, 《-오》나 《-게》형태는 완전한 체계를 이루지 못하고 쓰였다.

이러한 계칭형태는 이전 시기부터 하나의 완전한 체계를 이루지 못하고 각기 부동한 식을 나타내면서 같은 높임의 계칭으로 쓰인 경우가 많았다. 《-오》형은 주로 서술식·권유식에, 《-게》형은 주로 서술식·명령식에 쓰였다.

> 1333. 그런 어리무던흔 말을 홀지라도 나는 몰나오.
>
> > (동각한매 53)---마누라가 남편 권첨지에게 하는 말
>
> 1334. 리진사는 우리 아버지가 되시고 월젼에 도라가셧다오.
>
> > (현미경 57)---빙주가 신분을 확인하려는 소대장에게 하는 말
>
> 1335. 아져씨훈테서두 참어서 그리 힛스면 돗켓소.
>
> > (두견성 上 87)---무경이가 사촌언니 혜경에게 하는 말
>
> 1336. 이를 엇지호면 죳탄 말이오?
>
> > (산천초목 49)---숙자가 남편인 강과천에게 하는 말

위의 문장에서 보면 높임의 대상은 부부간 혹은 나이가 많거나 높낮이를 확인하기 어려운 대상으로서 이 경우 《오, 소》를 써서 말을 듣는 사람을 대우하여 주었다.

이러한 높임은 계칭체계에서 아주높임의 버금으로 가는 등급으로서 화자와 청자가 계급, 신분, 연령, 친족에 있어서 존비·주종·상하의 관계에 있을 때 화자인 비자가 청자인 존자를 높일 때 쓰던 계칭으로 보아진다.

> 1337. 참 동경서도 그리호라고 편지가 왓다네.
>
> (두견성 上 87)---혜경이가 20대 되는 사촌동생인 무경에게 하는 말
>
> 1338. 로부인도 인졔는 할수 업다 봉남이가 오기젼이라도 결단홀슈밧게 업다고 호더라네.
>
> > (두견성 下 2)---중간계층의 강과천이 마누라에게 하는 말

1339. 니 머리는 베여 신을 삼아셔라도 자네 신셰를 갑흠셰.

           (산쳔초목 74)---옥희가 하녀인 또복어미에게 하는 말

1340. 강과천 자네는 샹관업는 일이닛가 가만이 잇게.

    (두견성 上 80)---상위계층인 봉남이 중간계층인 강과천에게 하는 말

1341. 자네 송도집 엇은 이야기와 법절을 좀 자셰히 말ᄒ게그려.

         (명월뎡 53)---허원이 친구인 우주사에게 하는 말

위의 문장에서 보면 청자는 일반적으로 성인 이상이고 같은 부류에 속하는 사람 또는 친한 친구사이이다. 연령, 지위, 인간관계에 있어서 말을 듣는 사람이 말하는 사람보다 낮거나 혹은 같을 때 낮추어 대할 수 없고 적당히 높여 대우해야 할 때 《-네, -셰, -게, -게그려》등 문법적 형태를 썼다. 그러나 이러한 형태는 완전한 체계를 이루지 못하고 주로 서술식이나 명령식에 쓰이고 의문식이나 권유식에는 활발히 쓰이지 못했다.

넷째, 안높임의 계칭에서 이전 시기보다 문법적 형태가 간소화되었다.

1342. 나는 무에무엔지 엇더커면 됴흘지 몰으겟다.

            (힝낙도 11)---조모가 손녀에게 하는 말

1343. 게다가 쏘 드러워질듯십지도 아니ᄒ기로 벽장문을 쩨여서 썻단다.

         (죽셔루 11)---원준이가 친구인 명훈에게 하는 말

1344. 다시 그런 싱각을 먹엇다는 춤말 죽이고 말터이다.

           (힝낙도 82)---금돌이가 간난어멈에게 하는 말

1345. 계옥아 아모도 업ᄂ냐? 왜 이리 격격ᄒ야?

          (숑뢰금 4)---박사과가 손녀인 계옥에게 하는 말

1346. 어리셕은 ᄌ식아 ᄋ모렷는 네 임의디로 ᄒ려무나.

      (동각한매 37)---권첨지가 길가에 자살하려난 아이에게 하는 말

위의 예문들은 어린 손녀에게, 친구에게, 하인에게, 길가의 어린 아이에게 하는 말로서 이들은 높임의 대상이 아니기에 안높임의 계칭을 쓰고 안높임을 위한 문법적 형태를 사용하였다. 이러한 형태는 전 시기와 비교해보면 간소화되었다고 할 수 있는데, 서술식만 보아도 새로 생긴 반말형태를 제외하면 종결형태는 《-다, -라, -구나, -마》형뿐이었다.

총적으로 19세기말~20세기초에 나타난 계칭을 종합해보면, 전 시기에 비해 상당히 체계를 이루고 현대조선어 계칭체계의 기틀이 이미 마련되었다고 할 수 있는데, 이 시기 계칭은 가장높임, 높임, 안높임으로 되어 있다.

19세기말~20세기초에 나타난 계칭을 식과 함께 정립해 보면 [표:5]와 같다.

[표:5]

		서술식	의문식	명령식	권유식
높임	가장높임	-ㅂ(읍)니다, -읍니다, -습니다/-슴니다/ -ㅂ니다, -답니다, -습듸다, -랍니다, -오(외)다, -ㄴ이다, -소이다, -여이다, -ㅂ데다, -올시다, -습니다그려, -ㅂ데다그려, -십니다그려, -올시다그려(19), -아요/-어요/-여요/ -야요,-지요,-디요,-드려요, -올걸요, -든게요그래(9)	-ㅂ닛가/-습닛가, -ㅁ닛가/-습닛가, -습더닛가, -ㄴ닛가, -오닛가, -릿가, -오릿가(9) -지요, -는지요, -아요, -어요, -여요, -야요, -나요, -ㄴ요, -는가요(8)	-소셔, -ㅂ시 (샤)사, -ㅂ시오/ -십시오 (5) -지요, -어요 (2)	-ㅂ시다, -십시다 (2)
	높임	-오, -소, -오구려, -오구랴, -소구려, -쇼구려, -네, -로세, -ㄹ세, -ㄹ셰, -나베, -데(듸), -네그려, -데그려(14)	-오, -소, -쇼, -데(듸)(5)	-오, -소, -게(3)	-세, -셰(2)
안높임	안높임	-다, -로다, -라, -니라, -느니라, -더라, -리라, -노라, -구나, -로구나, -는구나, -마(12)⇔ -리, -지, -구만, -아/-어/-야/-여, -이, -는구, -지고, -러군, -로군, -든걸, -ㄹ걸(14)	-ㄴ가, -던가, -ㄴ고, -ㄹ고, -나, -너, -노, -누, -냐, -느냐, -나냐, -는냐, -드냐, -랴(14)⇔ -니, -지, -아/-어/-야/-여, -나, -나구, -ㄴ구, -느, -늬, -담(12)	-라, -아라, -어라, -거라, -여라, -느라, -다고, -렴무나(7) ⇔ -지,-아, -어, -여(4)	-자, -쟈(2)

참고문헌 : 1. 한국개화기문학총서 신소설, 번안(역)소설 2
《숑뢰금》 아세아문화사

2. 한국개화기문학총서 신소설, 번안(역)소설 5
《동각한매》 아세아문화사

3. 한국개화기문학총서 신소설, 번안(역)소설 5
《죽서루》 아세아문화사

4. 한국개화기문학총서 신소설, 번안(역)소설 61
《산천초목》 아세아문화사

5. 한국개화기문학총서 신소설, 번안(역)소설 7
《힝낙도》 아세아문화사

6. 한국개화기문학총서 신소설, 번안(역)소설 7
《두견성(上, 下)》 아세아문화사

7. 한국개화기문학총서 신소설, 번안(역)소설 8
《현미경》 아세아문화사

8. 한국개화기문학총서 신소설, 번안(역)소설 8
《명월뎡》 아세아문화사

제7장 우리말 계칭형태의 변화

우리말 계칭형태는 중세에서 근대, 현대로 오는 과정에 많은 변화양상을 보여주고 있다. 아래의 〔표:6〕으로 먼저 보이고 그에 대한 분석[60]을 한다.

1. 서술식에 나타난 계칭토의 변화:

서술식에서 가장높임의 계칭은 고대로부터 《-이다→이다》에 의해 실현되다가 17세기에 기능변동을 한 청자존칭의 형태소 《-습-》과 결합되면서 새로운 문법적 형태 《-습ᄂ(니)이다, -ᅌᅥᆸᄂ(니)이다, -ᅌᅥᆸ닝이다, -스오리이다》가 생성되었고, 18~19세기를 거쳐 현대조선어에는 《-습니다/슴니다/ㅂ니다, -답니다, -습듸다, -랍니다》 형태들이 나타난다. 19세기 《춘향전》에서부터 현대조선어의 두루높임의 《-요》 형태가 나타나나 그것은 《-이오》체의 어음변종으로 보이며, 19세기말~20세기초에 집중적으로 쓰였다.

---

60) 도표에서 밑줄을 그은 것은 새로 생긴 문법적 형태이고, 진한 것은 후 시기 쓰이지 않은 문법적 형태임을 밝힌다.

[표 :6]

	15C~16C	17C~18C	19C	19C말~20C초
가 장 높 임	-니이다, -ᄂ니이다, -리이다, -노이다, -리로소이다, -지이다, -ᅀᅳ오이다, -ᄉ오리이다, -ᇰ다(8)	<u>-ᄉᄂ(니)이다,</u> <u>-ᄋᄂ(니)이다,</u> <u>-ᄋ념이다,</u> <u>-ᄋ나이다,</u> -ᄉ오리이다, -ᄂ니(념)이다, -ᄂ(니)이다, -노이다, -리(렸)이다, <u>-더이다,</u> -도(로)소이다, <u>-어이다,</u> -오이다, -지(짒)이다(14)	-ᄉᄂ이다, -옵니(ᄂ이) 다, -ᄂ(ᄂ)이 다, -더이다, -로소이다, <u>-ᄉ이다,</u> -지이다, -어(여)이다, -니이다, -리이다, -오이다, <u>-요,</u> <u>-ᄉ습더니요</u> (12)	-ㅂ (요)너다, -ᄋᆸ니다, <u>-ᄉ습니다/-ᄉ니다/-ㅂ 니다,</u> <u>-답니다, -ᄉ믜다,</u> <u>-랍니다, -오(외)다,</u> -ᄂ이다, -소이다, -여이다, <u>-ㅂ 데다,</u> <u>-올시다, -ᄉ습니다그려,</u> -ㅂ 데다그려, -십니다그려, -올시다그려(19)
				<u>-아요/-어요/-여요/-야요,</u> <u>-지요, -더요, -드러요,</u> <u>-을걸요, -든게요그래(9)</u> -오, -소, <u>-오구려, -오구랴,</u>
높 임	-뇌, -쇠, -으이, -니, -데, -게, -어이, -오(8)	<u>-ᄉ(요)+니,</u> <u>-요+도쇠,</u> <u>-요+새,</u> <u>-요+대(디),</u> <u>-ᄉ외, -외,</u> -쇠(7)	<u>-오</u> <u>-소</u> -네, <u>-졔</u>(4)	-소구려, -쇼구려, -네, -로세, -ㄹ 세, -ㄹ 셰, <u>-나베, -데(듸),</u> -네그려, <u>-데그려(14)</u>
안 높 임	-다, -나다, -도다,-리로다, -려다,-**놋다,** -라,-이라, -니라,-ᄂ니라, -더라,-리라, -로라,-노라, -지라,-**에라,** -오라, -**애(예)라,** -**ᄂ매라,** -와라,-고나, -곤여,-고야, -리,-니,-마(26)	-다, <u>-(앗/엿/겟)다,</u> -(도로)다, <u>-거다,</u> -라, -이라, -어라, -이니라, -(ᄂ, 더, 엇)니라, -리라, -더라, -노라, -ᄂ니, -오리, **-롸,** -마(21)	-다, -도다, -로다, -라, -노라, -(ᄂ)니라, -리라, -더라, -구나, -지라, -리(11)	-다, -로다, -라, -니라, -ᄂ니라, -더라, -리라, -노라, -구나, -로구나, -는구나, -마(12)⇔ -리, -지, -구만, -아/-어/-야/-여, -이, -는구, -지고, -러군, -로군, -든걸, -ㄹ걸(14)

문법적 형태 《-이다》의 어음동화 현상으로 《-ㅇ다, -로쇵다, -닝이다》 등이 16~17세기 문헌에 많이 나타나는데, 이것은 《ㅇ》음의 역행동화 현상을 보여주는 것이며 계칭에는 변화가 없다.

서술식에서 일반높임의 계칭은 16세기 문헌에서부터 쓰였다. 문법적 형태들의 연원을 보면 《-오》형태는 종결토의 앞에 오던 《-습-》의 어음변종들이고, 《-네》형태는 《-ᄂ이다 → -니이다 → -니》과정을 거쳐 이루어진 것이다. 이러한 형태들은 쓰임이 다를 뿐이지 어느 것이 더 높고 낮은 계칭인가는 설명하기 어려운 높임의 계칭형태이다.

서술식에서 안높임의 계칭은 옛적부터 《-다, -라》형이 많이 쓰였고, 그 앞에는 여러 가지 문법적 형태소가 개재하여 시간·욕망·감탄·확신 등 의미를 표시하였다. 그리고 현대조선어 특수한 안높임의 형태는 15세기부터 《-니, -리, -지》 등이 쓰이나 대폭적으로 쓰인 것은 19세기말~20세기초의 일이다.

2. 의문식에 나타난 계칭토의 변화:

[표:7]

	15C~16C	17C~18C	19C	19C말~20C초
가장높임	-니잇고, -ᄂ니잇고, -리잇고, -ㅇ잇고, -ㅅ고, -ᄂ니잇가, -ㅇ잇가(7)	-니잇고, -리잇고, -잇가, -ᄂ잇가, -ᄂ니(닝)잇가, -리잇가, -사오리잇(릿)가 (7)	-숩ᄂ잇가, -잇가, -ㄴ잇가, -ᄂ(논)잇가, -니잇(닛)가, -리(릿)가, -수오릿가, -잇고, -요(9)	-ㅂ닛가/-습닛가, -ㅁ닛가/-슴닛가, -숩더닛가, -ᄂ닛가, -오닛가, -릿가, -오릿가(9)

높임	-시리오, -신고, -시논고, -실고, -신가(5)	-실가, -시논고, <u>-습(요)논가,</u> <u>-습던가,</u> <u>-소올가,</u> <u>-조올손가,</u> <u>-소온고,</u> <u>-습(요)논고,</u> <u>-요셔뇨,</u> -오(10)	-랴시오, -시랴오, <u>-시리가,</u> -소(4)	<u>-지요,</u> <u>-는지요</u> <u>-아요, -어요</u> <u>-여요, -야요</u> <u>-나요, -느요</u> <u>-논가요(8)</u> -오, -소, <u>쇼</u> -데(듸)(5)
안 높 임	-고, -ㄴ고, **-논고, -ㄹ고,** -돗던고/-ㄴ **가,** -논가, -ㄹ가, -던가, -(으)리가⇔-ㄴ다, -논다, -ㄹ다, **-느손다,** **-던다, -ㄴ댜,** **-ㄴ(논)뎌,** / **-느냐,** -리로소냐, -니여, **-느녀,** **-리로소녀,** -뇨, -느뇨, **-거뇨,** -랴, **-료, -려, -리아,** **-리여, -려,** -리오/ -니, **-느니,** -리, **-쯘나(37)**	-고, -던고, -런고/ -ㄹ가, -논가, <u>-온가, -올가,</u> -ㄴ다, -논다, -ㄹ다, -는다/ -냐, -느냐, -더냐, -ㄹ소냐, -뇨, -느뇨, <u>-더뇨</u> -랴, **-료,** -리(요)오, -니, -리, **-쯘녀(24)**	-고, -논(는)고, -ㄹ고/ -ㄴ가, -논(는)가, <u>-던가,</u> <u>-ㄹ손가,</u> **-논다/** <u>-나,</u> -냐, -느냐, -논(는)냐, -소냐, -더냐, -(으)냐, -뇨, -느뇨, -논뇨, -(으)랴, -리오(20)	-ㄴ고, -ㄹ고/ -ㄴ가, -던가,⇔ -나, <u>-너, -노, -누,</u> -냐, -느냐, -나냐, -는냐, <u>-드냐,</u> -랴(14)// -니, -지, <u>-아/-어/-야/-여,</u> -나, <u>-나구, -ㄴ구,</u> <u>-느, -늬,</u> <u>-담(12)</u>

15세기부터 의문식에서 가장높임의 계칭은 《-잇가/-잇고 → -잇가/-잇고 → 잇가》에 의해 실현되었다. 의문식에서는 서술식보다는 좀 늦은 19세기부터 기능변동을 한 형태소 《-습-》과 《-느잇가》가 결합되면서 새로운 문법적 형태 《-습느잇가》가 생성되고, 19세기말~20세기초 《-ㅂ닛가/-습닛가, -습더닛가》로 되었다. 문법적 형태 《-잇가/-잇고》는 15~16세기에 판정의문인가 설명의문인가에 따라 엄격히 구분하여 썼다. 《-잇고》의 쓰임은 17~18세기 줄어들고, 19세기에는 더욱 적게 쓰이다가

19세기말~20세기초에는 완전히 보이지 않는다. 19세기 《춘향전》에서부터 현대조선어의 《-요》 형태가 나타나나 그것은 《-이오》체의 어음변종으로 보이며, 19세기말~20세기초에 집중적으로 쓰였다.

문법적 형태 《ㆁ》의 앞음절에 소리닮기를 시켜 《-닝잇고, -닝잇가 》 등이 15~16세기 문헌에 많이 나타나는데, 이것은 《ㆁ》음의 불온정상태를 보여 주는 것으로서 우리말 계칭에는 아무런 영향이 없었다.

의문식에서 높임의 계칭에는 역사적으로 《-네》 형태가 쓰이지 않고, 《-오》 형태도 17~18세기에 쓰이기 시작하다가 19세기말~20세기초에 확산되었다. 15세기부터 18세기까지는 의문식을 나타내는 높임의 계칭은 특수한 방법, 주로 말을 듣는 주체의 행동이나 상태를 높여주는 방법으로 실현되었다. 즉 문법적 형태 《-시-》, 《-습-》 등을 의문식토 앞에 개재하는 방법이었다.

3. 명령식에 나타난 계칭토의 변화:

[표:8]

	15C~16C	17C~18C	19C	19C말~20C초
가장 높임	-쇼셔(1)	-쇼셔 (-소셔,-소서) (3)	-쇼셔, -소셔, -옵소 (쇼)셔(4)	-소셔, -ㅂ 시(샤)사, -ㅂ 시오/-십시오(5)
				-지요, -어요(2)
높임	**-소, -조** -오, -소 -셔(5)	-쇼-셔, -소 -오(4)	-소, -오, -시요(3)	-오, -소, -게(3)
안 높임	-라, -아라, -거라, **-고라,** **-스라, -고려** **-더여**(7)	-라, -나, **-과다** (3)	-라, -나(2)	-라, -아라, -어라, -거라, -여라, -느라, -다고, -렴무나(7)//-지, -아, -어, -여(4)

명령식에서 가장높임의 계칭은 《-쇼셔》에 의해 실현되었다. 이러한 형태는 문헌에서 고찰하면, 고대 삼국시기로부터 19세기말~20세기초까지 줄곧 쓰인 것으로 인정된다. 이전 시기 문헌자료에 문법적 형태 《-ㅂ시오/-십시오》가 발견되지 않다가 19세기말~20세기초에야 새로 나타난다. 19세기 《춘향전》에서부터 현대조선어의 《-요》형태가 나타나나 그것은 《-이오》체의 어음변종으로 보이며, 19세기말~20세기초에 집중적으로 쓰였다. 명령식에서 19세기말~20세기초의 가장높임의 계칭형태는 세 가지 유형이었다.

명령식에서 높임의 계칭은 15~16세기부터 《-오》형태만 나타나고 《-게》형태는 썩후인 19세기말~20세기 문헌에야 보인다. 여기서 명령식에서의 《-오, -소》형태의 기원을 가장높임의 계칭형태 《-쇼+-셔》에서 찾았다.

명령식에서 안높임의 계칭은 《-라/-나》에 의해 표현된다. 19세기말~20세기초에 특수한 안높임의 계칭형태가 새로 쓰임을 볼 수 있다.

4. 권유식에 반영된 계칭토의 변화:

[표:9]

	15C~16C	17C~18C	19C	19C말~20C초
가장높임	-사이다, -새이다 (2)	-요새이다 (1)	-ㅅ이다 (1)	-ㅂ시다, -십시다(2)
높임	-새 (1)	-요새, -ㅂ시 (2)		-세, -셰 (2)
안높임	-져, -쟈, -져라, -지 (4)	-쟈, -쟈 (2)	-쟈(1)	-쟈, -쟈 (2)

   권유식에서 가장높임의 계칭은 19세기까지 문법적 형태 《-샤/-새》
에 《-이다》가 결합되어 이루어진다. 17~18세기 가장높임의 계칭형태
앞에 기능변동을 한 청자높임의 형태소 《-습-》이 더 첨가된다. 19세기
말~20세기초에 《-ㅂ시다, -십시다》가 쓰이는데, 이러한 형태는 《-옵새이
다》의 어음축약형으로 《-ㅂ시다》가 되고, 거기에 주체존칭토 《-시-》가
더 첨가되면 《-십시다》로 된다. 권유식에서 높임의 계칭은 15세기부터 20
세기까지 줄곧 《-세》에 의해 표현되는데, 17~18세기에 《-옵/-ㅂ》이 높
임의 계칭형태에 더 첨가된다. 안높임의 계칭은 《-쟈/-져》 그리고 반말형
태 《-지》에 의해 표현되었다.

제8장 결론

지금까지 문자가 창제되기 이전 시기부터 19세기말~20세기초까지의 우리말 계칭을 고찰하였다. 즉 문자창제 이전 시기, 문자창제 이후인 15~16세기, 17~18세기, 19세기, 19세기말~20세기초 등 단계로 나누어 문헌에 나타난 계칭형태를 분석하고, 이에 근거하여 필자 나름대로의 시대별 계칭체계를 정립하였으며, 또 계칭형태들의 변화양상도 고찰하였다. 아래 본고에서 논의된 내용을 몇 가지로 요약하면서 결론을 짓는다.

(1) 우리말 계칭은 크게 문자창제 이전 시기와 이후 시기로 나눌 수 있는데, 문자창제 이전 시기의 문헌에는 《높임》과 《안높임》의 계칭형태 밖에 없다. 문자창제 이후인 15~16세기부터 20세기초까지는 줄곧 《안높임》-《높임》-《가장높임》의 계칭체계를 이루었다. 이것으로 보아 우리말 계칭은 계칭형태의 변화는 있었지만 전반 계칭체계는 변화가 없었다는 것을 알 수 있다.

여기에서 우선 《안높임》의 계칭을 설정하는 근거는 《안높임》의 계칭형태에 대한 형태소분석을 하면 높임을 위한 문법적 형태소가 개재하여 있지 않았으며, 이러한 계칭형태들에 의해 이루어진 대화는 안높임의 대상에게 한 말이기 때문이었다. 견해에 따라 이러한 계칭을 《가장낮춤》이라고 하는 학자들도 있다. 그러나 《안높임》이 말을 듣는 사람을 대우하지 않는다는 것을 염두에 둘 때 말을 듣는 사람의 나이가 말을 하는 사람보다 어리거나 혹은 직위가 낮다고 하여 구태여 《가장낮춤》이라고만 할 근거는 없다. 군이 《가장낮춤》의 체계를 찾으려면, 또 합리화하려면 종결형태에서 청자낮춤의 형태소와 같은 형태소가 분석될 수 있어야 한다. 대우하지 않는다는 입장에서 《낮춤》이라고 하기보다 《안높임》이라고 하는 것이 더 합당할 것 같다. 일반독자를 상대로 하는 출판물, 구호 등에서는 그 독자와의 예의적 관계에 구애됨이 없이 《안높임》의 계칭형태를 사용하는 것이 원칙으로 되어 있는데, 이런 경우에 《낮춤》의 계칭이라 할 수 없다.

　《높임》의 계칭은 《가장높임》의 계칭과는 달리 일반적으로 높여 주는 계칭이다. 말하는 사람과 듣는 사람의 나이가 같거나 또는 듣는 사람이 나이가 어리다 하더라도 일정하게 대우하여야 할 대상에게 말을 할 때 이러한 계칭을 쓴다. 《높임》의 계칭은 문법적 형태 《-오/-소》와 《-네, -게, -데, -세》 등에 의해 이루어진다. 서정수(1997:55)는 이러한 형태에 의해 이루어지는 계칭을 《예사높임》과 《예사낮춤》이라고 하면서 《-오/-소》에 의해 이루어지는 계칭을 상하 격차가 크지 않은 손윗사람, 상위자가 엇비슷한 하위자, 고령자가 모르는 젊은이에게 쓰는 말씨라고 하였으며, 《-네, -게, -데, -세》 등에 의해 이루어지는 계칭을 상위자가 성인인 하위친척에게 말하는 경우, 스승이 성인이 된 제자에게 말하는 경우, 고령자가 잘 아는 성인 하위자에게 말하는 경우, 동년배의 친한 성인끼리 말하는 경우 등이라고 하였다. 《-오/-소》와 《-네, -게, -데, -세》에 의해 표현된 말씨는 말하는 사람이 말을 듣는 사람을 대우한다는 견지에서 보면 일반적으로 높여 주는 《높임》의 계칭이라는 할 수 있다.

　《가장높임》의 계칭은 백성이나 신하가 왕에게, 중생이 부처에게, 상민이 양반에게, 머슴군이 주인에게, 자식이 부모에게, 아내가 남편에게,

아랫사람이 윗사람에게 하는 말에 나타나는데, 말하는 사람과 듣는 사람의 상하 격차가 분명할 때 쓰는 말씨다. 그것은 《-이-》 형과 《-쇼셔》 형에 의해 표현되었다.

　《가장높임》 과 《높임》 의 계칭을 총괄하여 《높임》 이라고 할 수 있는데, 19세기부터 《-요형》 은 《높임》 의 계칭에 두루 쓰이다가 19세기 말~20세기초에 그 사용이 확산되었다.

　(2) 우리말의 계칭을 위한 문법적 형태는 시대에 따라 변화하였다. 우선 《가장높임》 의 계칭은 16세기까지만 해도 《-이-》 형에 의해서만 이루어지던 것이 17세기부터는 《-습-》 + (시태, 감탄, 의도, 확정 등 형태소) + 《-이다》 에 의해, 19세기부터는 《-습-》 + (시태, 감탄, 의도, 확정 등 형태소) + 《-잇가》 에 의해 이루어지면서 새로운 가장높임의 계칭형태가 나타났다. 그리고 19세기말~20세기초에는 명령식은 《-쇼셔→-소서》 의 어음변화와 함께 《-ㅂ 시(샤)사, -ㅂ 시오》 가 쓰이고, 권유식에도 《-옵새이다》 가 쓰이지 않고 《-ㅂ 시다, -십시다》 가 쓰이고 있다. 《-요》 형은 19세기 문헌 《춘향전》 에서부터 집중적으로 나타나는데 이것도 《-이오》 의 어음변화형태이다.

　《높임》 의 계칭형태는 16세기 문헌인 서간체에서 《-닝, -게, -세, -오》 가 함께 쓰였다. 이러한 형태는 15세기부터 모든 식에 일관적으로 나타나는 것이 아니다. 《〈-닝〉 형》 은 일반적으로 서술식과 권유식, 《〈-오〉 형》 는 의문식(17세기 이후)과 명령식에 쓰이다가 19세기에 《〈-오〉 형》 은 모든 식에 나타난다. 이것은 이전부터 이러한 문법적 형태들이 그 쓰임이 보편적이 되지 않았다는 것을 말해준다. 서술식과 의문식을 나타내는 높임의 계칭형태 《〈-오〉 형》 은 《-습-》 에 연원을 두고, 명령식은 《-쇼셔》 에 연원을 둔다. 높임의 계칭형태 《〈-닝〉 형》 은 《ᄒᆞᄂᆞ이다→ᄒᆞ닝이다→ᄒᆞ닝》 처럼 청자존칭의 기능을 하던 《-이-》 의 기능이 앞형태소에 옮겨지고 다음 문법적 형태의 간소화 과정을 거쳐 《-이다》 가 절단되면서 이루어졌다.

전 시기의 학자들이 《반말계칭》이라고 부르는 특수한 대우방식은 현대조선어의 문법적 형태 《-아/-어/-여, -지, -는걸 》등에서 표현된다. 이러한 문법적 형태들은 19세기말~20세기초에 많이 나타나는데 15~16세기부터 이미 우리말에 있었던 것으로 짐작된다. 예를 들면 《-니, -리, -지》등이다. 현대조선어에서 《-요》가 첨가되면 가장높임이 되고, 첨가되지 않으면 안높임이 되는 것처럼 중세조선어나 근대조선어에서 《-이다/-잇가》가 첨가되면 가장높임이 되고 첨가되지 않으면 안높임이 되는 것과 마찬가지이다.

후기중세조선어와 근대어에 현대조선어에서 볼 수 없는 특수한 계칭 형태들이 나타나는데, 15~16세기에는 《-놋다, -세라, -ㅅ매라, -로소녀, -ㅼ나, -더여, -ㅅ라》등이 보이고, 17~18세기에는 《-옵셔뇨, -ㅈ올손가, -과댜, -롸》등이 보인다.

계칭을 위한 일부 문법적 형태의 간소화가 보인다. 의문식의 가장높임의 계칭에서 엄격하게 구별해 쓰던 《-잇가/-잇고》가 17세기부터 쓰임이 줄어들다가 19세기말~20세기초에는 《-잇가》만 쓰인다.

(3) 말하는 사람이 말을 듣는 사람에 대한 존대의도에 따라 높임에 알맞는 대명사, 동사, 호칭어 또는 격토가 선택되어야 하고, 다시 여기에 알맞은 계칭형태가 선택되어야 한다. 즉 문장의 여러 성분들은 계칭형태와 조응을 이루어야 하는데 계칭에 대해 역사적으로 연구하고, 각 시기의 계칭을 정립하면서 이러한 조응관계도 밝혔다.

(4) 계칭이라는 것은 말하는 사람과 듣는 사람과의 관계를 나타내는 문법적 범주로서 우리말 계칭에는 인간들의 사회적 관계도 나타난다. 즉 《가장높임》-《높임》-《안높임》의 계칭에는 봉건사회의 상하수직 관계인 왕과 신하, 왕과 백성, 신하와 백성, 양반과 백성, 주인과 머슴군 등 상하수직관계, 부모와 자식, 아내와 남편, 형제간 등 친족관계, 연령 관계 등이 나타난다. 그리고 봉건사회에서 계칭에 직접 영향을 주는 요

소는 연령관계보다 봉건신분관계가 더 우위에 있었다는 것을 알 수 있다. 말을 하는 사람이 나이가 이상이라도 신분이 낮으면 말을 듣는 어린 사람에게는 가장높임의 계칭을 써야만 했다.

우리말의 계칭에는 조선민족의 문화와 의식이 잘 반영되어 있다. 그것은 15~16세기 문헌에 《가장높임》-《높임》-《안높임》 등 계칭이 있었던 것으로 보아 옛적부터 우리 민족에게는 상대방을 존중하려는 심성이 간직되어 있었고, 신분·나이·남녀관계·친소관계 등에 따라 각이하게 상대방을 대우하여 주어야 한다는 객관사물에 대한 인식이 주어져 있었다는 것을 알 수 있다. 이것은 기타 주체·객체 높임법에서도 표현되었다.

(5) 본 논문에서 정립한 15세기부터 20세기초까지의 계칭을 표로 개략적으로 보이면 아래의 [표:10]과 같다.

[표:10]

구분 (시기) / 계칭		일반형태 (15세기~20세기)	특수형태 (19세기말~20세기초)
높임	가장 높임	《-이-》형 + 《-습-》	《-아/-어/-여, -지, -군, -걸》 + 《-요》형
	높임	《-오/-게》형 + 《-습-》	《-아/-어/-여, -지, -군, -걸》 + 《-요》형
안높임		《-다/-가/-라/-자》형	《-아/-어/-여, -지, -군, -걸》형태

(6) 현대조선어의 계칭에 대해 학자들마다 견해를 달리 하는데, 그것은 《높임-같음-낮춤》으로, 《해라-하게 -하오 -존대- 반말》로, 《아주높임》-예사높임-예사낮춤-아주낮춤-반말》로, 《안높임-예사높임-예사덧높임-아주높임-아주덧높임》으로, 《평대-존대(수하존대, 수상존대)》

등으로 나누는 것이다.

필자는 15세기로부터의 우리말 계칭을 분석한 기초 위에서 20세기초의 계칭도 《(가장높임-높임)높임-안높임》으로 나뉘었다고 지적하는 바이다. 《가장높임》의 계칭은 문법적 형태 《-습니다, -습니까, -십시오, -ㅂ시다, -요》형에 의해, 《높임》의 계칭은 《-오, -네》형에 의해, 《안높임》은 중세조선어의 문법적 형태소 《-이-》, 《-습-》, 《-쇼서》의 흔적이 없는 형태들과 《-요》가 첨가될 수 있는 특수형태들에 의해 이루어진다.

본 논문에서 이상과 같이 우리말의 계칭을 고찰해 보았다. 필자 일개인의 능력으로 많은 문헌자료를 요해하고 분석하여 우리말의 계칭을 역사적으로 고찰한다는 것은 양적으로 아주 방대하며 어려운 작업이었다. 그것은 이를 위한 많은 문헌자료와 전 시기 학자들의 연구업적이 부족하였기 때문이다. 앞으로 본 논문을 시발로 더욱 많은 연구를 하려는 기대를 가진다.

참고문헌 : 홍기문(1946), 정음발달사(상, 하)
홍기문(1956), 향가해석, 과학원출판사
황부영(1959), 15세기조선어존칭범주연구, 과학원출판사
과학원(1960), 조선어문법, 조선과학원출판사
이숭녕(1961), 중세한국어문법, 을유출판사
허 웅(1961), 국어존대법연구, 한글 128호
황부영(1961), 15세기의조선어의존칭범주에대하여, 말과글
렴종률(1964), 조선어문법구조사, 고등교육출판사
남광우(1973), 고어사전, 일조각
이길록(1974), 국어문법연구, 일신사
김영황(1978), 조선민족어발전력사연구, 과학백과사전출판사
이기문(1978), 국어사개설, 탑출판사
최윤갑(1980), 조선어문법, 료녕인민출판사
최범훈(1980), 중세한국어문법론, 이우출판사
허 웅(1981), 옛말본, 서울대학교출판사
차광일(1981), 조선어토대비문법 료녕인민출판사
김기종(1983), 조선어수사학, 료녕인민출판사
김동주(1983), 조선말례절법, 과학백과사전출판사
김혜숙(1983), 대우법형태소변천고, 동악어문학회
이익섭, 임홍빈(1983), 국어문법론, 학연사
안병호(1983), 조선어발달사, 료녕인민출판사
김정수(1984), 17세기한국말의높임법과그15세기로부터의변천, 정음사
신창순(1984), 국어문법연구, 박영사
류영남(1984), 상대높임씨끝「읍나다」와「습나다」,「부산한글」3집
이상복(1984), 국어의상대존대법연구,「배달말」9
최윤갑, 리세룡(1984), 조선어학사전, 연변인민출판사
리근영(1985), 조선어리론문법(형태론), 과학백과사전출판사
성기철(1985), 현대국어대우법연구, 개문사
최명식(1985), 조선말입말체문장연구, 김일성종합대학출판사
고영근(1987), 표준중세국어문법, 탑출판사
최윤갑(1987), 중세조선어문법, 연변대학출판사
이득춘(1987), 조선어휘사, 연변대학출판사
강은국(1987), 조선어의민족적특성, 흑룡강조선민족출판사
허 웅(1988), 우리옛말본, 샘문화사
허 웅(1988), 16세기우리말의향법(마침법)에대한연구,
　　　　　「한글」201.202호

한동환(1988), 청자경어법의형태원리 말 13

김혜숙(1989), 현대국어의대우체계연구, 국어국문학논문요지집, 동국대학교 제5집

한 길(1989), 현대국어예사낮춤종결접미사에관한연구, 「한글」 205호

허 웅(1989), 16세기우리옛말본, 샘출판사김승곤(1990),

김승곤(1990), 한국어토씨와씨끝의연구사(리의도-마침법씨끝분류의 연구사), 도서출판박이정

김완진(1990), 향가해독법연구, 서울대학교출판사

류창돈(1990), 리조어사전, 연세대학교출판사

렴종률, 김영황(1990), 문법론, 김일성종합대학출판사

류 렬(1990), 조선말력사, 사회과학출판사

이경우(1990), 최근세국어경어법의사회언어학적연구, 「애산학보」 10

김용범(1991), 존대법의 형식론적 접근「애산학보」 11

박양규(1991), 국어경어법의변천, 새국어생활제1권제3호

성기철(1991), 국어경어법의일반적특징, 새국어생활제1권제3호

심인현(1991), 현대조선어말차림법주에대한연구, 언어학론문집사회과학출판사

서정천(1991), 서양인이본한국어경어법, 새국어생활제1권제3호

유구상(1991), 중부방언의경어법, 새국어생활제1권제3호

유타니유키토시(1991), 일본인이본한국어경어법, 새국어생활 제1권제3호

이상규(1991), 경북방언의경어법, 새국어생활제1권제3호

정재영(1991), 북한의경어법, 새국어생활제1권제3호

한 길(1991), 국어종결어미연구, 강원대학교출판사

현평효(1991), 제주도방언의존대법의특성, 새국어생활제1권제3호

렴종률(1992), 조선말력사문법, 김일성종합대학출판사

이득춘(1992), 한조언어문자관계사, 동북조선민족교육출판사

이규창(1992), 국어존대법론, 집문당

박양규(1993), 존대와겸양, 국어사자료와국어학연구, 서울대 학교대학원국어연구회편

유송영(1993), 국어청자대우법에서의힘과유대, 주시경학보

김민수(1994), 현대국어연구사(유송영-종결어미연구사, p.178), 서광학술자료사

김영황(1994), 조선어강독, 김일성종합대학출판사

김혜숙(1994), 현대국어대우법체계연구박사학위론문요약집, 경운출판사

고창운(1995), 예사낮춤서술씨끝의문법특성과의미, 「한글」228호
이득춘(1995), 고대조선어문선급중세조선어개요, 연변대학출판사
허 웅(1995), 20세기우리말의형태론, 샘문화사
전학석, 김상원(1995), 중국조선어방언개황 (언어사), 민족출판사
김영황, 권승모(1996), 주체의조선어연구50년,
　　　　　　　　　　김일성종합대학조선어문학부
서정수(1996), 국어문법, 한양대학교출판원
김영희(1996), 문법론에서본상대높임법의문제, 「한글」233
김영희(1996), 문법론에서본상대높임법의문제, 「한글」
노마히데키(1996), 현대한국어의대우법체계, 「말」제21집
최동주(1996), 중세국어문법, 국어의새대별변천실태연구1,
　　　　　　　국립국어연구원
서상규(1996), 일본어의높임법과한국어교육, 「말」제21집
서상순(1996), 현대국어의상대높임법, 전북대학교출판사
성기철(1996), 현대한국어의대우법의 특성, 「말」제21집
성기철(1996), 반말의특성, 우리문학과언어의재조명,
　　　　　　　류병섭 교수추모론총간행위원회
최남희(1996), 고대국어형태론, 도서출판박이정
김승곤(1996), 현대나라말본, 도서출판박이정
이익섭, 이상억(1997), 한국의언어, 신구문화사
김종훈(1997), 국어경어법연구, 집문당
이상규(1997), 몽어로걸대어휘색인, 도서출판박이정
류성기(1997), 근대국어형태, 국어의새대별변천실태연구2,
　　　　　　　국립국어연구원
서정수(1997), 존대법의연구-현행대우법의체계와문제점,
　　　　　　　한신출판사
서정목(1997), 경어법선어말어미의변화, 국어사연구, 태학사
서태룡(1997), 어말어미의변화, 국어사연구, 태학사
안병희(1997), 주체겸양법의접미사 '-습-'에대하여, 김종선편,
　　　　　　　국어경어법연구
홍종선(1997), 근대국어문법, 국어의새대별변천실태연구2,
　　　　　　　국립국어연구원
전학석(1998), 함경도방언의음조에대한연구,
　　　　　　　흑룡강조선민족출판사
권재일(1998), 한국어문법사, 도서출판박이정
렴광호(1998), 종결어미의통시적연구, 도서출판박이정

이경우(1998), 최근세국어경어법연구, 태학사
황대화(1998), 조선어동서방언비교연구, 과학백과사전종합출판사
홍종성(1998), 근대국어문법의이해(김의수-근대국어의대우
　　　　　　　법329 페지), 도서출판박이정
김태엽(1999), 우리말의높임법연구, 대구대학교출판부
류은종(1999), 현대조선어어휘론, 연변대학출판사
성기철(1999), 20세기청자대우법의변천-《한국어교육》
　　　　　　　제10권제2호, 국제한국어교육학회
최명식, 김광수(2000), 조선어문법, 연변대학출판사
김의수(2000), 대우표시어휘의사적인연구, 한메일
성기철(2000), 19세기국어의청자대우법-화제를중심으로,
　　　　　　　「한글」249
박진완(2000), 《첩해신어》의장면성과상대경어법
　　　　　　　「21세기국어학의과제」, 도서출판월인
한재영(2000), 대우와격식「21세기국어학의과제」, 도서출판월인

저자소개

김광수(金光洙)

· 1965년 3월 中國 吉林省 安圖縣에서 출생
· 1989년 연변대학 조선언어문학학부 졸업
· 연변대학 아시아 아프리카 언어문학 석사, 박사과정
· 현재 연변대학 조선언어문학학부 부교수

【주요논저】
· 「조선어문법」(2000) 공저
· 「標準韓國語文法」(2001) 공저
· 「조선어 동음어 상호충돌현상에 관한 연구」등 다수의 논문

조선어 계칭의 역사적 고찰

인쇄 2001년 11월 15일
발행 2001년 11월 22일

지은이 김 광 수
펴낸이 이 대 현
편 집 이은희 · 김민영 · 정봉구
펴낸곳 도서출판 역락 / 서울 성동구 성수2가 3동 277-17
      성수 아카데미타워 319호(우133-123)
Tel 대표 · 영업 3409-2058 편집부 3409-2060 FAX 3409-2059
전자우편 yk3888@kornet.net / youkrack@hanmail.net

등록 1999년 4월 19일 제2-2803호
 ISBN 89-5556-128-8-93710

정가 13.000

    * 잘못된 책은 교환해 드립니다.